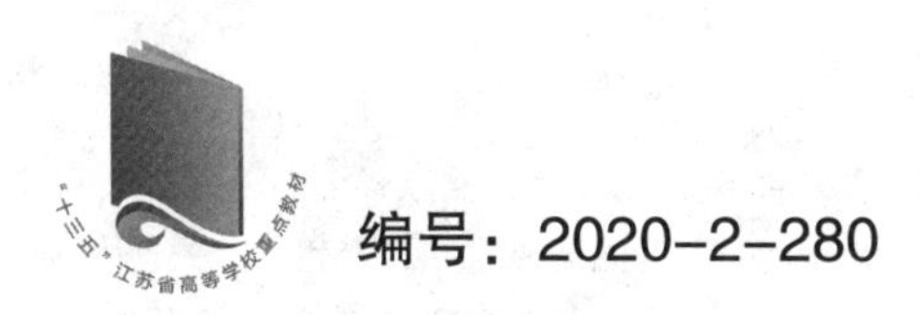


# 船舶总体设计与实践

编著◎谢云平　张瑞瑞　刘可峰　陈悦

**内容提要**

本书为江苏省“十三五”重点建设教材。教材以船舶总体设计为主线，重点涵盖船舶重量、重心与容量，船舶主要要素确定，船舶型线设计，船舶总布置设计，船舶快速性与螺旋桨设计等相关基础内容，同时合理补充法规和规范的相关要求，便于学生系统分析、全面构思。此外，除了在基础章节中设有相关例题外，还专门增设了典型船型总体设计案例和与总体设计相关的附录内容，便于学生开拓思路、融会贯通。

本教材是船舶与海洋工程的系列核心专业课程的综合实践配套教材，适合船舶与海洋工程类院校船舶工程等相关专业学生使用，也可作为船舶设计从业人员参考。

**图书在版编目(CIP)数据**

船舶总体设计与实践/谢云平等编著. —上海：
上海交通大学出版社，2023.10
ISBN 978-7-313-28963-6

Ⅰ.①船… Ⅱ.①谢… Ⅲ.①船舶设计—教材 Ⅳ.
①U662

中国国家版本馆 CIP 数据核字(2023)第 109137 号

**船舶总体设计与实践**
**CHUANBO ZONGTI SHEJI YU SHIJIAN**

编　　著：谢云平　张瑞瑞　刘可峰　陈　悦
出版发行：上海交通大学出版社　　地　　址：上海市番禺路 951 号
邮政编码：200030　　电　　话：021-64071208
印　　制：上海万卷印刷股份有限公司　　经　　销：全国新华书店
开　　本：787mm×1092mm　1/16　　印　　张：13.75
字　　数：332 千字
版　　次：2023 年 10 月第 1 版　　印　　次：2023 年 10 月第 1 次印刷
书　　号：ISBN 978-7-313-28963-6
定　　价：58.00 元

# 前 言

《船舶总体设计与实践》是在多年的船舶总体设计课程实践的基础上，结合“新工科”和“工程教育认证”相关要求，统筹船舶设计基本知识和船舶总体设计相关案例，编制用于船舶与海洋工程专业的实践性教材。

《船舶总体设计与实践》是船舶与海洋工程的系列核心专业课程的综合实践配套教材。其主要特色是以船舶总体设计为主线，重点涵盖船舶重量、重心与容量，船舶主要要素确定，船舶型线设计，船舶总布置设计，船舶快速性与螺旋桨设计等相关基础内容，着重就散货船总体设计、集装箱船总体设计、圆舭船艇总体设计进行了专门的编写，以尽可能使船舶设计总体相关知识与典型船型总体设计结合得更好、联系更紧密。其主要创新：一是综合化，即将船舶总体设计系列相关课程基础知识梳理与归纳，同时合理补充相关法规和规范的相关要求，便于学生系统分析、全面了解；二是实用化，即除了在基础章节中增设相关例题外，还专门增设了典型船型总体设计案例，便于学生开拓思路、融会贯通。

本教材第1章、第3章和第8章由张瑞瑞编写；第2章由陈悦编写；第4章由刘可峰编写；第5章、第9章和附录由谢云平编写；第6章和第7章主要由陈悦、张瑞瑞编写。本教材由谢云平负责统稿和定稿工作。

本教材为“十三五”江苏省重点教材。在编写过程中，得到了江苏省高等教育学会、江苏科技大学相关领导和老师的大力支持和帮助，在此表示衷心感谢。对百忙之中参与该教材审定的上海交通大学夏利娟教授、哈尔滨工业大学桂洪斌教授、重庆交通大学雷林教授、江苏科技大学姚震球教授、江苏船研所张平研究员级高工表示特别的感谢。本教材出版得到了国家一流专业建设点、江苏高校品牌专业建设工程的资助。

由于编者水平所限，同时相关船型资料缺乏，因此本教材还存有一些不足或不妥之处，恳请使用本教材的老师、学生和读者多提宝贵意见，以便该教材的进一步完善。

编者

2023年4月

# 目 录

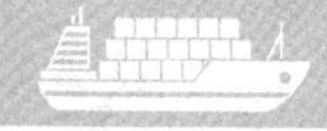

# 第1章 船舶总体设计概述

船舶是一种水上活动工程建筑物，具有技术复杂、投资大、使用期长等特点。此外，船舶种类繁多。就民用船舶而言，有运输类船舶(散货船、集装箱船、油船、邮轮等)，工程类船舶(挖泥船、起重船、打桩船等)，特种用途类船舶(科考船、测量船、公务船等)。因此，船舶设计技术复杂、综合性强。

## 1.1 船舶设计分类与总体设计任务

### 1.1.1 船舶设计分类

船舶是由许多部分组成的一个大系统。一般来讲，船舶由船体结构、舾装设备与系统、轮机设备与系统、电力设备与系统等构成，因而其设计也需要分专业进行。通常，船舶设计可分为船体设计、轮机设计、电气设计三大专业(不包括各种通用设备产品的设计)，其中船体设计又分为总体设计、结构设计和舾装设计三大部分，如图1-1所示。

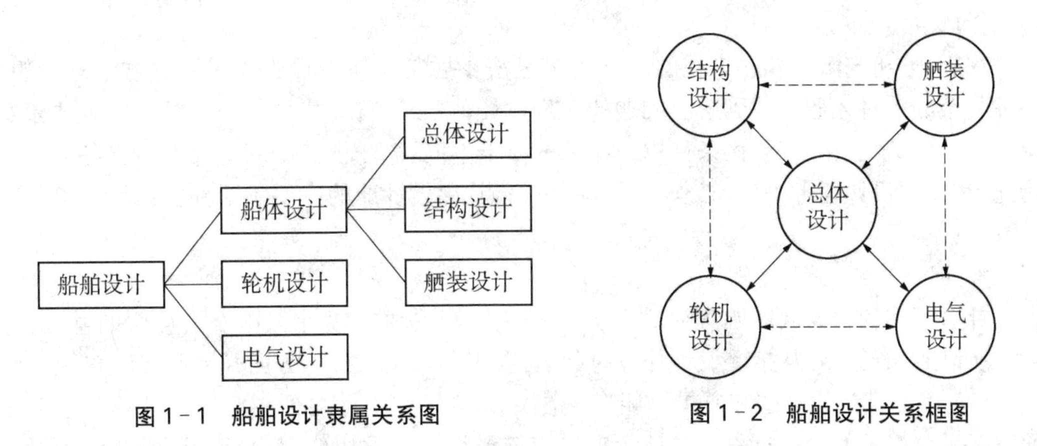


图1-1 船舶设计隶属关系图

图1-2 船舶设计关系框图

事实上，对设计一艘船而言，船体设计是基础。而总体设计涉及船舶的方案和主要要素，所以是船体设计的核心和根本。总体设计、结构设计、舾装设计、轮机设计和电气设计的相互间关系如图1-2所示。

### 1.1.2 总体设计任务

任何一艘船的设计都是依据设计任务书并结合相关规范从方案构思开始的，即除了考虑设计船的船型特征和总布置设想外，还要顾及结构、舾装和机电等方面。所以，船舶总体设计时必须注意以下几点：

(1) 贯彻系统工程的思想，考虑问题要全面，决策时要统筹兼顾；在总体设计中一定要分清主次矛盾，协调好各专业，使之达到最佳配合。

(2) 船舶总体设计是一个多参数、多目标、多约束的求解和优化问题，其求解过程由粗到细，逐步近似，反复迭代。

(3) 船舶总体设计时，应注重新技术、新设备的应用和新要求的考虑。

考虑总体设计的重要性，其任务主要包括主要要素(船长、船宽、型深、吃水和方形系数)的确定，总布置设计，型线设计，各项性能的计算和保证等。

## 1.2 船舶总体设计方法和要求

### 1.2.1 总体设计方法

设计是一种技术实践活动，目的是解决所面临的问题。船舶基本设计要解决的是造什么样船的问题，而船舶总体设计又起着重要的决定作用。事实上，总体设计工作的过程如同一般事物的发展一样，总是不断地从肯定走向否定再到肯定，因此，船舶总体设计方法可归结如下。

1. 综合分析、合理解决

船舶是一个复杂的集成系统，其内在矛盾错综繁多。例如载重量的多与少、航速的快与慢、稳性的好与差、造价和营运成本的高与低等。在不同的矛盾之间又存在着矛盾。比如，在排水量不变的情况下，提高载重量与提高航速之间的矛盾，提高稳性与改善横摇缓和性之间的矛盾等。

揭露、分析与解决船舶内在的各种技术经济矛盾是船舶设计必须采用的方法。要想在错综复杂的多种矛盾中找到解决问题的合理途径，就必须首先找出其中关键性的主要矛盾。由于船舶的类型、用途、航区条件以及船东的要求不同，船舶设计中的主要矛盾也各不相同。为此，在拿到设计任务书后，必须通过综合分析，找出设计船的主要矛盾，同时寻求合理的解决方法。

2. 调查研究、分析资料

针对面临的主要问题调查研究并分析相关资料是搞好设计工作极为重要的基础性环节。所以船舶设计者从接受设计任务时起，首要工作就是对以下方面开展调查研究。

(1) 用船部门的意图和要求。船东从决定建造一艘设计船到制定出设计技术任务书，通常有一个很长的论证过程。设计者首先应该详细地了解用船部门对设计船的任务、使用的具体要求，以及各种客观因素对设计船的限制等，同时对任务书中各项要求的背景情况进行调查，使设计真正做到有据可依，有章可循。

(2) 同类船和母型船资料。设计工作所需的技术资料是保证设计工作顺利开展和进行的必要条件，也是保证设计质量的重要因素。搜集资料的内容包括同类船特别是母型船的资料。母型船的资料包括主要要素、载重量、舱容、航速、主机参数、重量重心、总布置图、型线图、船模及实船试验资料等。此外，与设计船相关的新技术、新成果、新设备等也要给予关

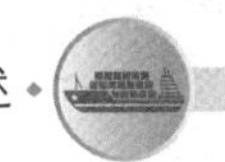

注，尤其是规范和规则的新变化更应引起注意。

(3) 其他相关方面的情况。与设计船相关方面情况通常还包括航道、港口、建造维修等。此外，市场信息对设计者也是非常重要的。如货源的波动、运费的涨落、燃料价格的变化、原材料和设备价格的变更等都直接影响船型方案的选取。

针对获得的相关资料，还需进一步研究分析和去粗取精、去伪存真，从而使设计一开始就建立在比较可靠的基础上。

3. 逐步近似、不断深化

由于船舶的内在矛盾众多，因此船舶设计是一个逐步近似、不断深化的过程。通常，按逐步近似过程进行船舶总体设计，就是把复杂的设计工作拆分成若干循环。例如，在确定主要要素时，每个要素需考虑的因素很多。除了要考虑客观限制因素以外，还要考虑浮性、容量、技术性能和经济性能、强度等方面。所以，要确定设计船的主要要素，必须进行方案构思，并利用同类船的规律，先初步确定其范围和初值，再依据排水量、容量、快速性和初稳性等校核结果，进行调整并再次校核，直到结果满意为止。

可以看出，逐步近似过程的每一次循环都不是简单的重复，而是螺旋式上升的过程。当然，螺旋上升的每次重复过程中并非需要对每个步骤都开展深入的工作，而是根据具体情况有所侧重和深化。

4. 借鉴继承、合理创新

任何优秀船舶的出现都是既往船舶发展的结果。科学的继承在船舶设计中有着重大意义。在总体设计时，设计者常采用一种行之有效的方法——母型设计法，即在现有船舶中选取一条与设计船技术性能相近的优秀船舶作为母型船，从而使设计船有较为可靠的基础，减少设计时的盲目性和逐步近似的次数。

母型设计方法不是一种简单地照搬和拼凑，而是设计者必须结合设计船的要求和特点，考虑新技术、新设备、新工艺、新材料在设计船上的应用，做到在设计中有所创新、有所改进。

事实上，在没有合适母型船资料的情况下，往往要采取边研究、边试验、边设计的方法，也就是所谓的全新设计法。该方法首先需对设计船的特点加以研究，确立一个初步方案并进行必要的试验，以验证设计的正确性和可靠性，同时寻找改进的方向和方法。如此反复，直到总体设计结果满足任务书相关要求为止。

### 1.2.2　总体设计要求

衡量新设计建造船舶成功与否的标准通常包含是否满足设计使用要求，是否满足现行规范和规则要求，与同类船相比是否具有优良的技术性能和经济性能等。而船舶总体设计对以上几方面都起着决定性的作用。所以，船舶总体设计要求通常需重点考虑设计船的适用性、经济性，安全性、可靠性，先进性、环保性。

1. 适用性、经济性

所谓适用性就是指设计船能够较好地满足任务书中预定的使用和功能要求。总体设计时船舶适用性必须得到保证。对于运输船舶而言，主要保证装载能力、续航力、自持力、航速等。

所谓经济性是指船舶有较低的投入(造价)，并完成规定任务时要有较少的消耗(营运成本)和较多的盈利(营运收入减掉营运成本)。总体设计中的技术措施是否恰当、决策是否正确，对船舶的经济性会产生很大的影响。

一般情况下，适用性是经济性的重要前提，不适用就谈不上经济。反之，在达到适用的前提下，若不注重船舶的经济性，也是不合理的。针对某一具体设计技术任务书的要求，设计中必然也会涉及经济性问题。例如，在保证排水量一定时，可采用主要尺度小些但较丰满的船型方案，也可采用主要尺度大些但较纤瘦的船型方案。显然，前者的造价要低些，与造价有关的营运开支也会少些，但后者可能在航速上有利些(假设主机不变)。

2. 安全性、可靠性

船舶的安全性是关系到国家和人民生命财产的重大问题。为保证船舶的安全性，国际海事组织(IMO)制定了各种国际公约和规则，各国政府主管机关也制定了相关的法规。这些公约、规则和法规均涉及船舶的构造、载重线、稳性、分舱、消防、救生、航行、信号、通信等方面。船舶总体设计时就必须严格遵守，且至少应满足法规和规范的最低要求。

此外，船舶设计中的可靠性问题也必须加以重视。船舶使用周期长，船上重要设备和设施的可靠性对安全性和经济性影响很大。设计时，某些设备虽然能满足有关规定，但其可靠性可能存有一定的差别。因此在总体设计方案的优选和设备的选用中对可靠性问题要充分重视。例如，对船上的重大设备(如主机)，重要装置(如舵设备、锚设备、推进装置等)，在选型和确定时应充分注意。

3. 先进性、环保性

先进性是指性能优良，技术和装备先进。在船舶总体设计中，采用合理的主尺度和优秀的船体型线可以提高船舶的快速性，采用自智能化的船用设备可以节省燃料消耗。当然，先进设备的采用有一个性价比的问题，设计时要综合考虑。

船舶的节能和环保已经越来越受到重视。近年来，IMO 推出了设计船能效设计指数(EEDI)，即对船舶每单位运输量而产生的环境成本($CO_2$ 的排放量)提出了标准。因此，在船舶总体设计时就要设计出能耗低、污染小、效益高的绿色船型。

## 1.3 船舶总体设计依据

任何一艘在营船舶一般都要经历方案确认、设计与审批、建造与检验等环节。其中方案由船东依据设计使用要求来确认，设计资料则由船级社依据相关规范、法规、规则等来审核，建造同样由船级社依据批准的图纸和检验规则来检验发证。显然，船舶的总体设计就必须依据船东设计任务书、船级社规范、政府法规、IMO 规则和公约等来进行。

### 1.3.1 法规和规范

有关船舶设计方面的国际公约和规则、国内规范和法规，主要涉及船舶的布置要求和航行安全，且带有法令性。它们是人们根据船舶使用的历史经验和不断发展的科学技术水平总结的结果，设计人员必须熟悉和很好地理解。船舶总体设计通常用到下列公约、规则、法规和规范。

1. 国际航行船舶部分

(1) IMO《国际海上人命安全公约》(SOLAS 公约)2009 综合文本，及其后续修正案。

(2) IMO《国际防止船舶造成污染公约》(MARPOL 公约)2011 综合文本，及其后续修

正案。

(3) 中华人民共和国《国际航行海船法定检验技术规则》(2020)。

(4) 中国船级社《钢质海船入级规范》(2023)。

2. 国内航行船舶部分

(1) 中国船级社《国内航行海船建造规范》(2022)。

(2) 中国船级社《钢质内河船舶建造规范》(2016)及其修改通报。

(3) 中华人民共和国海事局《国内航行海船法定检验技术规则》(2021)。

(4) 中华人民共和国海事局《内河船舶法定检验技术规则》(2019)。

### 1.3.2　设计任务书

一艘重要船舶需经过船型技术经济论证来产生设计任务书,并作为设计的出发点。通常设计任务书主要包括对设计船的使用要求、主要技术性能、主要装备以及主尺度附加的约束条件等。下面以运输货船为例,简单说明设计任务书的主要内容。

1. 用途方面

1) 航区与航线

航区是指设计船航行的区域,可简单分为国际航行水域和国内航行水域。航区不同,对船舶的安全性和设备配置要求也不同。

我国法规对国内航行海船的航区划分为远海航区、近海航区、沿海航区和遮蔽航区。内河航行船舶的航区根据不同水系或湖泊的风浪情况划分为A级、B级和C级航区;其中某些水域,依据水流湍急情况,又划分为急流航段,即J级航段,如J1级为急流航段、J2级为急流航段。

如设计任务书中规定了设计船的具体航线,则在总体设计时需注意特定线航行的特殊要求。例如,设计船要经过巴拿马运河或苏伊士运河,船本身的主尺度满足各运河管理机构的相关特殊要求。如设计船需考虑进入长江干线,同样也要满足航道水深和桥梁净空高度的通航条件。

2) 货种与载货量

货物运输船常常给出所载运的货类和载货(箱)量,包括货物的理化性质、积载因数或密度、平均箱重等。货种通常包含干散货、液货、集装箱等,其中干散货有煤炭、粮食、矿砂等,液货有原油、成品油、其他化学品等。

2. 船级和船籍

船级是指设计船准备入哪个船级社,要求取得什么船级标志,从而确定设计应满足的规范。

船籍则是指船舶在哪国注册登记,从而确定设计船应遵守的船籍国政府颁布的法定检验规则。例如,悬挂中华人民共和国国旗的海船,无论入哪个船级社,都应遵守中国政府主管当局颁布的相关规则和规定。

3. 船舶性能

对于运输船,船舶性能主要指快速性,即给出要求达到的设计航速。也有对设计船的抗风要求、横摇性能、操纵性等方面做出要求的情况。

此外,设计任务书会给出续航力和自持力的明确要求。

4. 动力与设备

(1) 给出主、辅机的类型、型号及相关要求，包括燃料类型、排放要求等。

(2) 明确压载水、生活污水、油污水等处理方式及其相关装置要求。

(3) 对设计船的起货设备(油船的货油装卸设备)的能力和型号，以及安全设施、减摇装置等方面要求。

5. 船员配备及生活设施

给出设计船各类人员的编制、居住舱室及服务舱室的配备和标准等。

需要特别说明的是，设计任务书中的使用要求在船舶总体设计时必须得到保证。如果发生任何不能满足规则、规范和任务书要求的情况，应及时与船东协商，并取得一致的书面修改意见。

## 1.4 船舶总体设计实践内容

船舶设计包括船体、轮机、电气等专业设计。船舶总体设计又是结构设计、舾装设计和各专业设计(如轮机设计、电气设计)的基础与依据。所以，船舶总体设计在船舶设计过程中起着决定性作用。

船舶总体设计的首要任务就是要在方案构思的基础上确定设计船的主要要素，通常包含船长、船宽、型深、吃水和方形系数。其不仅涉及船舶重量与重心、船舶容量、技术性能与经济性能，还与船舶载重线、船舶吨位、船舶安全等公约和规则紧密相连。此外，船舶主要要素还受到营运航线、建造场地、修理维护等一系列客观条件的限制和影响。

型线设计是船舶总体设计中相对难度较大且十分重要的一项工作。其前期工作主要包括横剖面面积曲线、设计水线和中横剖线等形状特征参数的确定及设绘。在此基础上，结合方案构思中的轮廓线就可以设绘出设计船各站横剖线，进而完成型线设计。

总布置设计是在型线设计的基础上，结合相关规范，对方案构思图做进一步的完善，包括主船体的区划、上层建筑及舱室的布置、浮态的核算与调整、梯道与出入口布局、舾装设备的设置等。

就运输船舶来讲，船舶总体设计实践内容如下。

1. 主要要素确定

(1) 设计船主要要素范围考虑与初始值的选取。

(2) 排水量校核，含空船重量(钢料、舾装和机电设备)估算、载重量计算。

(3) 容量校核，含所需容量计算和所能提供容量估算。

(4) 快速性校核，主要是航速估算。

(5) 初稳性校核，即初稳性高度的估算，包括重心高度的确定。

(6) 依据上述校核结果，进行主要要素的调整与校核，再调整与再校核。

(7) 主要要素最终确定。

2. 型线设计

(1) 横剖面面积曲线，包括棱形系数、浮心纵向位置、平行中体长度及位置(最大剖面位置)、首尾端部形状等的确定。

(2) 设计水线，包括水线面系数、漂心纵向位置、平行中段长度及位置、首部进流角和尾

部去流角的考虑。

(3) 中横剖线，包含中横剖面系数、舭部半径、舭部升高、龙骨墩宽度等。

(4) 首尾横剖线，依据轮廓线、设计水线和横剖面面积曲线进行设绘。

(5) 系列水线和系列纵剖线，根据系列横剖线并结合端点绘制，并做到三向光顺和投影一致。

(6) 进行排水体积和浮心纵向位置的复核，最终完成型线图设绘。

3. 总布置设计

(1) 主船体区划，包括纵向、垂向和横向的区划。

(2) 上层建筑布设，包括上层建筑的位置、外形及层数等。

(3) 浮态校核，包括典型工况浮态计算、纵倾调整(重心纵向坐标和浮心纵向坐标的调整)。

(4) 舱室与通道布局，包含生活舱室和工作舱室的布设、通道与出入口的布置等。

(5) 舾装设备的布置，包括锚泊与系泊设备、舵设备、救生与消防设备、舱盖与起货设备等。

(6) 结合型线图，完成总布置图设绘。

4. 总体设计总结

(1) 编制总体设计技术报告。

(2) 进行总体设计工作评价。

# 第2章 船舶重量、重心与容量

船舶在某一载况下的重量(即此时的排水量Δ)由空船重量和载重量构成,即

$$\Delta = LW + DW \tag{2-1}$$

式中,LW* 为空船重量,单位为 t,包含钢料重量 $W_H$、舾装重量 $W_F$ 和机电设备重量 $W_M$;DW 为载重量,单位为 t,通常由货物、人员及行李、油水、食品、备品和供应品组成。

## 2.1 船舶重量

### 2.1.1 空船重量构成与估算

影响空船重量 LW 的因素有很多,在总体设计时,LW 很难准确估算。事实上,对于某一类型的船舶,其空船重量占排水量之比相对稳定。表 2-1 给出了各类船舶的空船重量与满载排水量的大致比例。

表 2-1 各类船舶空船重量与满载排水量之比

| | | | |
|---|---|---|---|
| 拖船 | 0.85～0.95 | 大型油船 | 0.20～0.35 |
| 渔船 | 0.60～0.70 | 中小型客船 | 0.50～0.70 |
| 中小型货船 | 0.30～0.43 | 大型客船 | 0.45～0.60 |
| 大型货船 | 0.27～0.36 | 内河工作艇 | 0.80～0.92 |
| 中小型油船 | 0.35～0.50 | 集装箱船 | 0.30～0.34 |

1. 空船重量的构成

对于民用船舶,空船重量 LW 一般分为船体钢料重量 $W_H$、舾装重量 $W_F$ 和机电设备重量 $W_M$ 三大部分。表 2-2 所示为各类船舶的三部分重量在空船重量中所占的大致比例,可作为估算参考。

* 用缩量词表示变量是行业习惯,除本页的 LW、DW 外,还有 RT、GT、NT 等。

表 2-2　船体钢料重量及舾装部分重量与空船重量之比

| 船舶类型 | $W_H/LW$ | $W_F/LW$ |
| --- | --- | --- |
| 大型货船 | 0.61～0.68 | 0.17～0.23 |
| 中小型货船 | 0.51～0.59 | 0.25～0.32 |
| 客货船 | 0.47～0.56 | 0.26～0.37 |
| 大型油船 | 0.68～0.78 | 0.08～0.15 |
| 中小型油船 | 0.54～0.63 | 0.23～0.35 |
| 渔船 | 0.39～0.46 | 0.39～0.44 |
| 拖船 | 0.38～0.52 | 0.23～0.28 |
| 内河货船 | 0.41～0.52 | 0.26～0.33 |
| 内河工作艇 | 0.43～0.56 | 0.18～0.26 |
| 内河拖船 | 0.30～0.36 | 0.22～0.27 |

2. 空船重量的估算

在船舶设计的不同阶段，空船重量*的估算可采用不同的方法进行。在船舶总体设计时，由于仅有初步拟订的主要要素和粗略的总体方案，因此空船重量的估算只能采用较为粗略的方法，如载重量系数法、百分数法和分项估算法。

1) 载重量系数法

载重量与排水量之比称为载重量系数，即

$$\eta_{DW} = \frac{DW}{\Delta} = \frac{\Delta - LW}{\Delta} = 1 - \frac{LW}{\Delta} \tag{2-2}$$

很显然，各类船舶载重量系数的大致范围可参考表 2-1 换算而得。

当设计船的载重量 DW 已知时，其空船重量 LW 可用下式估算：

$$LW = DW(1 - \eta_{DW})/\eta_{DW} \tag{2-3}$$

式中，$\eta_{DW}$ 为载重量系数，可取自母型船，也可用以下统计公式计算得到(式中 DW 单位为万吨)。

(1) 适用于 DW 为 0.5 万吨～6.0 万吨级散货船

$$\eta_{DW} = 0.734 + 0.02839DW - 0.00221DW^2 \tag{2-4}$$

(2) 适用于 DW 为 1 万吨～10 万吨级油船

$$\eta_{DW} = 0.7666 + 0.0134DW - 0.0008DW^2 + 0.00013DW^3 \tag{2-5}$$

对于排水量大的船舶，其空船重量 LW 在排水量 Δ 中所占的比例相对要小一些，从而 $\eta_{DW}$ 相应要大些。

* 工程上所指的重量是指该物体的质量或受到的重力，若单位为吨 (t)，是指质量，若单位为吨力(tf)或牛(N)，则是指重力。

2）百分数法

当设计船的排水量 $\Delta$ 已知时，空船重量 LW 也可用下式估算：

$$\mathrm{LW}=C\Delta \tag{2-6}$$

式中，$C$ 为系数，可参照母型船选取(或参照表 2-1 选定)。

3）分项估算法

(1) 船体钢料重量 $W_H$ 的估算。

船体钢料包括船壳板、甲板、舱壁、纵横骨架、首尾柱、上层建筑(甲板室)等。由表 2-2 可以看出，船体钢料重量在空船重量中占有较大比例，因此准确估算船体钢料重量，对设计船的排水量有重要影响。下面介绍几种在进行总体设计时常用的估算方法。

① 立方模数法。

立方模数法就是假定 $W_H$ 正比于船的内部总容积，并用 $LBD$ 表示内部总容积的特征数(把船体看成实心梁体)，即

$$W_H=C_H LBD \tag{2-7}$$

式中，$C_H$ 为关于立方模数的船体钢料重量系数，其值与船舶大小、船舶类型均有关，通常取自母型船；$L$、$B$ 分别为船长、船宽，$D$ 为到最上层连续甲板的型深。

若设计船的舷弧高度及上层建筑的体积与母型船相差较大，为了计及不同上层建筑和舷弧对 $W_H$ 的影响，式(2-7)中型深 $D$ 也可以用相当型深 $D_1$ 来表示，以提高计算的精确性。$D_1$ 的表达式为

$$D_1=D+S_m+\frac{\sum l_i h_i}{L} \tag{2-8}$$

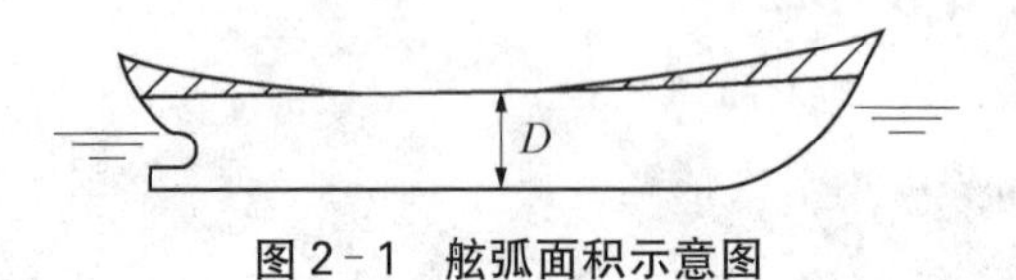

图 2-1　舷弧面积示意图

式中，$S_m$ 为平均舷弧高，m，$S_m=\frac{A}{L}$，其中 $A$ 为船舷弧升高部分的侧投影面积，$\mathrm{m}^2$(见图 2-1 中阴影部分面积)；$l_i$、$h_i$ 为上层建筑(包括甲板室)各层舱室的长度与高度，m。

这样，式(2-7)可以写为

$$W_H=C_H LBD_1 \tag{2-9}$$

为了提高估算的精确性，可将式(2-9)改写成

$$W_H=C_H LBD_1\left(\frac{L}{D}\right)^{1/2}\left(1+\frac{1}{2}C_{bD}\right) \tag{2-10}$$

式中，$\left(\frac{L}{D}\right)^{1/2}$ 项是考虑 $L$、$D$ 对钢料重量的不同影响程度的修正；$\left(1+\frac{1}{2}C_{bD}\right)$ 项是考虑船体肥瘦的影响，其中 $C_{bD}$ 为计算到型深处的方形系数，可近似按下式计算：

$$C_{bD}=C_b+(1-C_b)\frac{D-T}{3T} \tag{2-11}$$

式中，$T$ 为设计吃水，m。

如果设计船与母型船的甲板层数不同，估算时也要对 $W_H$ 值进行修正，通常每增加一层纵通甲板，$W_H$ 值增加 5%～6%。

② 修差法。

修差法是根据设计船与母型船主要要素的差别进行修正得出设计船的 $W_H$ 值，即

$$W_H = W_{H0} + \delta W_H \tag{2-12}$$

式中，$\delta W_H$ 为设计船船体钢料重量的变化量。

假定母型船的 $W_{H0}$ 与主要要素的关系式为

$$W_{H0} = C_H L_0^{1.45} B_0^{0.945} D_0^{0.66} \tag{2-13}$$

若设计船与母型船的主要尺度差值为 $\delta L$、$\delta B$、$\delta D$，则由于设计船与母型船的主要尺度改变而引起的 $W_H$ 变化量 $\delta W_H$ 为

$$\delta W_H = 1.45\left(\frac{W_{H0}}{L_0}\right)\delta L + 0.945\left(\frac{W_{H0}}{B_0}\right)\delta B + 0.66\left(\frac{W_{H0}}{D_0}\right)\delta D \tag{2-14}$$

若设计船与母型船的 $C_b$ 也不相同，其差值为 $\delta C_b$，且按 $C_b$ 值每增减 0.01 时，其经主尺度修正后的 $W_h$ 将增减 0.3%，则

$$W_H = (W_{H0} + \delta W_H)(1 + 0.3\delta C_b) \tag{2-15}$$

③ 统计分析法。

对于一些常规船型，其结构形式相差不大，布置特点也比较固定，如常规的散货船、油船、集装箱船等，且已有大量的实船相关资料。统计分析法是对与设计船同一类型（包括吨位相近）的母型船重量资料进行统计分析，其结果可用于设计船重量的估算。

(a) 散货船 $W_H$ 的统计公式为

$$W_H = 3.90KL^2B(C_b + 0.7) \times 10^{-4} + 1\,200 \tag{2-16}$$

式中，$K = 10.75 - \left(\dfrac{300 - L}{100}\right)^{3/2}$。式(2-16)适用于 DW 为 10 000～50 000 t 的常规型散货船。

(b) 油船 $W_H$ 统计公式为

$$W_H = KL^{1.724}B^{0.386}(T/D)^{0.0282}C_b^{0.0032} \tag{2-17}$$

式中，$K$ 的取值如下：仅有双层底时，$K = 0.261 \sim 0.273$；有双底双壳时，$K = 0.276 \sim 0.345$。

对于 DW 大于 100 000 t 的油船，$K$ 值应取较大值；采用高强度钢时，$K$ 值应适当修正。$K$ 值也可用母型船资料换算而得。

$$W_H = 0.0104[(B + D)]^{1.4989}(l/L)^{0.0222}(b/B)^{0.13526} \tag{2-18}$$

式中，$l$ 为船中区域最大舱长的横向水密舱壁间距，m，适用于 $l/L$ 为 0.07～0.2；$b$ 为中舱宽度，m，适用于 $b/B$ 为 0.48～0.8。

式(2-18)适用于 DW 为 30 000～100 000 t、$L/B$ 为 5.5～7.2、$L/D$ 为 10.5～14、

$B/T$ 为 2.3～3.5，$D/T$ 为 1.3～1.65 的油船。

(c) 集装箱船 $W_H$ 统计公式为

$$W_H = 111\left(\frac{LBD}{1\,000}\right)^{0.9}\left(0.675+\frac{C_b}{2}\right)\left[0.939+0.005\,85\left(\frac{L}{D}-0.83\right)^{1.8}\right] \quad (2-19)$$

式(2-19)较适用于 LW 为 7 000～20 000 t 的集装箱船。当 LW 小于 7 000 t 时，估算结果可能偏大，而 LW 大于 20 000 t 时，估算结果可能偏小。

(2) 舾装重量 $W_F$ 的估算。

船舶舾装可分为外舾装和内舾装。外舾装主要包括锚泊、系泊、舵、消防、救生等船用设备与设施；内舾装则指舱室的内装材料、家具、属具等。船舶舾装重量 $W_F$ 名目繁多，规律性差，且占空船重量也有一定的比例，具体可参见表 2-2。

在船舶总体设计时，$W_F$ 的粗略估算可采用平方模数法和统计公式来进行。

① 平方模数法：

$$W_F = C_F L(B+D) \quad (2-20)$$

式中，系数 $C_F$ 均取自母型船；$L$、$B$、$D$ 分别是指船长、船宽和型深，m。

平方模数法较适用于载重型船，如散货船、油船等。

② 统计公式法。

考虑设计船可能与统计所用的样本船在舾装方面存有一定的差异，所以采用统计公式来估算舾装重量就可能存在较大的误差。在缺少母型船舾装资料的情况下，仍可用下列统计公式来估算 $W_F$。

(a) 油船：

$$W_F = C_F L(B+D) \quad (2-21)$$

式中，$C_F = 0.342\,8\text{DW}^{-1.495} + 0.088\,6$，适用于 3 万吨～10 万吨级；$C_F = (9.626 + 1.06\text{DW} - 0.023\,8\text{DW}^3) \times 10^{-2}$，适用于 2 万吨～7 万吨级，其中 DW 为载重量，单位为万吨。

(b) 大型散货船：

$$W_F = C_F L^{0.8} B^{0.6} D^{0.3} C_b^{0.1} \quad (2-22)$$

式中，$C_b$ 为方形系数。

(3) 机电设备重量 $W_M$ 的估算。

机电设备包括主机、辅机、轴系、船舶系统、电气设备等。对于同类型的船舶，机电设备重量 $W_M$ 主要取决于主机功率。通常，船舶总体设计时，$W_M$ 可按下式粗略估算：

$$W_M = C_M P_B \quad (2-23)$$

式中，$P_B$ 为主机的总装机功率，kW；$C_M$ 为机电设备重量系数，可按主机类型、功率及转速相近且机舱位置相当、船舶尺度大小相差不多的同类型船来取得。

(4) 固定压载与排水量裕度。

除 $W_H$、$W_F$、$W_M$ 外，在总体设计时还要考虑一定的排水量裕度，甚至在有些船上还需要加一定数量的固定压载(属于空船重量的一部分)。

① 固定压载。

固定压载是固定安放在船上的生铁块、水泥块等物品，也有用水作为固定压载的。船舶设置固定压载的主要原因有 3 个：一是某些船稳性不足，加固定压载以降低重心高度；二是某些特殊船舶的满载吃水太浅或排水量太小，用固定压载以加大吃水和排水量；三是有的船因布置的特殊要求导致浮态不理想，用固定压载来调整纵倾或横倾。

通常，固定压载只在某些特定的船舶上加载，例如拖船、渔船、渡船、海洋调查船、客船等。固定压载的数值大小要根据使用要求，具体通过计算而定。然而，对于一般运输货船，设计时采用加固定压载的方法则是不经济的，也是应该避免的。但是，对于载重量相对较小的集装箱船和滚装船等，在设计工况时会考虑设一定数量的固定压载（通常以水为压载物）。

② 排水量裕度。

排水量裕度也叫排水量储备。在估算空船重量时，通常要考虑加一定的排水量裕度，其原因大致有 3 个：

一是设计中的重量估算误差。从前面 $W_H$、$W_F$、$W_M$ 的估算知道，其方法是近似的，若资料不充分或经验不足，误差是难免的。如估算值偏小，则对设计船的相关性能影响较大，故需加一定的裕度。

二是未预计重量的增加。如在船舶设计后期或建造过程中，船东提出增加某些新设备是常有的事，另外，船舶改装也可能增加设备。因此计算重量时要视具体情况有意识地加一定的排水量裕度。

三是在建造中常难免会采用代用品（包括材料及设备等），从而会导致空船重量的增加。

排水量裕度加多少合适，则要视设计者的经验、水平和掌握的母型船资料的多少及准确程度而定。就一般情况而言，在总体设计时，排水量裕度有下列两种取法：

(a) 空船重量 LW 的某一百分数。通常取空船重量 LW 的 4%～6%（大船取小的数值）。

(b) 分项储备。即在船体钢料、舾装、机电设备各个部分的重量上分别加一定的裕度。具体而言，对船体钢料重量 $W_H$ 取 3%～5%，对舾装重量 $W_F$ 和机电设备重量 $W_M$ 各取 8%～10%。

对于客船，由于舾装重量所占比例较多，且各种零星设施和材料门类特别多，因此要取较大的排水量裕度；对于缺少设计和建造经验的新船型，排水量裕度同样应取较大的值。

### 2.1.2　载重量构成与计算

对于货运船舶，其载重量 DW 一般包括货物、人员及行李、食品、淡水、燃油、润滑油、备品和供应品等部分重量。本节就如何计算设计船的载重量给予简要介绍。

1. 人员及行李、食品和淡水的重量

1) 人员及行李

人员重量是指乘员和船员的重量。根据我国法规，人员重量通常按每人 75 kg 计算。人员所携带的行李重量一般按船员或乘员分别来考虑。

(1) 船员行李：每人按 35～55 kg 计算，且运输船船员取大值。

(2) 乘员行李：每人按 10～20 kg 计算，其中短途游客取小值。

2) 食品及淡水

分别根据人数、自持力(天数 d)及有关定量标准按下式计算：

$$总储备量=自持力(d)\times人员数\times定量(kg/(d\times人)) \tag{2-24}$$

(1) 自持力。

$$自持力=\frac{R}{V_S \cdot 24} \tag{2-25}$$

式中,$R$ 为续航力,n mile 或 km; $V_S$ 为服务航速,kn 或 km/h。

如果任务书中给定了自持力,则按任务书要求计算。

(2) 定量标准。

① 食品定量通常按每人每天 2.5～4.5 kg 计算。

② 淡水定量标准与航程、航线的气候条件等因素有关。通常每人每天定量 100～200 kg,其中长途航行船和热带航行取大值。对于设有制淡装置的船舶,其淡水储存量也可相应减少。

2. 燃油、润滑油的重量

1) 燃油

船上所携带的燃油储备量通常与续航力、主机功率、航速、主机耗油率等有关,具体可按下列公式估算：

$$W_F = k g_e PR/V_S \times 10^{-3} \tag{2-26}$$

式中,$k$ 为考虑风浪影响的系数,一般可取 1.1～1.2,且近海和远海取大值;$g_e$ 为耗油率,kg/(kW×h),可取主机耗油率的 1.15～1.20 倍;$P$ 为主机持续功率,kW; $R$ 为续航力,n mile 或 km; $V_S$ 为服务航速,kn 或 km/h。

应该注意的是,对于辅机功率较大(如冷藏船制冷、客船空调等)或设有燃油锅炉的船舶(如油船的加热油舱及洗舱),则估算油耗时应单独计算储备量。

2) 润滑油

船舶设计初始阶段,润滑油总储备量通常取燃油储备量的某一个百分数,即

$$W_L = \varepsilon W_F \tag{2-27}$$

式中,$\varepsilon$ 为比例系数,通常对于柴油机船取为 2%～5%,且主机功率大、航程远的船取小值。

3. 备品及供应品

在船舶总体设计时,备品和供应品的重量一般较小,通常取空船重量 LW 的 0.5%～1%。

## 2.2 船舶重心估算

船舶重心 $G$ 的坐标如图 2-2 所示,其坐标原点规定为中纵剖面基线上的船长(通常指 $L_{PP}$)中点 $O$ 处。重心的纵向坐标用 $X_G$ 表示,重心的垂向坐标用 $Z_G$ 表示。通常船舶横向坐标 $Y_G$ 为 0,因此,船舶的重心估算,主要是指船重心的纵向坐标 $X_G$ 和垂向坐标 $Z_G$ 的估算。

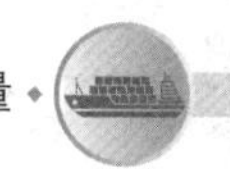

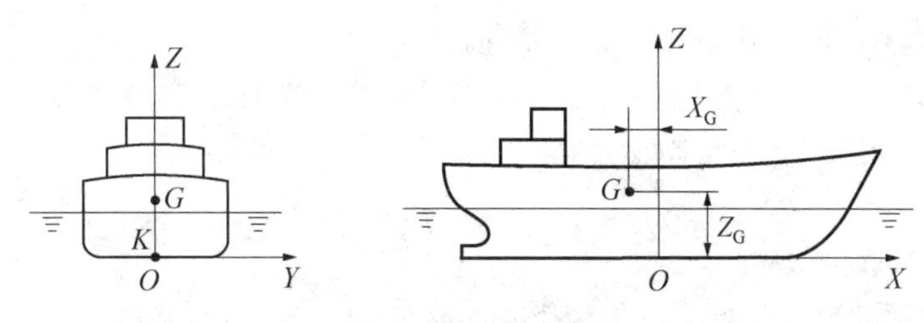


图 2-2　船舶重心位置示意图

### 2.2.1　空船重心估算

1. 空船重心高度 $Z_{GE}$

1) 粗估法

在船舶总体设计时，通常假定 $Z_{GE}$ 正比于型深，即

$$Z_{GE}=\xi D \tag{2-28}$$

$$Z_{GE}=\xi_1 D_1 \tag{2-29}$$

式中，$\xi$、$\xi_1$ 为系数，通常按母型船选取，如果设计船与母型船有明显差别时，要对此修正；$D$、$D_1$ 分别为型深和相当型深，m。

2) 分项估算法

如构成空船重量的钢料、舾装和机电设备的分项重量 $W_H$、$W_F$ 和 $W_M$ 和它们的重心高度 $Z_{GH}$、$Z_{GF}$ 和 $Z_{GM}$ 都已估算出，则空船重心高度 $Z_{GE}$ 可通过式(2-30)来求取：

$$Z_{GE}=\frac{W_H \cdot Z_{GH}+W_F \cdot Z_{GF}+W_M \cdot Z_{GM}}{W_H+W_F+W_M} \tag{2-30}$$

下面分别简要介绍分项重心高度 $Z_{GH}$、$Z_{GF}$ 和 $Z_{GM}$ 的估算方法。

(1) 船体钢料重心高度 $Z_{GH}$。

粗估 $Z_{GH}$ 的方法通常是假定 $Z_{GH}$ 正比于型深，即

$$Z_{GH}=C_E D \tag{2-31}$$

或者

$$Z_{GH}=C_{E1} D_1 \tag{2-32}$$

式中，$D$ 为型深，m；$D_1$ 为计入舷弧、上层建筑和甲板室的相当型深，可按式(2-8)计算；$C_E$ 和 $C_{E1}$ 为系数，按母型船选取。此外，考虑到上层建筑的重量和重心高度的相似性通常与主船体不一致，因此较细致的考虑是将两者分别估算。

主船体钢料的重心高度 $Z_{GH1}$ 可按下式估算：

$$Z_{GH1}=C_{EH} D_2 \tag{2-33}$$

式中，$D_2$ 为计入舷弧和舱口围板容积影响的相当型深，也可直接粗略地用型深 $D$ 替代；$C_{EH}$ 为系数，可用母型船数据或以下统计公式估算：

$$C_{EH}=0.48+0.0015(0.85-C_{bD})\left(\frac{L}{D}\right)^2+0.008\left|\frac{L}{B}-6.5\right| \tag{2-34}$$

其中，$C_{bD}$ 是计至型深的方形系数。如有球首 $C_{EH}$ 可减小 0.004。

上层建筑和各层甲板室的重心高度可按其具体位置单独估算，其中首楼的重心高度可取其层高的 0.8～0.85(外飘大者取大值)，尾楼和甲板室可取层高的 0.70～0.82(内部钢围壁较多时取小值)。

(2) 舾装重心高度 $Z_{GF}$。

一般货船的舾装重心高度 $Z_{GF}$ 可按下式粗略估算：

干货船
$$Z_{GF}=(1.00\sim1.05)D_3 \tag{2-35}$$

油船
$$Z_{GF}=(1.02\sim1.08)D_3 \tag{2-36}$$

式中，$D_3$ 为计入上层建筑影响的相当型深，m，即型深 $D$ 加上层建筑总容积除以主甲板面积。

在总体设计时，舾装重心高度的详细估算有一定的难度。如有母型船的分项重量、重心资料，设计船可在母型船资料的基础上来修正。

(3) 机电设备重心高度 $Z_{GM}$。

粗略估算时，一般货运船舶机电设备重心高度的平均值约在 $0.55D$ 处。如用母型船资料，也可按比例于型深 $D$ 的关系来简单换算。

机电设备的重心高度用分组重量估算时，可将其中大件设备的重心高度分项估算，剩余的杂项设备再用母型船资料换算。其中主机和柴油发电机组的重心高度，对于直列式柴油机，可取其曲轴线上主机高度的 35%～45%；对 V 型柴油机该比例数取为 30%～35%。

2. 空船重心纵向位置 $X_{GE}$

1) 粗估法

空船重量的重心纵向位置，在设计初始阶段可近似用比例于船长 $L$ 的方法，用母型船资料换算，即

$$X_{GE}=C_L L \tag{2-37}$$

式中，$C_L$ 为比例系数，取自母型船。

2) 分项估算法

在设计船总布置方案初步确定以后，可参照母型船的各部分重量及重心资料，类似于 $Z_{GE}$ 那样，对 $X_{GE}$ 可进行分项估算。例如机电设备重量的重心位置以机舱某基准点(如机舱前壁)，按机舱长度的比例关系用母型船资料来估算，然后再换算到距船中的纵向坐标值。舾装重量的重心位置估算可分项进行，其中的大项设备(如锚泊设备、起重设备、舱盖设备等)按具体布置确定其重心位置。其余杂项(如舱室内舾装重量)合并后以相对于上层建筑的纵向位置来确定。钢料的重心纵向坐标可分成主船体和上层建筑两大部分，并参照母型船相关资料来估算。

### 2.2.2 载重量重心估算

1. 载重量的重心高度 $Z_{GD}$

在总体设计阶段，载重量的重心高度 $Z_{GD}$ 的估算通常是结合设计船布置方案、分项并参照母型船的资料来换算。在分项考虑时，货物的重心高度可用相对于双层底(或内底板)以上的高度值来换算，以便消除不同双层底高度的影响；双层底内油水重心以双层底高度来换

算；人员、行李、食品等重量的重心可按相对于上甲板的高度来换算，其余杂项的重心高度仍可按型深来换算。

1）货物的重心高度 $Z_{Gc}$

初估时：
$$Z_{Gc}=\xi_c(D-h_d)+h_d \tag{2-38}$$

式中，$\xi_c$ 为取自母型船，或干货船取 0.62～0.65、液货船取 0.53 左右；$h_d$ 为双层底高度，m。

在总体设计时，如总布置图和型线图已初步确定，则各货舱货物重心高度可按相应舱容的形心高度选取。

2）其他项目重心高度

燃油、润滑油、淡水等液体的重心高度取在各自舱柜容积的形心处；双层底内的油水重心高度取双层底高度的 3/5 左右；人员及行李重心高度取距所在甲板 1 m 以上。

3）重心高度裕度

在船舶总体设计时，考虑到重心估算的误差，同时提高船舶的安全性，设计船估算出的重心高度要加 0.05～0.15 m 的储备。特别应注意的是，对于客船、集装箱船等稳性富余较小的船舶，以及设计和建造经验较少的新型船舶，其重心高度储备值应适当加大些。

2. 载重量重心纵向位置 $X_{GD}$

载重量 DW 各部分的重心纵向位置 $X_{GD}$，可根据总布置图上各部分载重量所处的纵向位置并考虑船型特征进行估算，汇总后可求得载重量的重心纵向位置 $X_{GD}$。具体可参照 $Z_{GD}$ 计算方法，这里不再赘述。

## 2.3 船舶容量

### 2.3.1 载重型船容量

所谓载重型船是指载重量 DW 占排水量比例较大的运输船，例如散货船、油船等。这类船舶对载重量和舱容的要求是确定船舶主要要素时考虑的主要因素。载重型船舶的货舱大小是由载货所需的容积要求所确定的。

总体设计时，载重型船容量主要考虑货舱和压载水舱的容积。对于货舱，主要从两方面考虑：一是载货所需的容积；二是设计船所能提供的容积，即关注其货舱的容量方程是否平衡。对于机舱容量（机舱长度）要求往往根据主机型号并参照母型船来确定。至于首尾尖舱容量（首尾尖舱长度），通常依据相关“法规”相关要求来考虑。

1. 所需容量计算

1）货舱所需的型容积 $V_C$

货舱所需的型容积 $V_C$ 与要求的载货量、货物的种类和包装方式以及装载形式等有关。$V_C$ 按下式计算：

$$V_C=W_C\cdot\mu_C/k_C \tag{2-39}$$

式中，$V_C$ 为货舱所需的型容积，$m^3$；$W_C$ 为载货量，t；$\mu_C$ 为货物的积载因数，$m^3/t$，部分货物的 $\mu_C$ 可按表 2-3 查得；对于液货常用质量密度 $\rho(t/m^3)$ 表示其特征，这时 $\mu_C=1/\rho$；$k_C$ 为容积折扣系数，干散货船取为0.99。

表2-3　部分货物的积载因数 $\mu_C$

| 货物种类 | 形式 | $\mu_C/(m^3/t)$ | 备注 |
|---|---|---|---|
| 铁矿石 | 散 | 0.33～0.42 | |
| 石灰石 | 散 | 0.84 | |
| 砂 | 散 | 0.56～0.64 | |
| 煤 | 散 | 1.17～1.34 | 随产地及含水量而异 |
| | | 1.39～1.48 | 煤粉 |
| 小麦 | 散 | 1.22～1.34 | |
| | 袋 | 1.34～1.45 | |
| 大豆 | 散 | 1.17～1.45 | |
| | 袋 | 1.34～1.64 | |

对于装载成品油等的油舱，由于油料受热会膨胀，需另行考虑2%～3%的膨胀容积。

2) 压载水舱容积 $V_B$

对于货船，如其压载航行工况平均吃水 $T_B$ 确定后，则可按式(2-40)估算压载排水量 $\Delta_B$，再扣除空船重量以及油水、人员等载重量后就可得到压载水量 $W_B$，进而可确定所需的压载水舱容积 $V_B$。

$$T_B/T=(\Delta_B/\Delta)^{C_b/C_w} \tag{2-40}$$

在船舶总体设计时，方形系数 $C_b$、水线面系数 $C_w$ 可参考母型船或由经验公式估算。更为快捷的压载水舱容积 $V_B$ 的估算也可用

$$V_B \approx W_B = k_B \cdot \mathrm{DW} \tag{2-41}$$

式中，$k_B$ 为系数，可参照母型船选取。散货船为0.32～0.5，$B/T$ 较大的船取大值；集装箱船为0.3～0.35；大型油船(载重量DW为10万吨以上)为0.35～0.4，中小型油船为0.42～0.47。

2. 所能提供容量计算

在设计初期，设计船所能提供舱容的估算，通常应在方案(包含纵向舱室区划、货舱横剖面型式)有所构思的基础上进行。

1) 货舱容积的估算

在总体设计时，设计船货舱容积 $V_{TC}$ 可根据初定的主要要素，用立方数法粗略估算，即

$$V_{TC}=CL_{PP}BD \tag{2-42}$$

式中，$C$ 根据母型船选取。当常规船型缺乏母型船资料时，$C$ 为0.5～0.57。

需要说明的是，用式(2-42)估算货舱容积非常粗略，主尺度比($L/B$、$L/D$、$B/D$ 等)非常规时不宜使用。

如果根据初定的主要要素，对主船体舱室进行初步划分(见图2-3)，并对货舱典型剖面

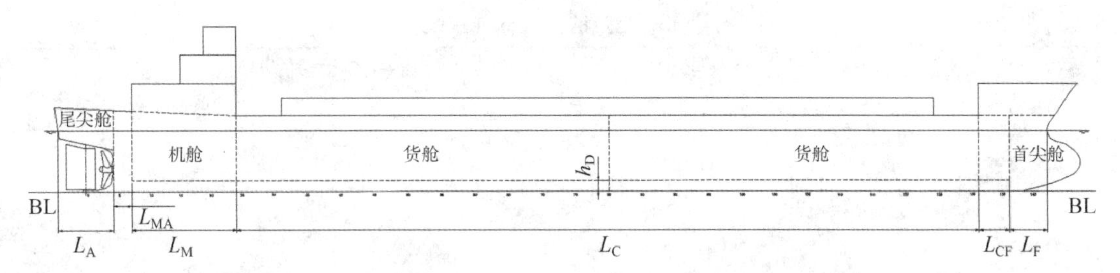


**图2-3　主船体舱室划分示意图**

的形式有所考虑后，建议用式(2-43)估算货舱容积，即

$$V_{TC}=L_CA_CK_C=(L_{PP}-L_A-L_F-L_{MA}-L_{CF}-L_M)A_CK_C \tag{2-43}$$

式中，$L_C$ 为货舱长度，m；$A_C$ 为船中处货舱载货有效横断面积，$m^2$，图2-4所示为典型的散货船中处货舱横断面示意图，其 $A_C$ 应扣除双层底和边舱的面积，货舱口围板部分通常不予考虑；$K_C$ 为考虑货舱两端型线收缩的影响系数，可用母型船资料换算，也可用经验公式估算，如散货船 $K_C=0.135+1.08C_b$，但应考虑其适用性(其值应小于1)。

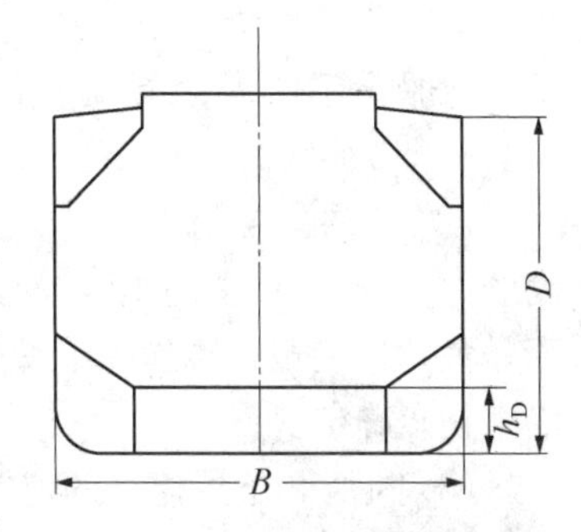


**图2-4　散货船中处货舱横断面示意图**

2) 压载舱容积估算

对于散货船，通常货舱区域双层底及底边舱用于压载舱，其容积 $V_D$ 的估算为

$$V_D=L_CBh_D\left[C_b-0.4\left(\frac{T-h_D}{T}\right)^2\sqrt{1-C_b}\right] \tag{2-44}$$

式中，$h_D$ 为双层底高度，m。

对于油船、集装箱船等双壳船，其双层底和两舷平台之下区域一般用于压载舱，其容积同样可用类似货舱容积的估算方法来计算。

### 2.3.2　布置型船的布置地位

布置型船的主要要素是由所需的布置地位决定的，而载重量不作为主要的考虑因素，例如客船等。这类船舶的特点是需要大量的甲板面积和发达的上层建筑，用于布置各种用途的舱室和设施，而载重量往往较小。

此外，对于有些运输船舶，在总体设计时既要重点考虑运载单元货所需的布置地位，又要兼顾载重量要求，如集装箱船，其货舱和载货甲板的尺度必须能适应单元货(集装箱)的排列布置要求。

通常集装箱长度方向只能沿船长纵向布置，以标准箱沿船长方向的布置称为行(bay)，沿船宽方向的布置称为列(row)，沿型深方向的布置称为层(tier)。下面就以集装箱船为例，来讲述其布置地位如何考虑。

集装箱船是指用于装载集装箱的专用船。ISO标准箱的部分相关参数如表2-4所示，且1CC和1AA最为常见。根据总载箱数的要求，在总体设计时需考虑以下几方面：

**表 2-4　ISO 指定的部分标准集装箱参数**

<table>
<tr><th colspan="2" rowspan="2">名称代号</th><th colspan="2">高度</th><th colspan="2">长度</th><th colspan="2">宽度</th><th>最大重量</th></tr>
<tr><th>mm</th><th>ft</th><th>mm</th><th>ft</th><th>mm</th><th>ft</th><th>kg</th></tr>
<tr><td rowspan="2">20′</td><td>1C</td><td>2 438</td><td>8′</td><td rowspan="2">6 058</td><td rowspan="2">19′10$\frac{1}{2}$″</td><td rowspan="4">2 438</td><td rowspan="4">8′</td><td rowspan="2">24 000</td></tr>
<tr><td>1CC</td><td>2 591</td><td>8′6″</td></tr>
<tr><td rowspan="2">40′</td><td>1A</td><td>2 438</td><td>8′</td><td rowspan="2">12 192</td><td rowspan="2">40′</td><td rowspan="2">30 480</td></tr>
<tr><td>1AA</td><td>2 591</td><td>8′6″</td></tr>
</table>

(1) 集装箱排列方案。排列方案是以集装箱的行数、列数和层数来表示的。不同的排列方案对集装箱船的主尺度($L$、$B$、$D$)有不同的组合要求。一般来讲,集装箱的行数与货舱长度及船长有关,集装箱的列数与货舱宽度及船宽有关,舱内集装箱的层数与舱深及型深有关。

(2) 舱内集装箱数与甲板上集装箱数的分配。舱内集装箱的数量直接关系到船舶主尺度的大小,而甲板上的集装箱数量多少又影响船舶的稳性。所以合理分配与布置舱内集装箱是考虑集装箱布置的一个重要问题。通常舱内和甲板上集装箱数的比例一般可参考母型船来初步确定。

(3) 机舱和上层建筑的位置。缩短机舱和上层建筑长度是增加集装箱布置地位的重要措施。但是,机舱和上层建筑的位置还涉及许多其他方面的因素,如对造价的影响等。对于中小型集装箱船,其机舱和上层建筑一般在尾部或偏尾部(见图 2-5)。

**图 2-5　中小型集装箱船**

对于大型集装箱船,往往将上层建筑移至船中前部(见图 2-6),而机舱在中后部。总体设计时可以对不同的布置方案进行综合分析、比较,在征得船东认可的情况下择优选取。

1. 集装箱船货舱尺寸的考虑

1) 货舱总长

货舱总长与舱内集装箱布置的行数 $X$、集装箱间纵向间隙、集装箱与横舱壁间的间隙、导箱架等有关。在总体设计时,可用下式估算:

图2-6　大型集装箱船

$$L_C = KL_TX \tag{2-45}$$

式中，$L_C$ 为货舱长度，m；$X$ 为行数；$L_T$ 为20 ft标准箱(TEU)的长度，$L_T=6.058$ m；$K$ 为系数，一般为1.2～1.3。

2) 货舱口宽

货舱口宽与集装箱装载的列数 $Y$、货箱间的横向间隙、货箱距内舷纵壁的距离等相关。在通常情况下，对于大型集装箱船，集装箱与导箱轨之间的横向间隙为0.025～0.03 m；导箱架组合构件的厚度(格栅宽度)为0.2～0.25 m；集装箱距舷侧纵隔壁的距离为0.15 m。

对于中小型集装箱船，货舱内一般不采用导箱架，其箱与箱之间的横向间隙可按相应连接件的要求确定。

3) 货舱深

货舱深与货箱层数 $Z$、舱底垫板厚度(0.025～0.05 m)、最上层箱和舱盖的间隙要求(0.20～0.30 m)、舱口围板高、梁拱等有关。

2. 集装箱的布置

1) 舱内集装箱的布置

为了提高集装箱船的载箱数，应尽可能在舱内布置较多的集装箱。舱内的集装箱只能布置在货舱开口的垂直范围内，因此集装箱船的货舱开口都很大。对于大型集装箱船，其货舱开口宽度达到船宽的80%～85%。

为了使舱内空间得到充分的利用，型深、双层底高度和舱口围板的高度选择应相互配合好。通常舱内顶层的集装箱距舱口盖下缘的间隙为0.20～0.30 m。舱内集装箱的层数一般可达9层。

对于大中型集装箱船，舱内集装箱常以单元货舱(见图2-7)的方法来考虑。通常一个单元货舱纵向布置两个货舱口(中间设横向甲板条)，每个单元货舱布置4行、4列20 ft集装箱。在图2-7中，间隙 $d$ 为50～150 mm，取决于导轨架的型式和制造工艺；间隙 $a$、$b$、$c$ 取决于舱口角隅形状、肋距大小、导轨架的型式以及货舱盖的型式等因素。

2) 甲板上集装箱的布置

集装箱船主甲板上(包括货舱盖)需要布置一定数量的集装箱。通常甲板上集装箱的行数同舱内行数，列数往往等于或多于舱内列数，层数一般为4～6层，如图2-8所示。

需要说明的是，甲板上集装箱的层数主要取决于船舶稳性等要求，且第三层以上需要绑

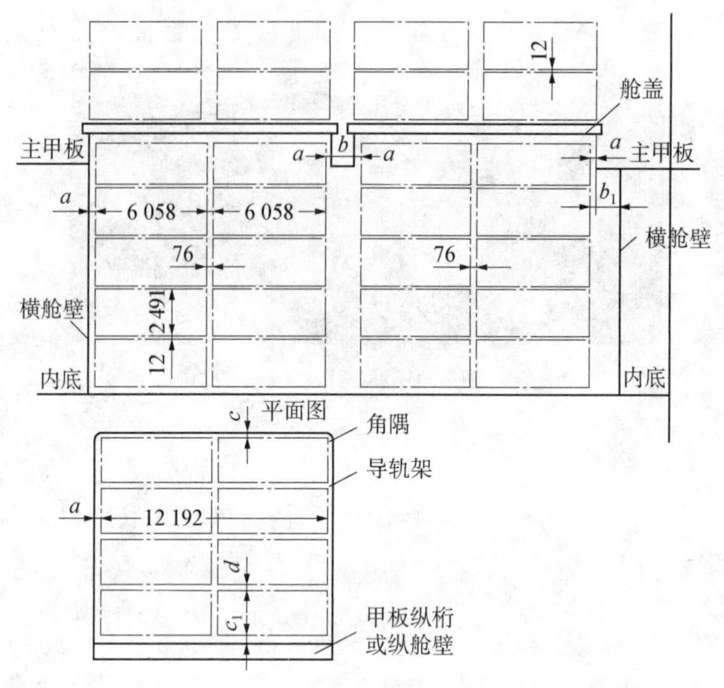


图 2-7 典型的单元货舱布置图

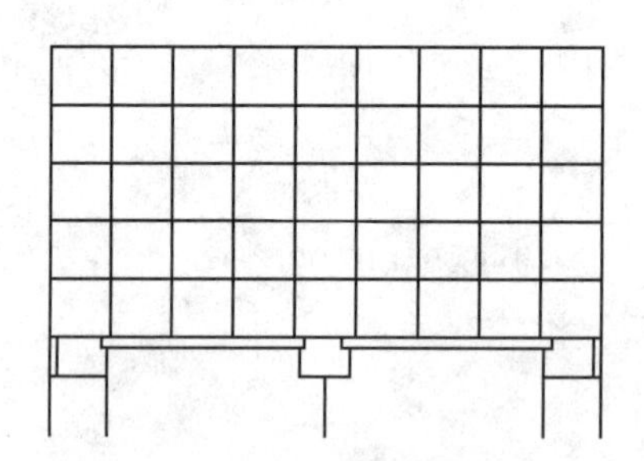

图 2-8 甲板上集装箱的布置

扎(两个 40 ft 箱的端部之间需要留出 0.55～0.65 m 的横向间隙)。此外,如集装箱布置占据整个船宽时,还需在两舷留有净高度不小于 1.9 m 的纵向通道。

## 2.4 设计考虑要点

### 2.4.1 主要要素对空船重量的影响

船舶主要要素($L$、$B$、$D$、$T$ 和 $C_b$)对船体钢料重量 $W_H$ 都有影响。主尺度对船体钢料重量的影响程度可以从构件数量和强度条件两个方面来分析。

1. 船长 $L$

船长对船体钢料重量的影响最大。从构件数量和几何尺寸看,船上大部分构件都与 $L$ 有关;从强度条件看,$L$ 越长,船所受的总纵弯矩越大,要求船体构件尺寸越大。因此,船长的大小不仅直接影响到构件的长度,同时构件的规格都将发生变化。图 2-9 反映了一般货

船舶长变化时，单位长度船体钢料重量的变化趋势。

2. 船宽 $B$

$B$ 对纵向构件影响不大，但对横向构件的强度影响较大。从构件数量看，$B$ 主要与船底、甲板、舱壁等构件有关。因此，船宽 $B$ 的大小与船体钢料重量也有密切关系，但其综合影响程度小于船长的影响。

3. 型深 $D$

型深 $D$ 对舷侧和舱壁等结构构件有影响。一般来说，$D$ 的增加会引起构件数量的增加，但从总纵强度来看，$D$ 变大，船体梁的剖面模数 $W$ 通常也会变大，这对强度有利。所以，对于大船，尽管总纵强度要求高，但是增加 $D$ 后对 $W$ 的贡献相当程度上抵消了构件数量的增加，其总的钢料重量增加甚微或不增加。而对于小船，由于其对总纵强度要求不高，增加 $D$ 一般会引起钢料重量的增加。

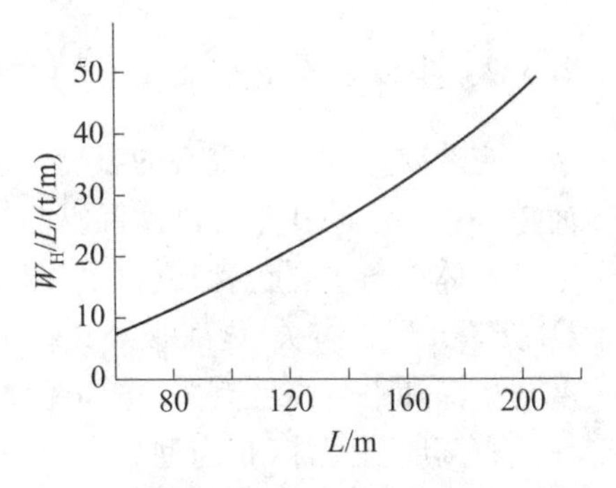


图 2-9　单位船长钢料重量随船长的变化趋势

4. 吃水 $T$

吃水 $T$ 的变化不影响构件的数量，但对局部强度（如船底构件和部分船侧构件等）有一定的影响，但其影响程度较小。

5. 方形系数 $C_b$

方形系数 $C_b$ 反映的是船体的丰满程度，因此 $C_b$ 对船体构件的数量和尺寸都影响甚微。但根据规范，$C_b$ 对船体梁的总纵强度剖面模数的计算有影响。

为了进一步说明船舶主要要素对船体钢料重量的影响，通常船体钢料重量可用以下指数形式来表示，即：

$$W_H \propto L^{\alpha} B^{\beta} D^{\gamma} T^{\sigma} C_b^{\tau} \tag{2-46}$$

式中，$\alpha$、$\beta$、$\gamma$、$\sigma$、$\tau$ 分别为主要要素对船体钢料重量的影响指数，且大体有 $\alpha > \beta > \gamma$ 和 $\sigma$、$\tau$，其中 $\alpha > 1$（一般在 1.1～1.9 之间），其他指数均小于 1。表 2-5 为不同类型船舶的指数值。

表 2-5　船体钢料重量指数形式的回归系数

| 船舶类型 | $\alpha$ | $\beta$ | $\gamma$ | $\sigma$ | $\tau$ |
| --- | --- | --- | --- | --- | --- |
| 小型货船 | 1.25 | 0.75 | 0.75 | 0 | 0.50 |
| 散货船 | 1.878 | 0.695 | −0.189 | 0.158 | 0.197 |
| 油船(2 万吨～7 万吨) | 1.83 | 0.75 |  | 0 | 0.393 |
| 集装箱船 | 1.759 | 0.712 | 0.43 | 0 | 0 |
| 常规客船 | 1.45 | 0.945 | 0.66 | 0 | 0 |

除此之外，主要要素对舾装重量的影响体现在所配备的设备上，如锚泊设备与舾装数（与排水量（$LBTC_b$）、干舷（$D-T$）有关）大小、操纵与舵设备面积（与 $L$ 和 $T$ 有关）大小、舱盖设备与货舱尺寸（与 $L$、$B$ 有关）等有直接关系。

### 2.4.2 主要要素对空船重心的影响

主要要素对空船重心的影响可以分解为对钢料重心、舾装重心和机电设备重心的影响。而重心主要反映在重心高度和纵向坐标两方面。

船体钢料主要包含外板、甲板(平台)、舱壁及其相关骨架。事实上,外板的重心高度与 $D_1^2(B+2D_1)$ 有关,内底板及其骨架的重心高度与双层底高度 $h_D$,各甲板和平台的重心高度与型深和平台高度有关,主横舱壁、纵舱壁的重心高度与舱深或 $D_1-h_D$ 有关。显然,钢料重心高度与型深(相当型深 $D_1$)关系最为密切。

舾装设备中的锚泊、舱盖、消防和救生等设备的垂向布置位置均与主甲板高度有直接关系,因而其重心高度也可以认为与型深或相当型深 $D_1$ 有关。

机电设备中的主机辅机、轴系等设备的垂向布置位置与机舱双层底高度或花钢板高度有关,所以其重心高度也与型深有一定的关系。

此外,钢料重心和机电设备重心的纵向坐标分别与上层建筑的位置和机舱位置有关,所以空船重心纵向坐标可以认为与船长关系最大。

综上所述,对于空船重心高度,型深影响较大;对于空船重心纵向坐标,船长的影响较为突出。

### 2.4.3 主要要素对容量的影响

根据货舱容量方程:$V_C=K_C[L_{PP}-(L_A+L_F+L_{MA}+L_{CF}+L_M)]B(D-h_D)$,可以看出各要素对容量的影响。

(1) 增加船长,可以增大舱容,但也会相应增加船体的钢料,提高造价。

(2) 增加船宽,虽能增加舱容,但对稳性有较大影响,应慎重。

(3) 缩小 $L_F$、$L_A$ 及 $h_D$ 似乎能增加舱容,但相关规范对 $L_F$、$L_A$ 及 $h_D$ 都有严格的规定,更何况首尾舱尖瘦,对 $V_C$ 影响不大。因此这些都不能作为增加 $V_C$ 的有效措施。

(4) 最大限度地缩短 $L_M$ 无疑是提高船舶经济性的措施之一。尽管选择好了主机后,$L_M$ 的变化范围不大,但机舱应尽量采用立体布置,以利于 $L_M$ 的缩短。

(5) 货舱与首尖舱间的舱室用于布置应急消防设备,其长度 $L_{CF}$ 一般在 4~5 个肋距;机舱与尾尖舱间的舱室用于布置尾轴管隧,其长度 $L_{MA}$ 也通常在 3~4 个肋距。它们的调节空间几乎没有。

(6) 增加 $D$ 和 $D/T$ 是增大货舱容积最有效的措施。因为对大型船舶来说,加大 $D$ 对强度有利,且对钢料重量影响不大。当然,$D$ 增大,船的重心升高,受风面积也加大($T$ 不变时),对稳性有影响,但一般情况比较好处理。

当然,要解决载重型船舶的容量问题,还需要结合排水量和性能等实际情况,综合分析后一并协调处理。

# 第3章　船舶主要要素确定

船舶的主要要素是描述船舶几何特征的一些最基本参数，同时对船舶各方面性能（如快速性、稳性、耐波性、经济性）、总布置、重量和容量等都有重要影响。因此，合理地确定船舶的主要要素，是船舶总体设计中最基本、最重要的工作之一。

## 3.1　主要要素初步考虑

### 3.1.1　影响主要要素的因素

船舶主要要素受到众多因素的制约和影响，如航道、码头和建造修理等客观条件的限制。船东的设计使用和性能要求与船舶主要要素具有密切关系。此外，货源、运价、造价、油价等市场因素也影响着主要要素的确定。

1. 影响船长的因素

1）使用和建造条件的限制

从使用角度考虑，船长受到码头泊位长度、船闸闸室长度等因素的制约。在确定设计船的长度时，应与航线上各停泊港的码头泊位长度相适应，即做到方便系缆及节省靠泊费，且一般不希望船舶总长大于泊位长度。若航道上设有船闸，需满足船进入船闸后两端应留有合理的富余长度。

从建造和维修角度来说，船长又受到船厂船坞条件或船台长度的限制。船舶进坞后，其首尾与坞门间应留有足够的作业空间。

2）总布置和性能要求

从布置角度考虑，所确定的船长应能提供足够的舱容和甲板面积。对客船和集装箱船等船舶，往往需参照相近型船绘出总布置草图，以确定设计船满足总布置要求的最小船长。

从技术性能角度考虑，所确定的船长应满足浮性方程。对于弗劳德数 $Fr > 0.30$ 的高速船，需寻找阻力最小的最佳船长，但中低速船往往会选取短一些的船长。另外，船长大些对耐波性、破舱稳性和航向稳定性有利，但对回转性不利。

从经济角度考虑，一方面，船长增大船体钢料及舾装设备重量增加，对造价不利；另一方面，船长过短也会影响船舶的载货量，对营收不利。此外，当船价的影响没有油价上涨影响大时，船长过短使得阻力和主机功率增大，从而使燃料费用增加。

2. 影响船宽的因素

1) 航道和建造、修理条件

在船舶航行时,船宽会受航道、船闸、桥孔、船坞等宽度的限制。在设计大型船舶时,还要考虑船厂船坞的具体尺度对型宽的限制。

2) 总布置和使用要求

船宽增大(可增大舱室容积和货舱口宽度,加大甲板面积)对船舶的布置和使用一般是有利的。对于货船,应注意船宽与码头装卸桥跨距的配合。对于客船、集装箱船等船舶,型宽往往是通过总布置来确定的,常将满足总布置要求的宽度作为船宽的下限值。

3) 技术经济性能

从浮性角度来说,船宽 $B$ 对船体钢料重量和舾装重量的影响仅次于船长(尤其对大型船舶)。在保证浮力和布置地位时,适当减小船长 $L$、增大船宽 $B$ 对增加船的载重量有利,同时可以适当降低造价。

从快速性角度来说,对于高速船,在排水量 $\Delta$、$L$ 基本不变的情况下,减小 $C_b$ 以增加 $B$,对减小阻力是有利的;特别是当 $C_b$ 和 $Fr$ 配合偏大的情况下,更宜增大 $B$ 减小 $C_b$,来改善快速性。对中低速货船,应选择适当的 $L/B$,以保证较好的经济性能。

对于稳性来说,船宽增加,横稳心高度迅速增加,对改善初稳性有显著效果,但应注意船舶横摇周期的控制。此外,增加船宽会增加大倾角时的恢复力臂,但同时也会减小船舶倾斜时的甲板边缘入水角,所以应注意船宽 $B$ 对大倾角稳性的双重影响。

3. 影响吃水的因素

1) 航道及港口条件

对于大型海船和内河船,吃水常受到航道及港口水深的限制。如长江干线南京以下航段常年通航吃水为12.5 m。此外,对海船一般要考虑潮位的影响,对内河船要兼顾枯水期的影响。

2) 技术性能

对于快速性而言,增加设计吃水,一般可加大螺旋桨直径,同时可增大螺旋桨的埋水深度、降低空泡,提高推进效率。此外,在排水量 $\Delta$ 一定时,保持 $L$、$B$ 不变,增加 $T$ 以减小 $C_b$ 及 $B/T$,会使剩余的阻力有所降低。

从耐波性角度看,增加吃水可减小纵摇时螺旋桨出水的可能性。

对浮性而言,吃水是浮力的重要影响因素之一。依据浮性方程式可知,在 $\Delta$ 不变的情况下,增加吃水 $T$ 可降低 $C_b$、$L$ 及 $B$,这有利于减少船体重量和造价。

对稳性来说,在排水量 $\Delta$ 一定时,增加吃水 $T$ 后浮心垂向坐标将变大,但 $B/T$ 减少,初稳性高度可能有所减小。此外,在型深 $D$ 不变情况下,增加吃水 $T$ 降低了干舷,使储备浮力减少,对破舱稳性不利;横倾时,甲板边缘更易入水,对大倾角稳性同样不利。

对耐波性而言,吃水大的船在航行时船底不易产生砰击,同时抵抗漂移的能力较强,耐波性会有一定改善。

4. 影响型深的因素

1) 布置和使用性能

型深 $D$ 的大小直接影响船舱的容积和舱室的高度。对于大型运输船舶,增加型深是提高舱容的最有效措施。对于小型船舶,要注意机舱及生活舱的净高度对型深的要求。

2）总强度与造价

提高型深，可使船体梁的中横剖面惯性矩迅速加大，进而使剖面模数有所改观，有利于船体的纵向强度。对于大型船舶，增大型深，其船体钢料重量一般不会增加，甚至会有所下降。对于小型船舶，随型深的加大，船体重量将增加，造价也会提高。

3）稳性

型深增加，重心高度会变大，通常对初稳性高度有一定影响。在船长、型宽、吃水均不变的情况下，加大型深，通常船干舷和稳性形状力臂都会增加，但重心高度变大，所以对大倾角稳性有双面影响。

4）其他性能

在吃水一定时，增加型深，即加大干舷，对减少船舶甲板上浪、增大储备浮力等起重要作用。

5. 影响方形系数的因素

1）使用和布置要求

从保证布置地位的角度来看，方形系数 $C_b$ 大有利于货船舱容，对船体内部的舱室布置、机舱布置也是有利的。$C_b$ 过小会给布置带来困难，特别是尾机型船舶会造成机舱过于尖瘦，不利于机舱设备的布置。此外，$C_b$ 小时，对集装箱船会使货舱装箱数减少，对双桨船可能导致桨轴出口过前。

2）技术经济性能

从阻力角度来说，对于中低速船选取的方形系数不应超过对应的临界方形系数，一般取经济上有利的 $C_b$。对于高速船，长度排水量系数 $L/\Delta^{1/3}$ 对阻力的影响显著，一般 $C_b$ 小些对快速性总是有利的，故通常根据对阻力有利的最佳棱形系数 $C_p$，并结合中横剖面系数 $C_m$ 来确定 $C_b$。从浮性方面考虑，增大 $C_b$ 对增大浮力有一定帮助。

此外，当 $\Delta$ 一定时，增大 $C_b$，船舶主要尺度可减小，船体重量亦会减轻，钢料消耗量会减小，船舶造价也会降低。如在排水量一定时，空船重量减轻，载重量则可相应提高。

综上所述，影响船舶各主要要素选择的因素很多，影响程度也大不相同。表 3-1 综合表示各影响因素与主要要素间的关系，且以“★”数量的多少来表示对应的影响程度大小。

**表 3-1 影响主要要素的因素及程度**

| 各种因素 | $L$ | $B$ | $D$ | $T$ | $C_b$ | $L/B$ | $L/D$ | $B/T$ | $B/D$ |
|---|---|---|---|---|---|---|---|---|---|
| 航线、码头条件 | ▲ | ▲ |  | ▲ |  |  |  |  |  |
| 布置地位 | ★★★ | ★★★ | ★★ |  | ★ |  |  |  |  |
| 舱容 | ★★ | ★★ | ★★★ |  | ★ |  | ★ |  |  |
| 浮性 | ★★★ | ★★★ |  | ★★★ | ★★★ |  |  |  |  |
| 快速性 | ★★★ | ★ |  | ★★ | ★★★ | ★★ |  | ★ |  |
| 稳性与横摇 |  | ★★★ | ★★ | ★ | ★ |  |  | ★★ | ★★ |
| 总纵强度 | ★★★ | ★★ | ★★★ | ★ |  | ★ | ★★★ | ★ | ★★ |
| 空船重量及造价 | ★★★ | ★★ | ★ |  | ★★ | ★★ | ★ |  |  |
| 总吨位 | ★★ | ★★ | ★★ |  | ★ |  |  |  |  |

### 3.1.2 主要要素的选取

1. 船长

在满足设计任务书对船长的尺度限制的条件下，船长的选取可从浮力、舱容和布置地位、快速性3个最基本的因素来考虑。

对于散货船、油船等载重型船舶，船长主要从浮力和快速性来考虑。对于集装箱船等布置型船舶，船长主要从布置地位和快速性来考虑。

选择船长时，还需要针对设计船具体情况及使用特点，找出影响决定船长的主要因素。例如，对于耐波性要求较高的军舰、客船、救助拖船等，可以适当增加船长以改善其耐波性；对于港作拖船及推船，应尽可能地缩短船长以提高其回转性能。

2. 船宽

在满足设计任务书对船宽的尺度限制的条件下，船宽的选取可从浮力、舱容和布置地位、初稳性3个最基本的因素来考虑。对载重型船舶，船宽主要从浮力和初稳性来考虑。对布置型船舶，主要从布置地位和初稳性来考虑。

对任何类型的船舶，总体设计时都可找到影响确定船宽的主要矛盾。例如，对于拖船，由于工作过程中会受到被拖船舶的急牵，稳性要求较高，船宽通常从稳性要求出发选用较大的宽度；对于集装箱船，考虑到摆放货箱的列数及箱与箱之间的间隙要求，布置地位需求往往对船宽 $B$ 的确定起决定性作用；对于客船、工作船等，从载运乘员要求以及在恶劣海况下仍需保持良好工作条件的要求出发，应在保证稳性下限值的前提下，尽可能减小船宽 $B$，增大横摇周期，使横摇尽量减缓；对于浅吃水船，考虑排水量的需要，往往要采用较大的 $B/T$。

3. 吃水

吃水的选择主要从限制条件、浮力和螺旋桨直径来考虑。一般情况下，可把限定吃水当作设计吃水，或根据螺旋桨最佳直径来决定吃水的下限值(一般单桨船的螺旋桨最佳直径与吃水之比 $D_P/T$ 为0.7～0.8，双桨船的螺旋桨最佳直径与吃水之比 $D_P/T$ 为0.6～0.7)。

4. 型深

型深确定应按船舶类型和用途的差异，从不同的角度去考虑。

对于载重型船舶，装运积载因数 $\mu_C$ 小的重货船通常按满足载重线规范要求的最小干舷来确定船舶型深。但对装运积载因数大的轻货船 ($\mu_C > 1.4\,m^3/t$)，型深一般按舱容要求来决定。

对于布置地位型船舶，型深主要取决于主甲板以下各层甲板间高度及舱室高度的要求。

对于大型载重型船舶，要注意满足总纵强度的要求，长深比 $L/D$ 不宜过大。

对于小型海船，型深常按保证大倾角稳性来确定。

5. 方形系数

方形系数 $C_b$ 选择时主要考虑浮力和快速性，同时结合布置地位(舱容及其合理利用)和经济性等因素综合考虑。

对于载重型船舶，一般从经济性的角度出发，选取与 $Fr$ 配合上不会引起阻力显著增加的方形系数，使船舱形状便于装货和机舱布置。但应注意 $C_b$ 选取过大会对耐波性不利，尤其是中小型海船船长相对较小，在波浪中运动幅度会较大，一般 $C_b$ 不能超过0.75。

对于布置地位型船舶，其主要尺度往往较大而排水量相对较小。$C_b$ 的选择除了满足重力与浮力相平衡要求外，还应结合 $C_b$ 与 $Fr$ 的配合来考虑。

### 3.1.3 主尺度比的确定方法

为了能快速有效地初步拟定设计船的主要要素，在总体设计时，了解同类型船主尺度之间的联系规律是十分必要的。

主尺度之间的比例关系称为尺度比参数，主要有长宽比 $L/B$、长深比 $L/D$、宽度吃水比 $B/T$ 和吃水型深比 $T/D$。宽深比也可以从 $L/B$ 和 $L/D$ 中得出 $B/D$ 的关系。图 3-1 给出了常规货船尺度比参数的情况。

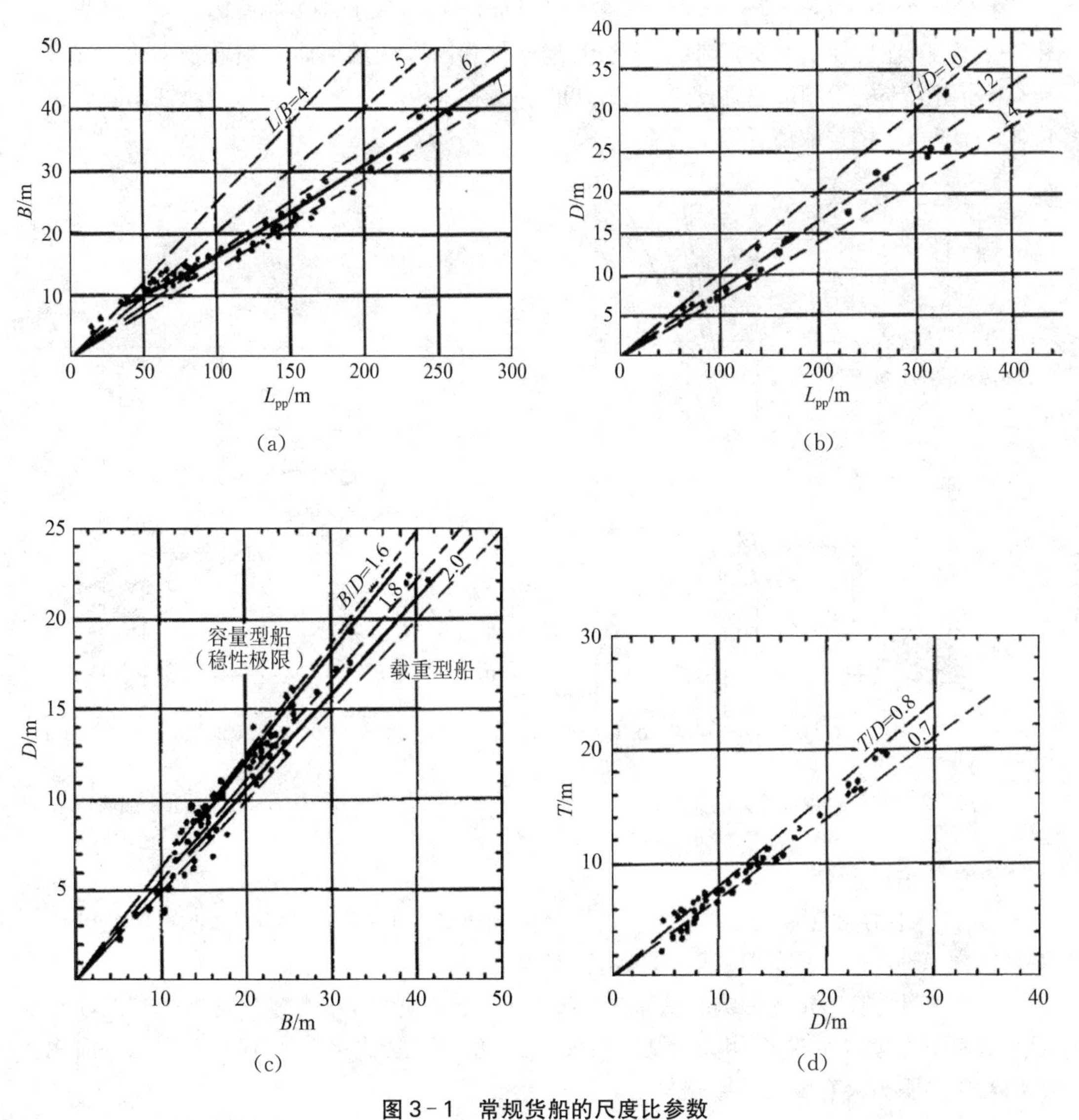


图 3-1 常规货船的尺度比参数

(a) $L/B$; (b) $L/D$; (c) $B/D$; (d) $T/D$

选择船舶主要要素时，综合船舶各项性能、强度要求等因素，从尺度比规律中可大致找出设计船的尺度比参数范围。加上主尺度的限制条件和方形系数的考虑，对于常规船型就可以大体上确定出设计船的主尺度范围。这是选择主要要素时一种很有效的方法。

1. 长宽比 $L/B$

长宽比代表着船舶的瘦长程度，对船舶阻力影响较大，主要反映在对剩余阻力的影响上。

长宽比影响水线的前后斜度(进流角和去流角)。在相同的航速下，$L/B$ 减小，剩余阻力增加。特别要注意的是，$L/B$ 过小，兴波阻力和水流严重分离引起的旋涡阻力就会迅速增加，在波浪中的汹涛阻力也会很快增加。

图 3-2 给出了一组排水量和方形系数相等而 $L/B$ 不同的船模剩余阻力实验结果。由图 3-2 可知，在选择主要要素时，若限于其他条件和因素的约束而必须取较小的 $L/B$ 时，为了减小阻力上的不利影响，可取较小的方形系数来弥补。图 3-3 是从快速性出发给出的不同 $L/B$ 时 $C_b$ 的选取值。

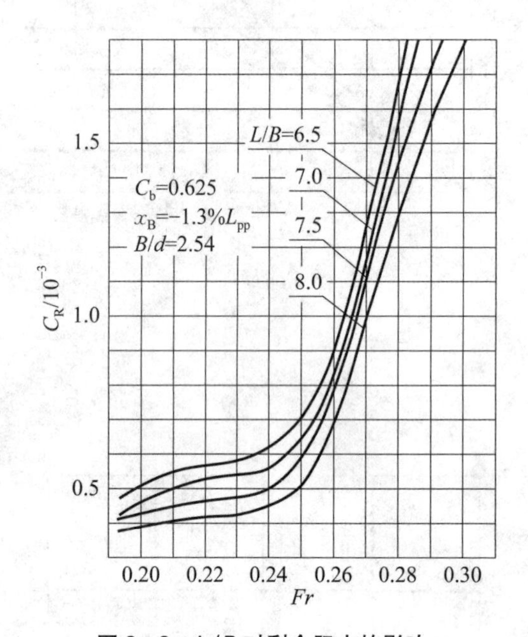


图 3-2　$L/B$ 对剩余阻力的影响

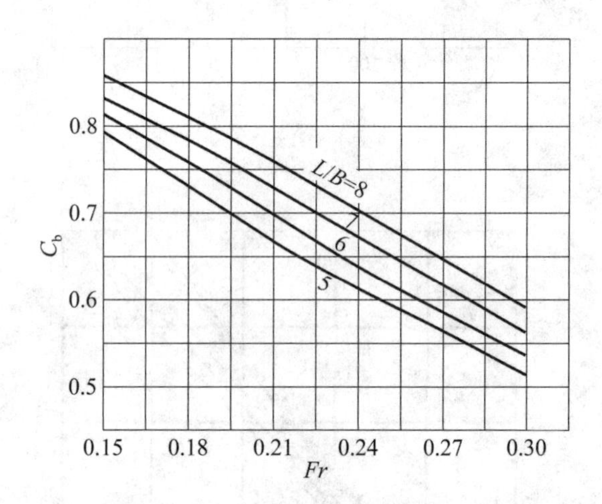


图 3-3　不同 $L/B$ 对 $C_b$ 取值的影响

2. 宽度吃水比 $B/T$

宽度吃水比主要影响船舶稳性、横摇以及阻力性能。$B/T$ 增大，横稳心的半径也会迅速增加，初稳性高随之增大，横摇周期则减小。

$B/T$ 对阻力有一定的影响。从船体型线上看，$B/T$ 越大，排水体积越集中在设计水线附近，兴波阻力会增加，剩余阻力会随之增加，但一般并不很显著。而 $B/T$ 大则湿表面积会增加，对摩擦阻力会有较大的影响。

对于中小型运输船舶，其 $B/T$ 通常在 2.5 左右。对于大型船舶，其横摇性能比较容易解决，$B/T$ 在 3.0 左右仍属正常。此外，对于集装箱船，由于需要较大的甲板面积，与其他

货船相比，$B/T$ 会更大些。

3. 长深比 $L/D$

长深比 $L/D$ 主要影响船舶的总纵强度。从保证船体强度的角度出发，船舶建造规范对 $L/D$ 也有一定的要求，例如《钢质海船入级规范》对一般船舶要求 $L/D \leqslant 17$。如超出该范围，其强度和结构设计需采用详细的直接计算方法来确定。

对于大型船舶来说，由于总纵强度矛盾比较突出，必须有足够的型深来保证其中横剖面惯性矩和剖面模数，所以选择适当的 $L/D$ 很有必要。

## 3.2　主要要素确定方法

### 3.2.1　一般步骤

船舶的主要要素包括船长、船宽、吃水、型深和方形系数，其既受到航道、港口、码头和建造条件的限制，又决定着设计船的使用和航海性能。船舶设计理论和实践表明，船舶主要要素的确定应满足以下约束条件：

(1) 满足航线环境、建造与修理条件对设计船主要要素的限制。

(2) 满足用船部门对设计船的使用要求。

(3) 满足重力与浮力相平衡条件，即空船重量与载重量之和应等于船的排水量。

(4) 满足设计船所需的容量和布置地位(舱容及甲板面积)。

(5) 满足设计船各项技术性能(快速性、稳性、操纵性、耐波性等)要求。

(6) 优良的经济性能。

需要说明的是，上述几个方面既独立又相互联系，而且船舶的各主要要素对空船重量、容量、快速性等性能的影响规律各不相同，试图一次选定一组主要要素就能满足所有约束条件是非常困难的。即使满足了全部的约束条件，其主要要素组合也不一定是最佳组合方案。所以，确定设计船主要要素有合理的步骤和科学的方法，一般可归纳为以下 5 个方面。

1. 确定主尺度的选择范围

在分析设计船任务书的基础上，根据其类型、使用要求进行方案构思，初步确定主要要素范围，包括 $L$、$B$、$D$、$T$ 和 $L/B$、$L/D$、$B/T$ 等。

2. 确定主要要素的第一次近似值

对载重型船舶，根据同类型船近似规律，用母型船换算或经验公式等不同的方法来粗略估算各主要要素，并结合其选择范围，适当分析后确定主要要素的第一次近似值(初始值)。

对布置型船舶，参照母型船布置特点，根据设计船方案构思布置地位的要求，结合其选择范围来初步确定 $L$、$B$ 和 $D$，进而从浮性方面考虑得到 $T$ 和 $C_b$ 的初始值。

3. 进行排水量和容量初步校核

对于载重型船舶，可根据主要要素的第一次近似值粗略地估算出设计船的空船重量和舱容。排水量和容量平衡的精度要求不高，但在后续对于主要要素调整时要做到心中有数。

对于布置地位型船舶，主要要素初始值是从布置地位要求出发所确定的，所以此时的校核重点在浮力与重力方面，有时也需校核压载水舱的容量。

4. 进行主要性能校核

根据初步满足排水量和容量要求的主要要素，进一步对快速性、初稳性高度等进行校核。如某项性能不合格，不必立即调整主要要素，可待各项性能全部校核完，结合排水量和容量校核情况，经过综合分析后再对主要要素进行调整。

需要注意的是，主要要素调整后还需对排水量、容量和相关性能重新进行核算，直到均满足要求为止。

5. 进行主要要素的细化和优化

根据初定的主要要素，绘制总布置草图，区划主船体各舱室，进一步较详细地校核空船重量、舱容（货舱、压载舱）和布置地位。对某些重要的船舶，还须进行型线（横剖线）和中横剖面型式的草绘。如需要和可能，可在上述细化后的主要要素基础上，采用相应的方法进一步优化。

总之，设计船主要要素确定是一个逐步近似、螺旋上升的过程。具体步骤可视设计船的类型灵活运用。

### 3.2.2 载重型船确定方法

散货船、油船等载重量占排水量比例较大（即载重量系数 $\eta_{DW}$ 较大）的船舶，它们的 $L$、$B$、$T$ 及 $C_b$ 主要受所需的浮力所约束，而型深 $D$ 则由最小干舷、舱容和强度要求所决定。下面在上述一般步骤的基础上，对载重型船主要要素确定方法做进一步简述。

1. 初始排水量的确定

初始排水量可利用设计船载重量按式(3-1)来确定。

$$\Delta = DW/\eta_{DW} \tag{3-1}$$

式中，DW 为设计船的载重量，t；$\eta_{DW}$ 为载重量系数，可取自母型船。

为了方便起见，也可利用设计船载货量按式(3-2)来确定。

$$\Delta = W_C/\eta_{WC} \tag{3-2}$$

式中，$W_C$ 为设计船的载货量，t；$\eta_{WC}$ 为载货量系数，可取自母型船。

2. 第一次近似计算值的主要要素

在估算出初始排水量后，即可采用相关统计公式、母型船换算等得到一系列主要要素计算值，进而可在其基础上进行适当分析，以确定主要要素的第一次近似计算值。

3. 初步校核

1）排水量校核

根据第一次近似的主要要素，利用第 2 章所述相关估算方法得到设计船空船重量和载重量，并与排水量进行比较。如两者的相对误差小于 0.2%，则认为排水量校核满足要求，否则需待后续校核完成后视具体情况调整相关要素。

2）容量校核

在方案构思的基础上，对设计船分别计算出所需货舱容积和所能提供的货舱容积。如两者相差小于 0.5%，则认为容量校核满足，否则需视排水量及相关性能相关情况再调整相关要素。

3）快速性校核

在总体设计时，可利用海军系数法参照母型船相关数据进行航速估算，并判断其快速性是否满足设计要求。

4）初稳性及横摇周期校核

在对设计船重心高度估算的基础上，参照母型船型线特征及船型系数，利用初稳性高度和横摇周期估算公式进行计算，并判断是否满足相关要求。

4. 主要要素调整与再校核

经过排水量、容量、快速性、初稳性高度等估算，若出现某项或数项不满足要求的情况，则需要经综合分析后调整相关主要要素，并进一步校核，循环往复，直至全部满足要求。

### 3.2.3　布置地位型船确定方法

设计客船、集装箱船等布置地位型船时，一般先进行初步的总布置设想，并估算分析所需 $L$、$B$、$D$ 的最小值，然后再结合重力与浮力的平衡、快速性要求、稳性要求、耐波性等条件，确定合理的主要要素，包括 $T$ 和 $C_b$。

在确定布置地位型船主要要素过程中，排水量和相关性能的校核方法类似于载重型船，这里不再赘述。但需要说明的是，对于布置地位型船往往在设计工况时需要考虑一定的压载水，因此在排水量校核时需特别注意，且在容量校核中需对压载舱容量进行校核。

## 3.3　设计考虑要点

### 3.3.1　主要要素初始值的考虑

船舶主要要素确定是一个逐步近似、反复迭代的过程。因此，主要要素初始值的选择是否合理就尤为重要。下面讲述如何选择船长、船宽、型深、吃水和方形系数的初始值。

1. 船长

在船舶总体设计时，船长可利用以下有关公式分别进行估算，并在此基础上，结合设计船使用特点和性能分析，确定其初始值。

1）巴士裘宁公式

$$L_{PP}=C\left(\frac{V_k}{V_k+2}\right)^2\ \nabla^{1/3} \tag{3-3}$$

式中，$V_k$ 为试航航速，kn；$L_{PP}$ 为垂线间长，m；$\nabla$ 为排水体积，m$^3$；$C$ 为系数，建议取为 7.2，也可参照同类船的取值，或从表 3-2 中选取。

表 3-2　经水池试验资料修正的 $C$ 值

| 试航速度/kn | 0.1～16.5 | 15.5～18.5 | >20 |
|---|---|---|---|
| 单、三桨船 | 7.089 | — | 7.852 |
| 二、四桨船 | — | 7.107 | 7.699 |

式(3-3)适用于排水量为1 600～46 000 t，航速8～20 kn的各类民用船舶，估算结果较接近于经济船长。

2）母型船换算公式

当设计船和母型船的航速与排水量相近时，可用下式估算船长：

$$L = L_0 (\Delta / \Delta_0)^{1/3} \quad (3-4)$$

式中，船长$L_0$和排水量$\Delta_0$为母型船的相关数值。

3）诺吉德公式

$$L_{PP} = CV^{1/3} \Delta^{1/3} \quad (3-5)$$

式中，$C$为系数，海船为2.3；$V$为设计航速，kn；$\Delta$为排水量，t。

4）统计公式

散货船（10 000 t $<$ DW $<$ 100 000 t）：

$$L_{pp} = 8.545 (\mathrm{DW})^{0.2918} \quad (3-6)$$

式中，DW为载重量，t。

集装箱船（$N_C < 2\,500$）：

$$L_{PP} = 47 + 0.16 N_C - 0.725 N_C^2 \times 10^{-4} + 0.135 N_C^3 \times 10^{-7} \quad (3-7)$$

式中，$N_C$为20英尺标准集装箱数量。

2. 船宽

在总体设计时，船宽可采用下列公式进行估算。

1）池母公式

$$B = 0.14 L_{PP} + 1.4 \quad (3-8)$$

需要注意的是，该公式适用于沿海小型船舶。

2）海纳公式

$$B = L_{PP}^{0.8} / 2.6 \quad (3-9)$$

3）母型船换算公式

对于载重型船舶，$B$可用排水量或载重量来换算：

$$B = B_0 (\Delta / \Delta_0)^{1/3} \quad (3-10)$$

或

$$B = C_0 (\mathrm{DW})^{1/3} \quad (3-11)$$

其中，$B_0$为母型船船宽，$\Delta_0$为母型船排水量，$C_0$由母型船资料确定。

4）统计公式

对于集装箱船，船宽$B$为

$$B = L_{PP}/10 + k_b \quad (3-12)$$

式中，对于$L < 150$ m的船，$k_b$一般可取5～7 m，集装箱船以及吃水有限制的船可取大的值。

对于散货船（10 000 t $<$ DW $<$ 100 000 t）：

$$B = 0.0734 L_{PP}^{1.137} \tag{3-13}$$

3. 吃水

总体设计时，吃水可采用下列公式进行估算。

1) 母型船换算公式

对于载重型船舶，$T$ 可用排水量或载重量来换算：

$$T = T_0 (\Delta/\Delta_0)^{1/3} \tag{3-14}$$

或

$$T = C_0 (\mathrm{DW})^{1/3} \tag{3-15}$$

式(3-14)、式(3-15)中，$T_0$ 为母型船船宽；$\Delta_0$ 为母型船排水量；$C_0$ 由母型船资料确定。

2) 统计公式

对于集装箱船：

$$T = L_{PP}/20 + k_t \tag{3-16}$$

式中，$k_t$ 一般可取 1～2 m，小船取小的值。

当吃水不受限制时，吃水可依据下式计算：

$$T \approx 0.36 (\mathrm{DW})^{1/3} \tag{3-17}$$

式中，DW 为载重量，t。

在选取吃水时，从保证螺旋桨有一个适宜的直径出发，根据功率和螺旋桨转速，可用以下近似公式估算所需的吃水：

$$T = K (P^{0.2}/N^{0.6}) \tag{3-18}$$

式中，$P$ 为单桨收到功率，kW；$N$ 为螺旋桨转速，r/min；$K$ 为系数，单桨船为 29～30，双桨船为 32～36。

对于散货船 ($10\,000\,\mathrm{t} < \mathrm{DW} < 100\,000\,\mathrm{t}$)：

$$T = 0.0441 L_{PP}^{1.051} \tag{3-19}$$

4. 型深

型深 $D$ 可按以下公式计算：

最小干舷船：

$$D = D_0 (L/L_0)^{5/3} \quad (L < 160\,\mathrm{m}) \tag{3-20}$$

或

$$D = D_0 (L/L_0) \quad (L \geqslant 160\,\mathrm{m}) \tag{3-21}$$

富余干舷船：

$$D = \frac{V_C}{V_{C0}} \left( \frac{L_0 - L_{M0}}{L - L_M} \right) \frac{B_0}{B} D_0 \tag{3-22}$$

式中，$L_M$、$L_{M0}$ 分别为设计船和母型船的机舱长度，m；$V_C$、$V_{C0}$ 分别为设计船和母型船的货舱总型容积，$\mathrm{m}^3$。

当然，型深 $D$ 也可按下式来换算：

$$D = D_0 (T/T_0) \tag{3-23}$$

式中，$T$、$T_0$、$D_0$ 分别为设计船吃水、母型船的吃水和型深，m。

5. 方形系数

方形系数可重点参考同类船资料，也可按有关公式估算。

1) 亚历山大公式($Fr \leqslant 0.30$)

$$C_b = C - 1.68Fr \tag{3-24}$$

式中，$C$ 为系数，一般可取 1.08；航速较高的船($Fr > 0.22$)可取 1.04～1.06；大型低速船可取 1.10～1.12；对于兴波阻力位于“峰”区的船，$C$ 应适当取小些(如减小 0.02 左右)。

2) 统计公式

散货船：$C_b = 1.0911 L_{PP}^{-0.1702} B^{0.1587} T^{0.0612} V_S^{-0.0317}$ (3-25)

式中，$V_S$ 为服务航速，kn。

油船：上限 $C_b = 0.912 - 0.487Fr$ (3-26)

中值 $C_b = 0.907 - 0.555Fr$ (3-27)

下限 $C_b = 0.915 - 0.723Fr$ (3-28)

对于中高速船，$Fr$ 和 $L/\Delta^{1/3}$ 对阻力的影响相当大，因而 $Fr \geqslant 0.30$ 时，可按表 3-3 选取。

表 3-3 $C_b$、$C_p$ 与 $Fr$ 的配合

| $Fr$ | $C_b$ | $C_p$ |
|---|---|---|
| 0.30 | 0.55～0.57 | 0.58～0.62 |
| 0.32 | 0.51～0.56 | 0.57～0.61 |
| 0.34 | 0.50～0.55 | 0.58～0.60 |
| 0.36 | 0.49～0.54 | 0.56～0.58 |
| 0.38 | 0.53 | 0.56～0.58 |
| 0.40 | 0.52 | 0.59～0.61 |
| 0.42 | 0.51 | 0.60～0.62 |
| 大于 0.44 | 0.50 | 0.63～0.65 |

### 3.3.2 快速性的考虑

1. 主要要素对快速性的影响

船舶快速性涉及船舶阻力和船舶推进两个方面。船舶阻力主要取决于船舶排水量 $\Delta$、船舶航速 $V$、主要要素和船体线型特征等。船舶推进效率与螺旋桨敞水效率(与螺旋桨直径即船舶吃水 $T$ 相关联)、船身效率(与尾部流场，即船体型线有关)。在船舶总体设计时，可着重关注船长 $L$、船宽 $B$、吃水 $T$ 和方形系数 $C_b$ 对阻力和推进的影响。

1) 船长对快速性的影响

依据船舶阻力成因，船舶总阻力 $R_T$ 可粗略地分为摩擦阻力 $R_F$ 和剩余阻力 $R_R$。在排

水量 $\Delta$ 和设计航速 $V$ 已定时，方形系数 $C_b$、型宽 $B$、吃水 $T$ 随船长 $L$ 的增加而减小，从而剩余阻力 $R_R$ 减小；然而摩擦阻力 $R_F$ 因船体湿表面积随船长 $L$ 增加而变大。对于不同航速的船舶，摩擦阻力 $R_F$ 和剩余阻力 $R_R$ 占船舶总阻力 $R_T$ 的比例是不同的，如图 3-4 所示。

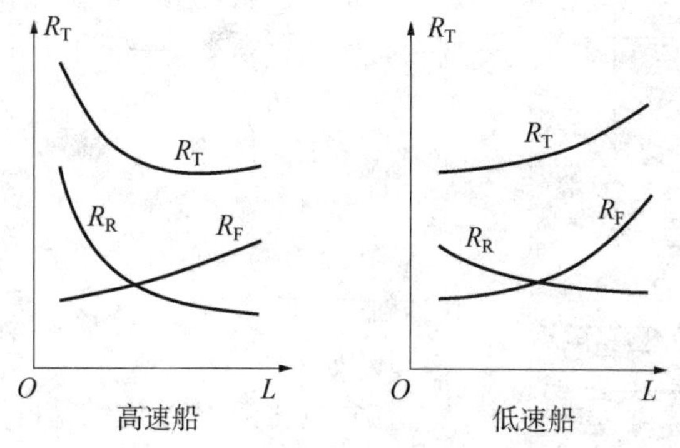


**图 3-4　船长对阻力的影响示意图**

对于低速船（$Fr < 0.20$），摩擦阻力 $R_F$ 占船舶总阻力 $R_T$ 的比例很大，所以船舶总阻力 $R_T$ 随船长增大而增大。

对于高速船（$Fr > 0.30$），剩余阻力 $R_R$ 在船舶总阻力 $R_T$ 中所占比例大幅增加，所以船舶总阻力 $R_T$ 随船长增大呈现减小趋势；在船长增大到一定数值后，继续增加船长，剩余阻力 $R_R$ 的减小趋于缓和，摩擦阻力 $R_F$ 仍比例于 $\sqrt{L}$ 增加，故船舶总阻力 $R_T$ 转而随船长增大而增加。所以，就高速船来说，有一个对应于总阻力最小的船长（即最佳船长）和一个对应于阻力开始急增的船长（即临界船长）。事实上，在排水量不变的情况下，增加船长时通常空船重量和造价也会变大，甚至引起载货量受影响，从而对经济性不利。

就某设计船来说，船长 $L$ 的选取，常常是根据布置使用要求、航道条件来决定，注意其快速性、耐波性、操纵性和经济性的考虑。综合阻力性能和经济性能，对于低速船，通常采用较小的船长（大于临界船长）；对于中速船，则采用阻力稍有增加的较短船长（即经济船长）；对于高速船，则采用阻力最小的船长（即最佳船长）。

2）型宽 $B$、吃水 $T$ 对快速性的影响

一般地说，型宽 $B$ 和吃水 $T$ 对阻力的影响远不如船长 $L$ 和方形系数 $C_b$，但若船的排水量、长度和方形系数保持不变，则发现对阻力有一定的影响。试验资料表明，在 $B/T=2.25\sim3.75$ 的适用范围内变化时，船舶湿表面积的增加约为 2.5%。

在具体设计中，型宽 $B$ 常常由稳性或总布置的要求来决定，而吃水 $T$ 则根据航道限制和对螺旋桨直径的影响来确定。对于海船，螺旋桨轴埋入深度至少应等于螺旋桨直径；对于内河船，船宽和吃水均受到航道的限制，吃水一般充分利用航道水深，以提高推进效率。

3）方形系数 $C_b$ 对快速性的影响

在一定的航速下，保持 $L$、$B$、$T$ 不变而改变 $C_b$ 时，$R_T$ 将引起变化。一般来说，$C_b$ 对 $R_F$ 影响较小，对 $R_R$ 影响较大。从图 3-5 可以看出，在 $Fr$ 等值曲线上，存在着最佳的 $C_b$ 和临界的 $C_b$；随着 $Fr$（航速）的提高，$C_b$ 应相应减小。

对于中低速船，方形系数 $C_b$ 不应超过其对应的临界方形系数，其值可用下式近似估算：

$$C_b = 1.216 - 2.40Fr \tag{3-29}$$

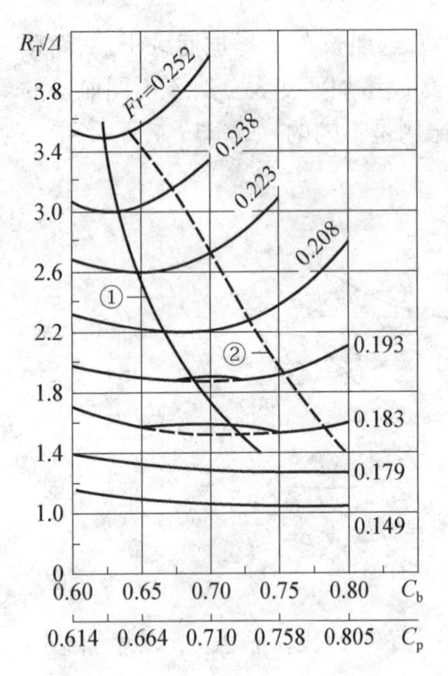


图 3-5　$R_T/\Delta$ 与 $C_b$ 的关系曲线

在船舶总体设计时，方形系数的选取需从多方面要求考虑。对中低速船，若 $C_b$ 过小，将影响舱容和布置，此时方形系数主要从经济性（即装载量大小）来考虑。对于高速船，主要考虑如何减小兴波阻力，所以通常先确定棱形系数，再结合中横剖面系数来选择方形系数。

2. 快速性估算

在船舶主要要素确定过程中，往往需要对航速进行估算，以检验快速性是否达到设计要求。下面介绍几种航速估算方法。

1) 海军系数法

在主机功率 $P$ 给定的情况下，就可以利用海军系数公式计算出航速 $V$。

$$C=\Delta^{2/3}V^3/P \tag{3-30}$$

式中，$C$ 为海军系数，可取用母型船的值；$\Delta$ 为船舶排水量，t；$V$ 为航速，kn 或 km/h；$P$ 为主机功率，kW。

值得注意的是，设计船与母型船主尺度、排水量、航速和型线（尤其船体的水下形状）要相近，推进方式要相同，否则航速估算结果误差较大。

当缺少合适的母型船时，海军系数 $C$ 也可用以下经验公式计算：

(1) 爱尔公式：

$$C=11.11\times(1.82\sqrt{L}+7) \tag{3-31}$$

式中，$L$ 为船长，m。

(2) 肖克公式：

$$C=0.95L+19 \tag{3-32}$$

式(3-32)适用于船长为 76～152 m 的船舶。

2) 经验公式

$$V=2.42L^{0.173}B^{-0.226}d^{-0.066}C_b^{-0.416}(P_D/0.736)^{0.205}N^{-0.010} \tag{3-33}$$

式中，$P_D$ 为螺旋桨收到功率，kW；$N$ 为螺旋桨转速，r/min。

注意：该经验公式适用于中低速的中小型船舶。

### 3.3.3　初稳性高度的考虑

1. 初稳性高度估算

从横摇缓和、使用和安全方面考虑，设计船需控制好其初稳性高度。依据《船舶静力学》初稳性高度 $h$ 的计算公式：

$$h=Z_B+r-Z_G \tag{3-34}$$

式中，$Z_B \propto T$，$r \propto B^2/T$，$Z_G \propto D$。

所以，设计船初稳性高度 $h$ 近似估算式的一般形式为

$$h = a_1 T + a_2 (B^2/T) - \xi D \tag{3-35}$$

式中，$a_1$ 为系数，与船舶型线特征有关，一般可取自相近的母型船，有 $a_1 = Z_{B0}/T_0$；$a_2$ 为系数，与船舶水线面特征有关，一般也可取自相近的母型船，有 $a_2 = r_0/(B_0^2/T_0)$；$\xi$ 为系数，与船舶上层建筑及其总布置特征等因素有关，也可取自相近的母型船，$\xi = Z_{G0}/D_0$。

系数 $a_1$ 和 $a_2$ 也可用表3-4列出的公式计算，但应用时最好先对型线与设计船相近的实船或船模资料进行核算，然后再选用合适的公式。

**表3-4 $a_1$、$a_2$ 的近似估算公式**

| 序号 | $a_1$ | 适用情况 | $a_2$ | 适用情况 |
|---|---|---|---|---|
| 1 | $(2.5 - C_b/C_w)/3$ | 剖面UV适中 | $0.088C_w^2/C_b$ | 普通形状满载水线 |
| 2 | $C_w/(C_w + C_b)$ | U形横剖面 | $(0.008 + 0.0745C_w^2)/C_b$ | 当 $C_w < 0.7$ 时，数值偏小 |
| 3 | $0.858 - 0.37C_b/C_w$ | $C_b/C_w = 0.6 \sim 0.9$ | $0.083C_w^{1.81}/C_b$<br>$0.083C_w^{1.9}/C_b$ | 单桨海船<br>双桨海船 |
| 4 | $(1.5C_w - C_b)/(2C_w - C_b)$ | 极V形剖面 | $(0.0106C_w + 0.0727C_w^2)/C_b$ | 军舰 |
| 5 | $0.85 - 0.372C_b/C_w$ | 内河船 | $(0.1363C_w - 0.0545)/C_b$ | 内河船 |

2. 主要要素对初稳性的影响

船舶初稳性高度 $h$ 由船宽 $B$、吃水 $T$、型深 $D$ 和水线面系数 $C_w$ 等决定。假如仅把 $B$ 和 $T$ 作为可变量，则可利用式(3-35)求得 $h$ 关于船宽 $B$ 及吃水 $T$ 的增量，即

$$\delta h = Z_B(\delta T/T) + 2r(\delta B/B) - r(\delta T/T) \tag{3-36}$$

当船宽与吃水乘积 $BT$ 为定值 $C$ 时，即改变 $B$ 和 $T$ 而又要保持排水量 $\Delta$ 不变时，存在 $\delta T/T = -\delta B/B$，并代入式(3-36)中，可得

$$\delta h = (3r - Z_B)(\delta B/B) \tag{3-37}$$

又因 $\delta(B/T) = \delta(B^2/C) = 2(B/C)\delta B = 2(B/T)(\delta B/B)$，代入式(3-37)，可得

$$\delta h = 0.5 \times (3r - Z_B)\delta(B/T)/(B/T) \tag{3-38}$$

从以上推导可以看出，初稳性高度 $h$ 随船宽 $B$ 及宽度吃水比 $B/T$ 的增加而增大；当宽度吃水比 $B/T$ 一定时，增加吃水 $T$ 则可能使初稳性下降。此外，减小型深 $D$ 则可降低重心高度，对增加初稳性高度 $h$ 有利。

因此，在总体设计时，为控制初稳性高度 $h$ 值，可先参考相近母型船，选取合适的 $B/T$。如果利用母型船换算得到的设计船初稳性高度 $h$ 不太理想，可利用式(3-38)对母型船的 $B/T$ 做适当修正。

### 3.3.4 主要要素的调整

在确定船舶主要要素过程中,有时需要根据相关校核情况对主要要素初始值进行调整。下面就结合排水量、容量、初稳性和快速性等校核的结果,如何视情况综合考虑以便调整相关要素。

1. 重力与浮力不平衡

当浮力小于重力时,如干舷有余量且吃水允许增加,则以增大吃水 $T$ 为最有利,因为它对其他性能的影响较小,且其他要素不变;如吃水 $T$ 已限定,则可根据具体情况调整 $L$、$B$、$C_b$ 中之一或两个,具体调整如下:

(1) 稳性嫌差时,增大船宽 $B$;

(2) 快速性嫌差但稳性充分时,增大船长 $L$;

(3) 快速性有保证且稳性充分时,增大方形系数 $C_b$;

(4) 快速性和稳性都嫌差时,同时增大船长 $L$ 和船宽 $B$,或增大 $L$ 和 $B$ 的同时适当减小 $C_b$。

但注意,以上措施通常会引起舱容变化。

当浮力大于重力时,差额不大时可不调整,暂作为排水量裕度;当差值较大时,调整如下:

(1) 如舱容及快速性有保证,可先考虑缩短船长 $L$;

(2) 如舱容及稳性有保证,可减小船宽 $B$,当然减小吃水 $T$ 和方形系数 $C_b$ 最方便。

如载重量相差 $\delta(\mathrm{DW})$,则可采用诺曼系数法来算出排水量的变化量 $\delta\Delta$,进而得到设计船满足载重量要求的新的排水量 $\Delta_1=\Delta+\delta\Delta$。下面就来探究 $\delta\Delta$ 和 $\delta(\mathrm{DW})$ 间的关系。

假设此类船排水量为

$\Delta=W_H+W_F+W_M+\mathrm{DW}=C_h\Delta^{\alpha}+C_f\Delta^{\beta}+C_m\Delta^{\gamma}+\mathrm{DW}$,则可得到

$$\delta\Delta=\alpha\left(\frac{W_H}{\Delta}\right)\delta\Delta+\beta\left(\frac{W_F}{\Delta}\right)\delta\Delta+\gamma\left(\frac{W_M}{\Delta}\right)\delta\Delta+\delta(\mathrm{DW})$$

经整理归并后有

$$\delta\Delta=\frac{\delta(\mathrm{DW})}{1-\left(\alpha\dfrac{W_H}{\Delta}+\beta\dfrac{W_F}{\Delta}+\gamma\dfrac{W_M}{\Delta}\right)}=\eta_N\cdot\delta(\mathrm{DW}) \tag{3-39}$$

式中,$\eta_N$ 为诺曼系数。

$$\eta_N=\frac{1}{1-\left(\alpha\dfrac{W_H}{\Delta}+\beta\dfrac{W_F}{\Delta}+\gamma\dfrac{W_M}{\Delta}\right)} \tag{3-40}$$

根据式(3-40),诺曼系数具有以下特性:

(1) 诺曼系数 $\eta_N$ 恒大于1;

(2) 诺曼系数 $\eta_N$ 值随 $\alpha$、$\beta$、$\gamma$ 的大小而变,如 $\alpha=\beta=\gamma=1$,其值就是载重系数的倒数。

至此,设计船满足载重量要求的排水量为

$$\Delta_1 = \Delta + \eta_N \cdot \delta(\mathrm{DW}) \tag{3-41}$$

2. 舱容不满足要求

当舱容不足时，可根据下列情况来调整 $L$、$B$、$D$：

(1) 如初稳性不足，首先应考虑型宽 $B$；

(2) 如初稳性充分，首先应考虑加大型深 $D$、或同时增大型深 $D$ 和型宽 $B$；

(3) 如快速性也嫌差，可考虑同时增大型深 $D$、船长 $L$ 和型宽 $B$。

当舱容偏大过多时，也可视具体情况来调整 $L$、$B$、$D$：

(1) 如干舷充分，首先可考虑降低型深 $D$，但应注意 $L/D$；

(2) 如初稳性足够，可考虑适当减小船宽 $B$；

(3) 在快速性有保证时，可同时减小船长 $L$ 和型深 $D$。

3. 初稳性不满足要求

当初稳性高度 $h$ 不足或嫌大时，可先考虑改变型宽 $B$ 和型深 $D$。改变 $B$ 时应注意对浮力和舱容的影响，必须相应地改变吃水 $T$、方形系数 $C_b$、船长 $L$。改变 $D$ 时应注意对舱容和纵向强度的影响。

4. 快速性不够

如舱容和干舷都充分时，首先从增加吃水 $T$、减小方形系数 $C_b$ 方面考虑。如初稳性高度 $h$ 不嫌大时，可增大型宽 $B$、减小方形系数 $C_b$。通常增大船长 $L$、减小方形系数 $C_b$ 最有效，但对造价不利。

需要强调的是，上面给出的相应调整方法及措施仍具有一定的局限性。设计者应根据所学专业知识及相关原理，视具体情况灵活应用。

# 第4章 型线设计

船舶型线与其航行性能、总布置、结构和建造工艺及成本等有着密切的关系。因此船体型线设计是船舶总体设计的重要内容之一。型线设计时，通常把快速性放在主要位置来考虑，同时兼顾总布置及其设计水线以上的首尾轮廓线、甲板边线以及外部的折角线在美观和造型方面的要求。

本章在首尾轮廓线、甲板线、中横剖线和设计水线等船体特征线简述的基础上，着重对横剖面面积曲线几何形状特征及其参数选取与设绘改造方法、船体型线设绘改造方法进行讲解。

## 4.1 船体特征线

### 4.1.1 首尾轮廓线

轮廓线是船体型线最基本的边界线，也是船体形状特征的重要控制要素之一。在船体型线中，轮廓线包括侧视轮廓线、俯视轮廓线。侧视轮廓线包含首部轮廓线、尾部轮廓线、龙骨线、甲板线等，俯视轮廓线通常就是指甲板边线。

1. 首部轮廓线

首部侧面轮廓线取决于首柱的型式。图4-1是常见的不带球鼻艏的首部侧面轮廓线。

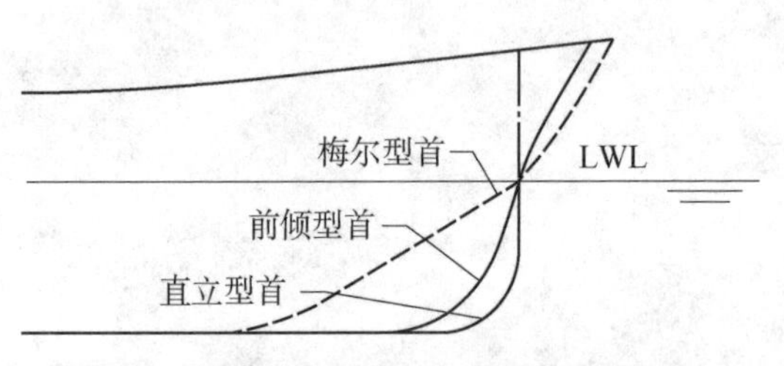


图4-1 不带球鼻艏的首部侧面轮廓线常见的几种型式

目前最常见的是如图4-2所示的前倾型首，其首柱呈直线前倾或微带曲线前倾。

前倾型首相对于直立型而言，一是设计水线以上较为尖瘦，具有劈水的作用，减少波浪对船体的冲击；二是可以改善迎浪中的纵摇和升沉运动，增加储备浮力和甲板面积；三是具有较好的防撞作用，且外形较为美观，有快速感。一般舰艇多采用直线前倾型，民船常用微带曲线前倾型。当然，带有球鼻艏的前倾型首轮廓线在中低速运输船上应用较为普遍，其主要考虑因素就是改善船舶的流体动力性能、降低阻力。

对于前倾型首，在水线以上的首轮廓线通常设计成前倾15°～30°，但若追求前倾角的美观，甚至可达45°左右。从经济和实用性的角度来讲，前倾也不宜过大，否则会增加船长和造价，增大吨位，增长泊位，降低船舶进出港的安全性。

(a)

(b)

**图 4 - 2　前倾型首**

(a) 圆弧过渡型；(b) 球首型

对于前倾型首，设计水线以下部分，其形状需注意从水线和横剖线形状的配合上来考虑。前倾大的首轮廓线常用于 V 形横剖线配合；前倾小的首轮廓线一般与 U 形横剖线相结合。为了便于施工，改善回转性能，往往削去尖瘦的前踵，如设成圆弧过渡。

直立型首目前主要应用在超大型运输船上，如图 4 - 3 所示。首轮廓线一般与 U 形横剖线相结合，且削去尖瘦的前踵。

**图 4 - 3　直立型首**

**图 4 - 4　梅尔型首**

梅尔型首常见于破冰船船首，如图 4 - 4 所示。其设计水线以下的首柱呈倾斜状，与基线约成 30° 夹角，以便挤压冰层。

*2. 尾部轮廓线*

船尾轮廓线的形状选择主要考虑舵和螺旋桨的布置及其与横剖线的配合。目前船舶应用较多的是巡洋舰尾和方尾，如图 4 - 5 所示。

(1) 巡洋舰尾。现代单桨运输船舶广泛采用巡洋舰尾，其特点是尾悬体沉入水中一定的深度，从而起到延长水线，改善尾部流场的作用。此外，它还能有效保护舵、桨免遭水上漂浮物的碰撞。为了盖住舵的后缘，在设计水线尾垂线后的长度为 $0.025 \sim 0.035L$，而甲板的尾悬体长度一般为 $0.035 \sim 0.045L$。为简化工艺，目前将尾部做成切平的巡洋舰尾，即尾封为后倾 10° ～ 15° 的平面。该尾型如图 4 - 5(a) 虚线所示。

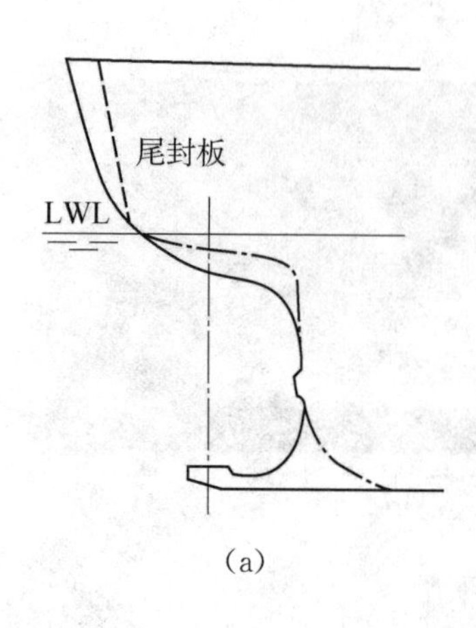


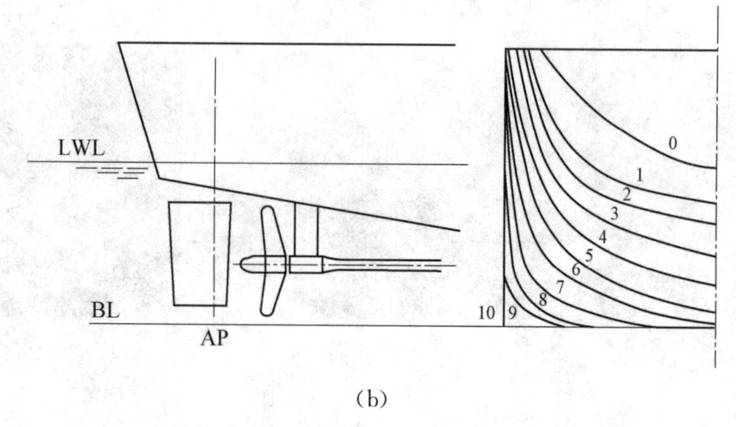


(a)　　　　　　　　　　(b)

**图 4-5　常见的单双桨尾型**

(a) 单桨船的巡洋舰尾；(b) 常规双桨船的方尾

(2) 方尾。中高速双桨船一般采用方尾，其具有宽而平坦的船底和平直的尾部纵剖线。该尾型如图 4-5(b) 所示，可使尾部水流平顺地离开船体，减少了尾流的能量损失，形成了相当于增加船长的“虚长度”。为此，方尾浸水面积一般不小于中剖面浸水面积的 15%，设计吃水处的尾封宽度一般为船宽的 80% ~ 90%。

此外，巡洋舰尾的尾框型式有开式和闭式之分，如图 4-6 所示。开式尾框可适当增大螺旋桨直径，同时可以改善尾部伴流，提供推进效率。此外，去掉舵托后可节省铸件用料。闭式尾框最大的优点体现在对舵和桨的有效保护，适合用于航道环境复杂、水深较浅的水域。

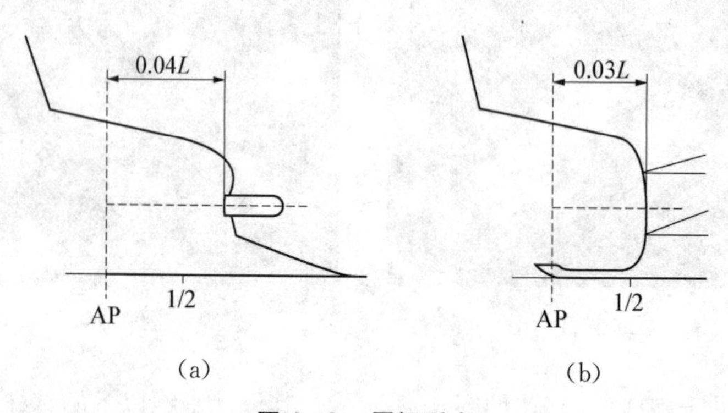


(a)　　　　　　　　　　(b)

**图 4-6　尾框型式**

(a) 开式；(b) 闭式

尾部轮廓形状的设计与桨和舵的数目、外形尺寸及它们之间的间隙有密切关系。设计时可先估算桨和舵的尺寸，对它们的位置做粗略安排，且保证桨边缘与船壳、舵(或舵柱) 之间的间隙(见图 4-7)。

对于单桨船，通常间隙 $c$ 对船体激振力影响最大，增大 $c$ 对减振有利；间隙 $b$ 和 $f$ 小有利于船身效率；间隙 $d$ 小可增大螺旋桨浸深，改善螺旋桨推进性能；间隙 $a$ 小可使舵回收更多的螺旋桨尾流中的旋转能量，但要考虑螺旋桨的拆装。对于双桨船，桨盘面与所在位置处横剖线的间隙 $e$ 要适当，以免引起振动。

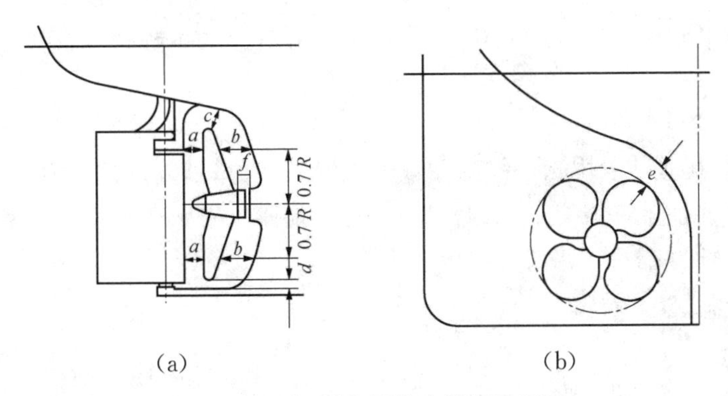


图 4-7　桨、舵与尾轮廓的相互间隙

为了防止螺旋桨对船体产生过大的激振力，各大船级社规范了相关间隙，并给出了最小值的要求。表 4-1 是相关设计手册和中国船级社(CCS) 海规中的建议值。

表 4-1　螺旋桨与船体间隙

| 船舶类型 | $a/D_p$ | $b/D_p$ | $c/D_p$ | $d/D_p$ | $e/D_p$ |
|---|---|---|---|---|---|
| 一般船舶 | 0.10～0.12 | 0.15～0.22 | 0.12～0.20 | 0.03～0.05 | 0.16～0.20 |
| 快速船 | 0.15～0.30 | 0.18～0.25 | 0.14～0.22 | | |
| CCS 建议值 | 0.12 | 0.20 | 0.14 | 0.04 | |

注：$D_p$ 为螺旋桨直径。

对于内河船舶，CCS 规范要求单桨船叶梢与船壳板的间隙不小于 $0.1D_p$；对双桨船则可依据式(4-1) 计算后再确定。

$$e = K_1 K_2 D_p (0.116\,6\sqrt{N_e} + 10) \times 10^{-2} \tag{4-1}$$

式中，$K_1$ 为螺旋桨叶数修正系数，三叶取 1.2，四叶取 1.0，5 叶取 0.85；$K_2$ 为船型修正系数，船长 $\leqslant$ 30 m，取 0.8，船长 $>$ 30 m，取 1.0，船长 $>$ 40 m，取 1.1；$N_e$ 为主机单机额定功率，kW。

在保证上述相关间隙要求基础上，尾轮廓还应顾及桨和舵的纵向布置的需求，以及其对舵后缘的保护。在舵和桨的尺寸尚未确定情况下，通常可参照母型船选定。

此外，在考虑尾轮廓时，还要注意螺旋桨要有一定的浸深。通常螺旋桨叶稍距设计水线的距离应分别不小于下列值：单桨船为 $(0.25 \sim 0.30)D_p$；双桨船为 $(0.45 \sim 0.50)D_p$。对于转速高、负荷大的双桨、双舵船，其舵的位置可偏离桨轴一定的横向距离(外旋桨外移、内旋桨内移)，以避开螺旋桨的涡流区，获取较大的尾流，同时便于桨及其轴的拆卸。舵桨偏移量一般为 0.05～0.10 倍桨径 $D_p$。

### 4.1.2　甲板线

甲板线包括甲板边线和甲板中心线。甲板边线通常是一条空间曲线，在侧视图上反映其高度，在平面图上表示其宽度。甲板中心线则是一平面曲线，在侧视图中反映其高度。通常甲板边线的高度根据型深和首尾舷弧来确定，而其宽度则根据总布置的要求结合设计水线以上横剖线的形状来决定。甲板中心线的高度由对应的甲板边线高度与该处梁拱值来确定。

1. 舷弧的选择

舷弧是指首、尾垂线处甲板边线高度减去型深后的值，且分别称为首舷弧 $S_F$ 和尾舷弧 $S_A$，如图 4-8 所示。船舶设有舷弧的目的：一是增加露天甲板在首尾处的干舷高度，减少甲板上浪；二是保持船首上翘以增加船舶的美感。

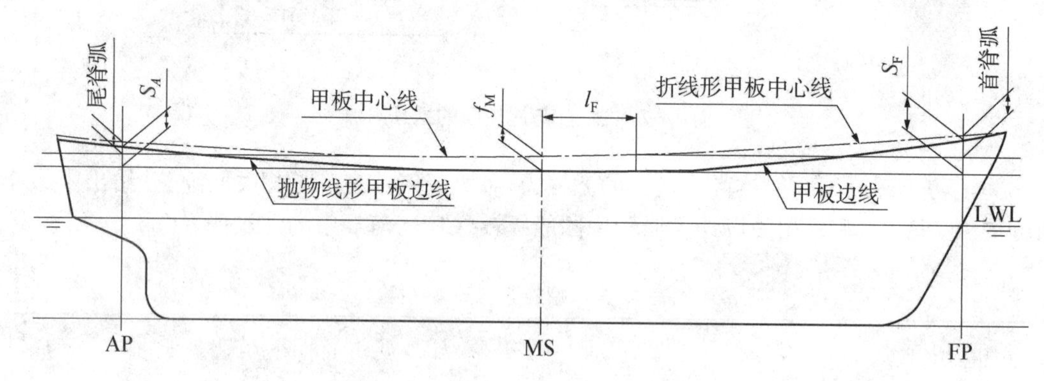


图 4-8　甲板线形状及首、尾舷弧

船舶的首尾舷弧值一般可参考母型船来选取，当然也可结合载重线规则或公约中的标准舷弧值或其面积要求来考虑。如在国际载重线公约(ICJJ 66) 中，标准首尾舷弧值分别用下列计算式：

$$S_F=50(L/3+10) \tag{4-2}$$

$$S_A=25(L/3+10) \tag{4-3}$$

式中，船长 $L$ 取最小型深 $D$ 的 85% 处水线总长的 96% 与沿该水线从首柱前缘量至舵杆中心线水平长度的大者，m。

对于大型船舶，由于干舷较大，甲板不易淹湿，因此常取消舷弧，以方便建造。

此外，对于中小型船舶，应同时注意规则或公约对最小船首高度的规定，以减小甲板上浪。最小船首高度 $H_a$ 指首垂线处自相应于核定夏季干舷水线，量至船侧露天甲板(或首楼甲板) 上缘的垂直距离，其高度应不小于

$$H_a=54L\left(1-\frac{L}{500}\right)\frac{1.36}{C_b+0.68} \tag{4-4}$$

式中，$L$ 为船长，同式(4-3)；$C_b$ 为方形系数，取值不小于 0.68。

2. 侧视甲板线

侧视图中的甲板线包含甲板边线和甲板中心线。通常甲板边线采用抛物线形状，如图 4-8 所示。以前半体为例，在距船舯 $X$ 处 ($X>l_F$) 的甲板边线距基线的高度为

$$D_S=D+S_F\left(\frac{X-l_F}{0.5L_{PP}-l_F}\right)^2 \tag{4-5}$$

对于小型船舶，甲板边线起弧点常为船中；对于大中型船舶，前半体甲板边线可根据 $S_F$

的大小和甲板布置情况常取中前某一点(图4-8所示距船中 $l_F$ 处)起弧。同样,后半体甲板边线形状可按上述方法同样处理。

需要注意的是,甲板边线确定后一定要结合梁拱值来检验甲板中心线的形状,以防出现“首跌落”,即下弯现象,如图4-9所示,否则要适当加大首舷弧 $S_F$。

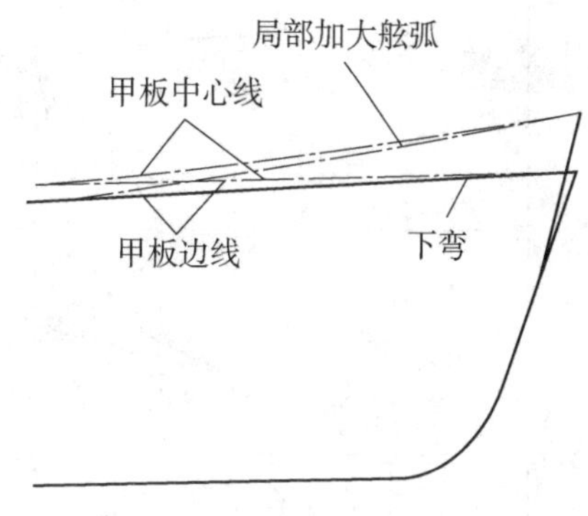

图4-9　甲板中心线下弯现象

为了简化建造工艺,对于货运船舶,有时也将甲板中心线设计成折线(见图4-8),此时甲板边线的高度由甲板中心线高度减去梁拱所得。

3. 平面甲板线

平面甲板线是指甲板边线的水平投影线,它反映了甲板面积的大小和首尾部分的形状,因而与总布置有关。

对于载重型货船应结合货舱口尺度、设备的布置、甲板作业的要求等加以考虑。对于布置地位型船,甲板宽度要满足布置地位的要求。

甲板线宽度还必须与横剖线形状在几何上相互协调配合。特别是在首部,除满足锚泊设备布置外,还应考虑横剖线有适当的外飘及必要的宽度,以保证锚链筒出口距船中心线有必要的距离,防止起锚时锚爪碰伤船壳或钩住船底。此外,首部甲板线应考虑减少甲板上浪和过度外飘造成的波浪砰击。

尾甲板线的宽度主要是考虑布置系泊设备和作业空间等的要求。对于双桨船,还应考虑到对螺旋桨的保护及舵机舱的布置。

4. 梁拱

梁拱是指在横剖面上甲板中心线相对于甲板边线的高度差 $f$。通常不同船宽处梁拱值 $f_i$ 不一样,但 $f_i$ 与该处的船宽值 $B_i$ 的比值一般保持不变。对于一艘船来讲,常称最大船宽处所对应梁拱为最大梁拱 $f_M$。根据CCS规范要求,一般 $f_M$ 取为 $B/100 \sim B/50$($B$ 为船宽)。

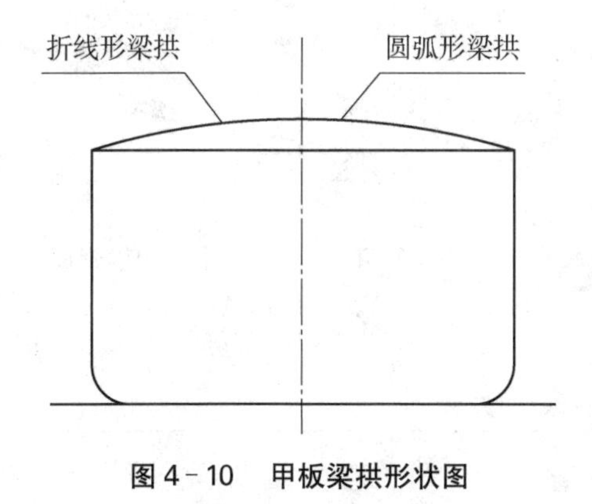

图4-10　甲板梁拱形状图

梁拱线的形状可分为圆弧形和折线形(见图4-10)。对于小型船舶,大多采用圆弧形,圆弧半径为

$$R=[f_M^2+(B/2)^2]/(2f_M) \qquad (4-6)$$

通常整个甲板的梁拱取为同一形状(同一样板),即根据不同纵向位置处的船宽 $B_i$ 来确定相应的梁拱 $f_i$。

为了简化建造工艺,也有取消露天甲板梁拱的,但对小船仍应保留,以保证甲板成形美观,且防止因甲板变形而积水。

### 4.1.3　中横剖线

中横剖线的形状通常是由中剖面系数 $C_m$、龙骨半宽 $f$ 和舭部半径 $R$ 等参数所决定的。对于中剖面系数较大者,常设计成平底、直舷、带圆舭的中横剖线;对于中剖面系数较小者,

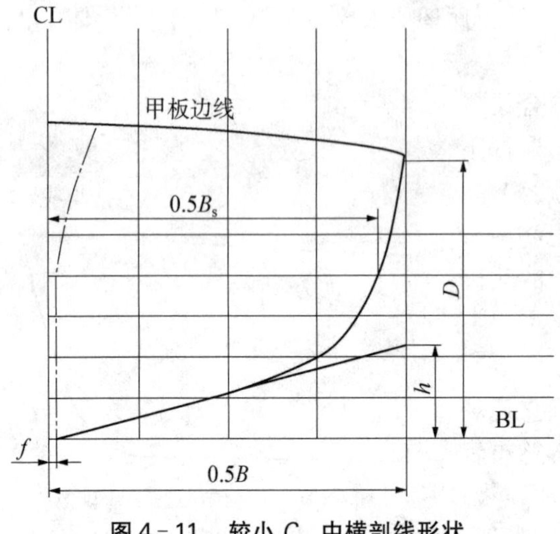


图 4-11　较小 $C_m$ 中横剖线形状

常设计成斜底(即有舭部升高 $h$)、舷侧外飘(即设计水线宽 $B_S$ 小于型宽 $B$)且圆舭半径 $R$ 较大的中横剖面线(见图 4-11),这样水既可以沿水线,又可以沿纵剖线和斜剖线流动,从而有利于降低形状阻力。此外,该中横剖线形状在浅水航道中还可以缓和吸底现象,有利于航向稳定性及舱底排水。

中横剖面系数对阻力的影响较小,因此该系数的确定主要考虑与其他船型系数的配合。对中低速船,如果 $C_b$ 与 $F_n$ 配合偏大时,应尽量采用较大的 $C_m$,以降低 $C_p$;如 $C_b$ 和 L/B的值较小,$C_m$ 也应适当减小。对于高速船,由于型线较瘦,为使中部不致过分凸起而造成明显的突肩,宜采用较小的 $C_m$,从而使棱形系数 $C_p$ 接近最佳值。

对于中横剖线形状,其舭部升高 $h$ 和半径 $R$ 应配合起来选择。$C_m$ 较大的船,$h$ 值常很小,一般只有 0.1～0.3 m,且有将 $h$ 值取消的趋势,以简化工艺。对于 $C_m$ 值小的船,$h$ 应取大些。对设计双层底的船舶,$h$ 和 $R$ 的配合应结合规范对双层底高度的要求,并从施工方便和内底对舭部的保护等因素来确定。

对于图 4-12 所示的圆舭形中横剖线,可从其几何关系得出半径 $R$。

$$R=\left[\frac{BT(1-C_m)-(B/2-f)h}{0.43-h/(B/2-f)}\right]^{1/2} \tag{4-7}$$

如 $h=0$,则有

$$R=\left[\frac{BT(1-C_m)}{0.43}\right]^{1/2} \tag{4-8}$$

式中,$h$ 可根据实船资料统计表 4-2 或母型船来选取;$f$ 则根据建造工艺要求来考虑,一般按船宽的 1% ～ 2% 来选取。

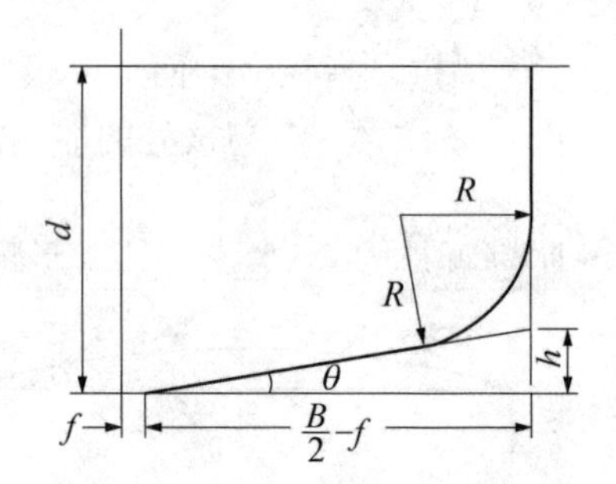


图 4-12　带有 $h$ 和 $f$ 中横剖面线形状

表 4-2　舭部升高与中剖面系数的关系

| 中剖面系数 | 0.99 | 0.98 | 0.97 | 0.93 |
|---|---|---|---|---|
| $2h/B$(%) | 0.8 | 1.6 | 2.6 | 7.0 |

### 4.1.4　设计水线

设计水线是指船舶达设计吃水时的水线面边缘形状。设计水线通常由水线面系数 $C_w$、平行中段长度 $l_P$、半进流角 $i_E$、半去流角 $i_R$、漂心位置 $X_f$ 以及首尾端形状所决定。此外,设

计水线的形状特征和参数还必须与横剖线的UV度结合起来考虑。

1. 水线面系数的选择

水线面系数 $C_w$ 的选取与船的相对速度、稳性和布置有关。

水线面系数 $C_w$ 同船宽 $B$ 一样，增大 $C_w$ 可提高初稳性高度，同时水线以上部分也相应加宽，使储备浮力有所增加，从而对抗沉性有利。

从总布置角度看，大的 $C_w$，配以V形剖面，可以加大甲板面积和设计水线以上的容积，有利于甲板设备和舱室的布置。

增大 $C_w$ 对纵摇有较强的阻尼作用，如再配以V形剖面和适度的首外飘，有利于减少纵摇幅值，并减小船的甲板上浪。

从静水阻力考虑，$C_w$ 过大是不利的，$C_w$ 应随 $Fr$ 的增大而减小。但对于浅水阻力而言，$C_w$ 大则垂向棱形系数下降，使排水体积集中在上部以增加船底与河床之间的间隙，从而可减少回流速度及浅水阻力。

船舶总体设计时，通常可采用式(4-9)来估算 $C_w$，即

$$C_w=(0.97\sim1.01)C_p^{2/3} \tag{4-9}$$

式中，$C_p$ 为棱形系数。图4-13给出了几个系列船型 $C_w$ 与 $C_p$ 的关系曲线。

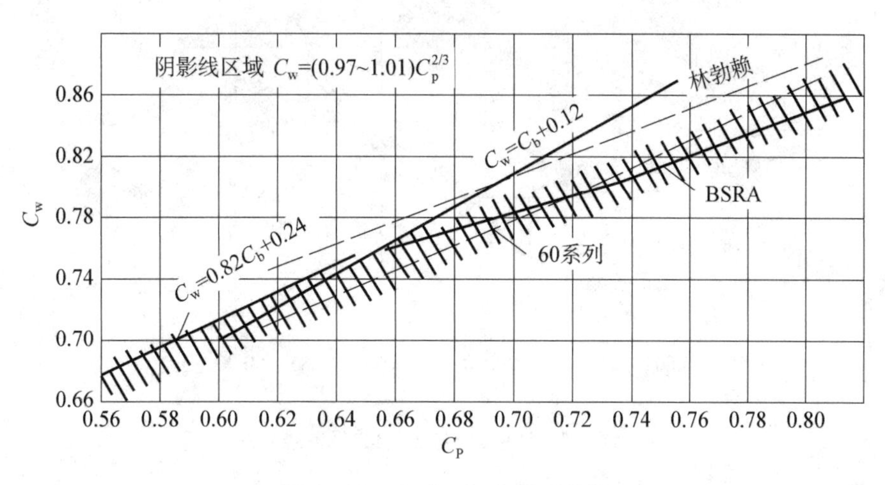


**图4-13　$C_w$ 与 $C_p$ 的关系曲线**

2. 设计水线的首端形状与半进流角

从阻力方面看，设计水线的首端形状对兴波阻力有一定的影响。而半进流角对首部形状起决定性作用。为了获得较小的阻力，设计水线的首部应尽可能瘦削。

对于低速船，由于兴波阻力所占比重较小，因此通常以获取较大的载重量为出发点，从而导致船首部并不瘦削，否则船中部肥大、首部较尖，势必形成严重的水线突肩。

实践表明，$Fr$ 较小的低速船，设计水线通常采用较长的平行中段、较大的进流角和前体水线面系数，从而造成设计水线首端部呈凸形。

随着 $Fr$ 的增加，兴波阻力不断增加，其高压区不断后移。为了减小兴波阻力，往往需要把首部水线拐点相应后移些，因此希望设计水线采用较小的前体水线面系数和半进流角，首部水线由直线形过渡到微凹形甚至凹形。

对于高速船，兴波高压区将近扩展到船中区域。为了减小兴波阻力，希望整个水线前半部变瘦，因而首部水线常采用直线形，使整个进流段保持缓和的曲度。

综上所述，适宜的首部水线形状大致如下：

(1) $Fr<0.20$，由凸形到直线形。

(2) $Fr=0.20\sim0.30$，直线形或微凹形。

(3) $Fr>0.30$，直线形。

从耐波性方面看，设计水线首段适当丰满一些更有利，而呈前凹后凸的S形的则不利。对于小型船舶，从稳性和总布置方面考虑，需有较丰满的首部水线。

设计水线的半进流角对船首部兴波阻力有重要影响。根据船模试验，首先，适宜的半进流角 $i_E$ 主要与 $F_n$ 有关；其次，还与前体棱形系数 $C_{pf}$、前体水线面系数 $C_{wf}$、$L/B$ 等有联系。半进流角 $i_E$ 的选取不仅要考虑兴波阻力的关系，还要考虑船体几何特征上的协调性，设计时可参考图4-14综合考虑。

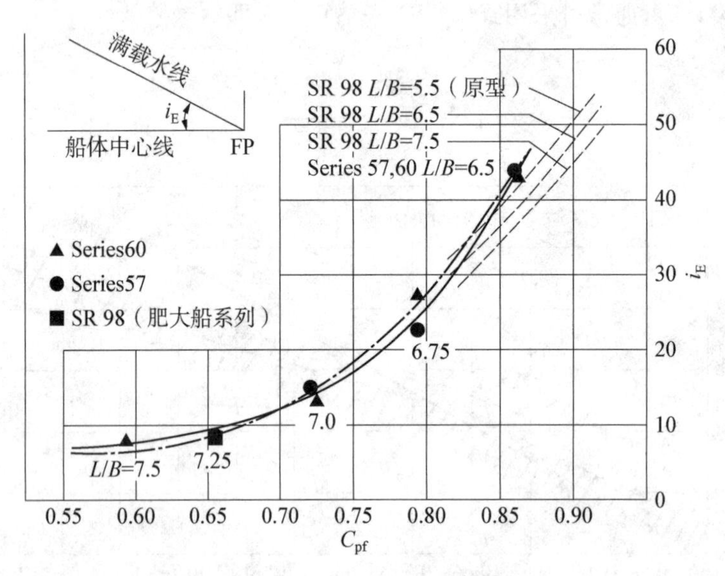


图4-14 $C_{pf}$ 与 $i_E$ 的关系曲线

3. 设计水线尾端形状

从阻力来看，设计水线尾端对总阻力的影响通常次于首端，其主要表现在形状阻力方面。为减缓水流分离，设计水线尾端不宜呈凹形，尾部的纵向斜度应小于30°。特别是对于中速船，尾端应尽可能变瘦些以免产生大量旋涡；对于高速船，由于水流大多沿着纵剖线流动，因此尾端反而可以做得丰满些。

此外，对于单桨船，螺旋桨区的尾部水线应力求平直，其终端（尾柱处）不应钝阔，纵向斜度不要超过20°；水线反曲处也应避免斜度过大，且注意顺滑过渡。对于双桨船，尾部设计水线应盖住螺旋桨和舵叶，以利于螺旋桨和舵的安全，同时避免桨叶工作时吸入空气，影响效率。

4. 设计水线的平行中段长度

设计水线的平行中段长度取决于水线面系数大小和水线首尾端形状。对于单桨船，平行中段长度 $l_{wP}$ 通常约为横剖面面积曲线平行中体长度 $L_P$ 的 2 倍；对于速度较高、方形系数较小的船舶，尽管没有平行中体，但设计水线中偏后仍然存在平行中段。图 4-15 给出了相关船型的 $l_{wP}$ 与 $C_p$ 的关系。

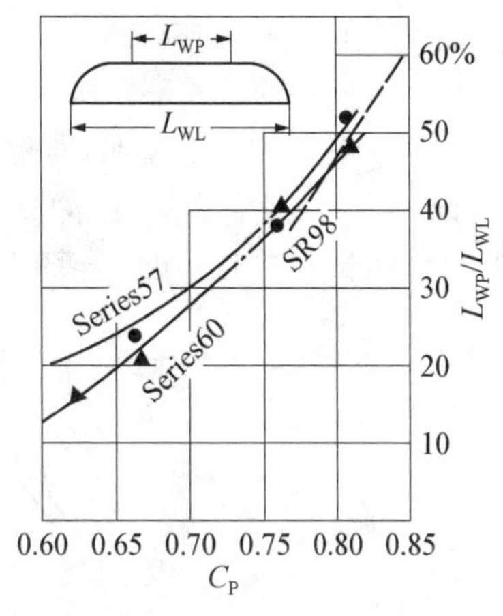


图 4-15　$l_{wP}$ 与 $C_P$ 的关系曲线

## 4.2　横剖面面积曲线

### 4.2.1　形状与特征参数

横剖面面积曲线是指以船长 $L$（海船用 $L_{PP}$，内河船常用 $L_{WL}$）为横坐标，以设计水线下各站横剖面面积为纵坐标所绘制的曲线，如图 4-16 所示。它的形状特征可用下列参数来表示：

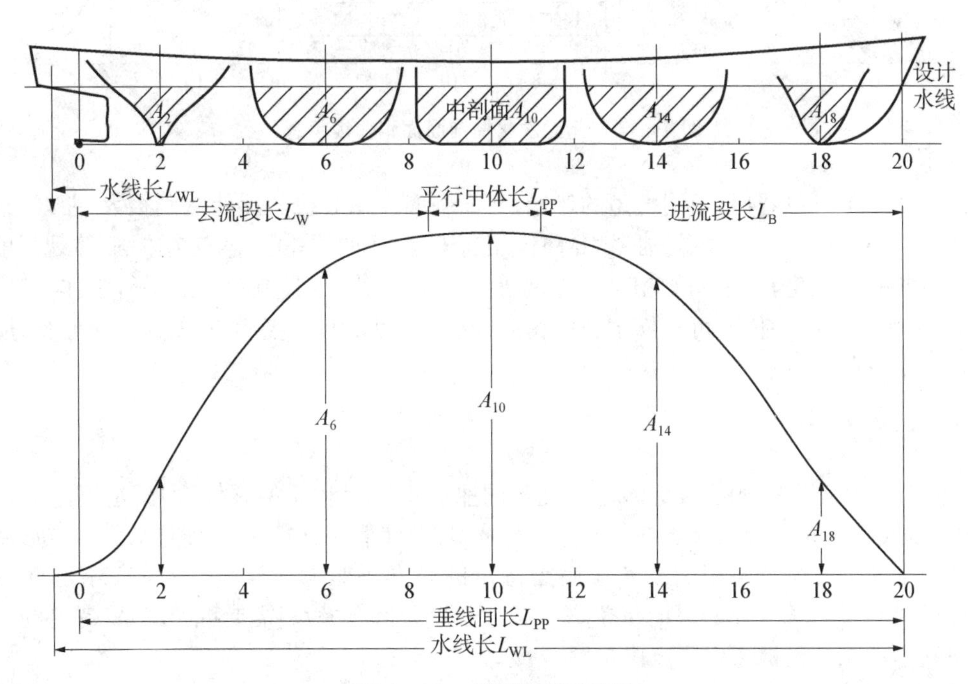


图 4-16　横剖面面积曲线

（1）横剖面面积曲线所围面积相当于船的型排水体积；

（2）曲线面积的丰满度等于棱形系数；

（3）面积形心的横向坐标表示船的浮心纵向位置；

（4）曲线的最大竖向坐标值代表最大横剖面面积（船丰满时通常是中剖面面积），其横向坐标表示船的最大横剖面位置；

（5）丰满船的横剖面面积曲线中部水平段长度即船舶的平行中体长度，其前后两段分别称为进流段和去流段；

(6) 曲线两端端部形状。

为了便于比较与说明，通常将各船型横剖面面积曲线无因次化，即取纵坐标为各站横剖面面积 $A_i$ 与最大横剖面面积 $A_M$ 的比值，取横坐标为站号或各剖面距舯的实际距离 $X_i$ 与 0.5 倍船长 $L$ 之比。图 4－17 为几艘船无因次化后的横剖面面积曲线示意。

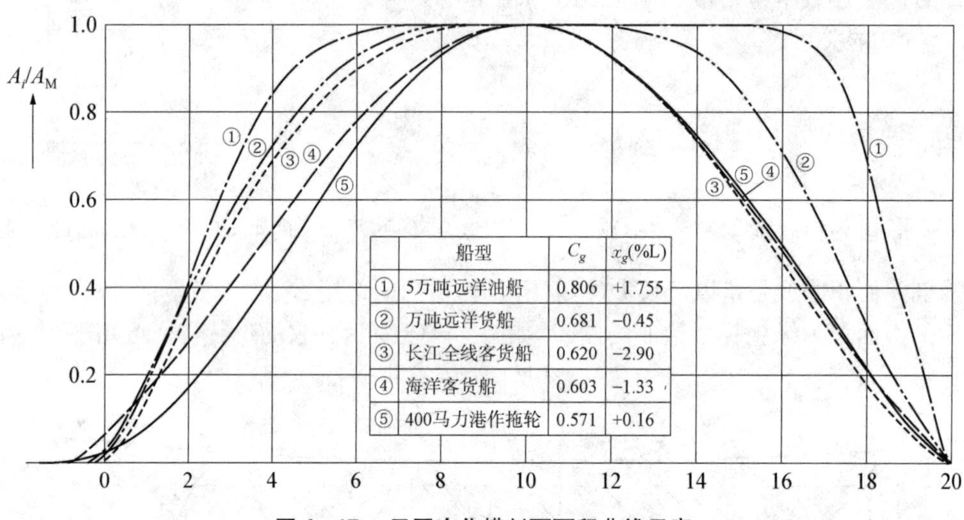


图 4－17　无因次化横剖面面积曲线示意

从图 4－17 可以看出，不同类型的船舶，其横剖面面积曲线的形状差别很大，曲线 ① 的丰满程度，即 $C_p$ 远大于曲线 ⑤；曲线 ① 前体相当丰满，而曲线 ③ 后体较为丰满，体现了前后体不同的相对丰满度，即不同的相对浮心纵向坐标值；曲线 ① 具有较长的平行中体长度，而曲线 ④⑤ 则无平行中体。可见横剖面面积曲线在很大程度上决定了船体的几何形状，所以它是型线设计的出发点。

### 4.2.2　设绘方法

设计船的横剖面面积曲线应满足已确定的船舶主尺度和船型系数，即满足已定的排水体积 $\nabla$、垂线间长 $L_{pp}$(或设计水线长 $L_{WL}$)、船宽 $B$(设计水线宽 $B_S$)、设计吃水 $T$ 和方形系数 $C_b$。除此之外，横剖面面积曲线还应满足待定的棱形系数 $C_p$(与 $Fr$ 有关)、中剖面系数 $C_m$(与 $C_b$ 和 $C_p$ 有关)、浮心纵向位置 $X_B$(与重心纵坐标有关)。需要说明的是，待定的三个参数将在本章 4.5 设计考虑要点中讲解。

针对不同的船型情况，新船横剖面面积曲线设绘可按以下方法进行：

1. 梯形法

对于有平行中体的中低速船，其横剖面面积曲线通常可根据确定的棱形系数 $C_p$ 和浮心纵向位置 $X_B$，先做出满足这两个参数的梯形，如图 4－18 所示。

图中：

$$L_E' = L_{PP}(1-C_p) - \frac{6C_p}{4C_p-1}X_B \tag{4-10}$$

$$L_R' = L_{PP}(1-C_p) + \frac{6C_p}{4C_p-1}X_B \tag{4-11}$$

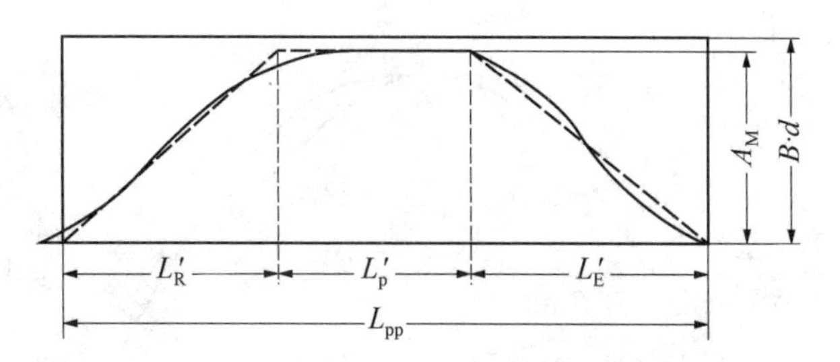


图 4-18　横剖面面积曲线梯形凑绘法

在图 4-18 中梯形的基础上，结合弗劳德数 $Fr$，参照优秀母型船的横剖面面积曲线形状，按面积相等原则凑绘出光顺的面积曲线，如图 4-18 中实线所示，且使其首尾端部形状及平行中体长度等满足要求。

2. 三角形法

对于无平行中体的中高速船，其横剖面面积曲线同样可根据确定的棱形系数 $C_p$ 和浮心纵向位置 $X_B$，先做出满足要求的三角形，如图 4-19 所示。图 4-19 中三角形顶点纵向位置应在船长中点与浮心的延长线上，其顶点高度按式(4-12) 计算。

$$h = 2C_pC_mBT \tag{4-12}$$

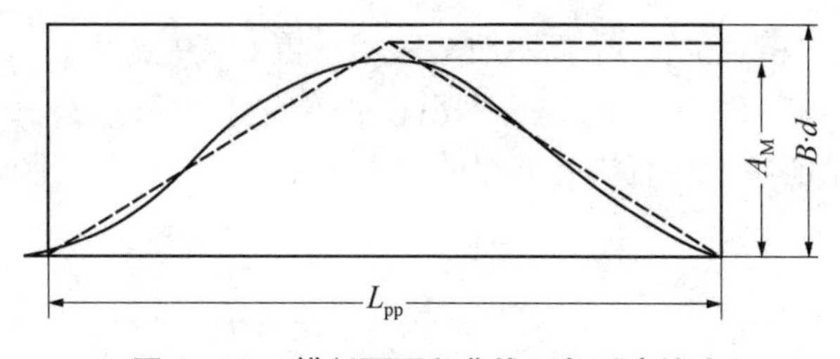


图 4-19　横剖面面积曲线三角形凑绘法

需要说明的是，图 4-19 实线所示的最大横剖面位置与弗劳德数 $Fr$ 大小有关，具体可参照母型船来选取。

### 4.2.3　改造方法

由于设计船的棱形系数 $C_p$、浮心纵向相对位置 $x_b$(为 $X_B/L_{PP}$) 和平行中体相对长度 $l_p$(为 $L_P/L_{PP}$) 往往与母型船不一致，因此需要将母型船的横剖面面积曲线加以改造。在中横剖面系数 $C_m$ 不变情况下，首先需将横剖面面积曲线无因次化。可根据具体情况采取以下不同的方法。

1. 改变 $C_p$ 作图法

在设计船与母型船中剖面系数 $C_m$、浮心纵向相对位置 $x_b$ 不变的前提下，如仅改变 $C_p$(设计船与母型船棱形系数差值为 $\delta C_p$)，则可以直接用图 4-20 所示作图法对母型船的横剖面面积曲线进行改造。该方法可称为增减法，具体以船的前半部分为例加以说明。

首先在无因次的母型船横剖面面积曲线图(实线部分) 中作 $\triangle BCE$，使其面积等于 $0.5\delta C_p$；其次在各站做垂线交曲线于 $a$、$b$、$c$、$d$ 等点，分别过交点作水平线并与线段 $BE$ 相

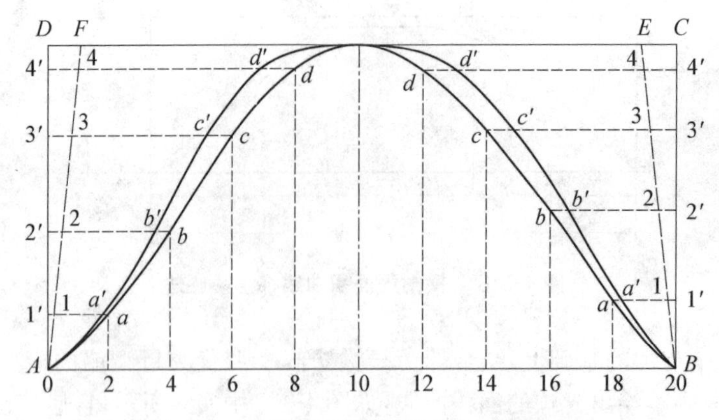


图 4-20 仅改变 $C_P$ 而修改横剖面面积曲线

交于 1、2、3、4 点，与线段 $BC$ 相交于 $1'$、$2'$、$3'$、$4'$ 点；再次在各水平线上取 $a'$、$b'$、$c'$、$d'$ 点，使 $aa'=11'$、$bb'=22'$、$cc'=33'$、$dd'=44'$；最后光顺连接 $a'$、$b'$、$c'$、$d'$ 等点即得到设计船的横剖面面积曲线。

该方法将改变平行中体相对长度 $l_p$，但其中点位置不变。对于无平行中体的新船，其最大剖面位置将保持不变。

2. 改变 $x_b$ 迁移法

当仅改变浮心纵向相对位置 $x_b$ 而不改变棱形系数 $C_p$、中剖面系数 $C_m$ 时，可将横剖面面积曲线向前或向后推移，如图 4-21 所示，所以此方法可称为迁移法。该方法保持曲线下面积不变，使其面积形心纵向位置满足新船的要求。

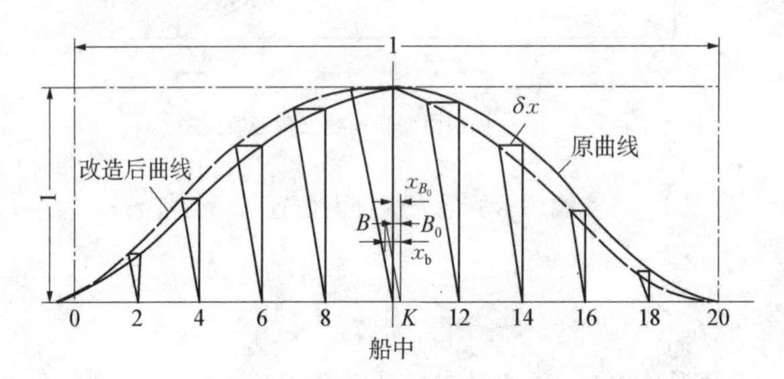


图 4-21 迁移法改造面积曲线

迁移法的形变函数为

$$\delta x = by \tag{4-13}$$

式中：$y$ 为面积曲线在 $x$ 处的竖向坐标；$b=\dfrac{BB_0}{KB_0}=\tan\theta$，$BB_0=\delta x_b$，$KB_0$ 为曲线下面积形心竖向坐标，可用计算方法求得，或近似估算为

$$KB_0=\frac{C_P}{1+C_P} \tag{4-14}$$

或 $$KB_0 = 0.3C_P + 0.21 \tag{4-15}$$

横剖面面积曲线经迁移改造后，平行中体长度保持不变，但其中点位置发生了变化。对于无平行中体长度的新船，其最大剖面位置将发生变化。

当然，在保持中剖面系数 $C_m$ 不变情况下，也可采用上述增减法和迁移法先后来改造棱形系数 $C_p$ 和浮心相对纵向位置 $x_b$，从而得到新船所需要的横剖面面积曲线。

3. $(1-C_p)$法

$(1-C_p)$ 法采用不同的修改函数 $\delta x = f(x)$ 来改造 $C_p$、$l_p$ 和 $x_b$。这里仅介绍修改 $C_p$ 的情况。

将横剖面面积曲线在船中剖面处分成前后半体，分别无因次化，如图 4-22 所示(图示为前体，后体与之相似)。若将母型船的前半体棱形系数 $C_{pf}$ 改变 $\delta C_{pf}$，可将这种改变看成是母型船的横剖面面积曲线在各 $x$ 处平移一段距离 $\delta x$。

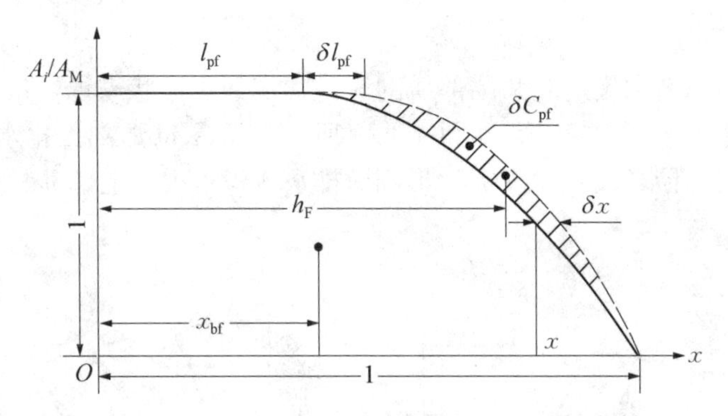


图 4-22　前半体横剖面面积曲线的无因次量表示

如仅修改 $C_p$，$(1-C_p)$ 法所采用的修改函数是线性函数：

$$\delta x = a(1-x) \tag{4-16}$$

该函数满足 $x=1.0$ 时，$\delta x=0$ 的端部边界条件。由约束条件

$$\delta C_{pf} = \int_0^1 \delta x \, dy = \int_0^1 a(1-x) dy = a(1-C_{pf}) \tag{4-17}$$

得
$$a = \frac{\delta C_{pf}}{1-C_{pf}}$$

则

$$\delta x = a(1-x) = (1-x)\frac{\delta C_{pf}}{1-C_{pf}} \tag{4-18}$$

在应用上式时，$C_{pf}$ 可通过母型船横剖面面积曲线积分求得，而设计船的前体棱形系数是 $C_p$ 和 $x_b$ 的函数。此时，可先利用下式估算出型船前后体棱形系数：

$$C_{pf} = C_p + (1.4 + C_p)x_b \tag{4-19}$$

$$C_{pa} = C_p - (1.4 + C_p)x_b \tag{4-20}$$

再分别对前后体进行改造，并对得到的面积曲线加以核算和修正。如果棱形系数相差仍较大，则需在此基础上重复上述改造过程，直至满足要求。

$(1-C_p)$法改造面积曲线方法实际是通过调整相对平行中体长度来修改棱形系数，且最大移动量出现在平行中体的端部 $\delta l_{pf}$，故不能用于母型船无平行中体时减小 $C_p$ 的情况。

上述横剖面面积曲线设绘和改造方法各有特点，可视具体情况选择使用。梯形法和三角形法使用条件最为宽限，但其他参数和形状特征还得参照母型船来确定，如平行中体长度、首尾端部形状。增减法和迁移法应保证中剖面系数不变，但修改过程简洁明了，且相关形状特征及参数能较好把控。

## 4.3 型线自行设绘

### 4.3.1 横剖线设绘

横剖线主要包括首部横剖线和尾部横剖线。就横剖线形状来说，可分为 U 形、V 形和介于两者之间的中 U 形和中 V 形，如图 4－23 所示。通常 U 形剖面排水体积可集中于下部，故与较瘦削的设计水线相匹配；而 V 形剖面排水体积集中于上部，因而对应于较丰满的设计水线。

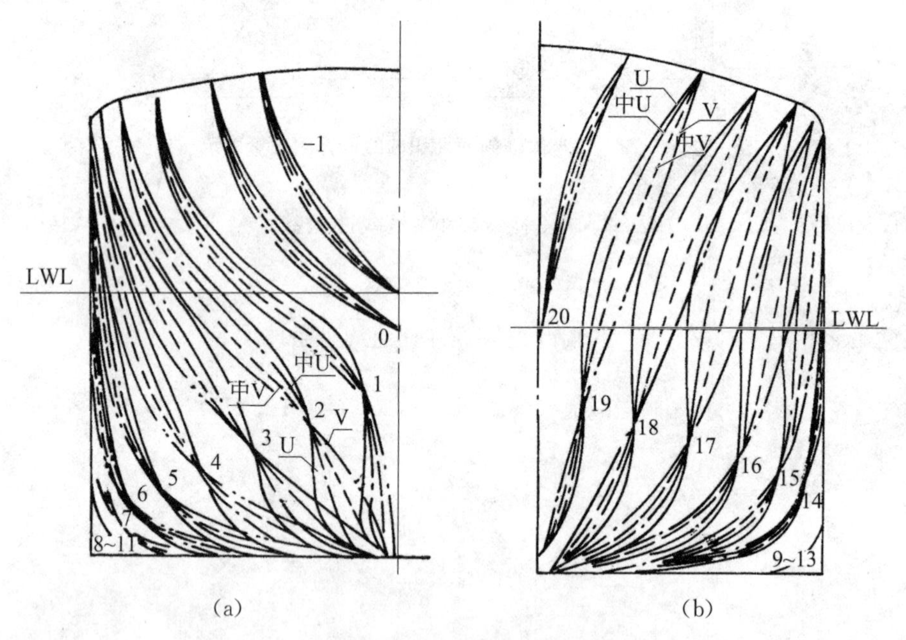


图 4－23　不同形状的横剖线

(a)尾部；(b)首部

设计船横剖线形状在很大程度上取决于横剖面面积曲线和设计水线的配合。相对而言，首、尾部横剖线的设计通常要比中部横剖线的设计难度大。

1. 首部横剖线

从静水阻力方面考虑，V 形横剖线可减小湿面积，降低摩擦阻力，同时它的舭部较瘦，有

利于减少丰满船（$C_b \geqslant 0.75$）在舭部产生涡流。但V形横剖线由于设计水线首端丰满，半进流角大，因而兴波阻力较大。U形横剖线船的排水量相对集中在下部，设计水线瘦削，半进流角较小，有利于减小兴波阻力，但湿面积较大，进而造成摩擦阻力大。由此可见，从总阻力来看，对应不同的速度，首横剖线存在一个对阻力有利的形状。图4-24是瑞典哥德堡船舶研究院对某无球首船前体采用不同U形、V形横剖线形状研究出的阻力曲线。该研究表明：在低速和高速情况时，V形横剖线阻力明显优于U形；在$0.18 < Fr < 0.25$范围内，U形横剖线阻力性能较好。

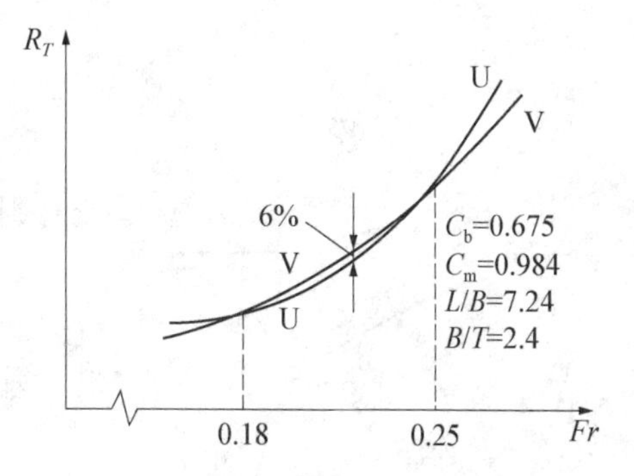


图4-24　某无球首船前体U形和V形横剖面的阻力曲线

从耐波性角度看，对于V形横剖线，当首部下沉进入波浪中时，浮力和纵摇阻尼逐渐增大，从而能减小纵摇及升沉运动，缓和船底砰击（尤其是波长船长比$\lambda/L=1.0$），但会增加波浪中的航行阻力（尤其是$\lambda/L<1.2$左右）。

从稳性角度看，V形剖面设计水线处的局部宽度较大，与之相关的水线面惯性矩和浮心高度也大，因此在排水体积相同的情况下，V形横剖线为主的船一般较U形横剖线船有较大的初稳性高度，但对大倾角稳性则很难断定，设计时应全面考虑。

综合静水阻力和耐波性两方面，对于低速船，其首部横剖线采用V形较为有利；船长较大的中速船（$Fr$为0.23左右），航行中较少遇到超过船长的波浪，可偏重静水阻力来考虑，宜采用U形横剖线形状；对于小型船舶，应偏重耐波性考虑，且从几何关系处理上采用较V形的横剖线形状较为合理。

2. 尾部横剖线

常规单桨运输船的尾部横剖线同样也有V形、U形、中V形、中U形之分，如图4-23(b)所示。通常船尾水下型线从阻力、伴流方面来考虑，同时兼顾水流分离和螺旋桨供水情况。

从阻力上看，船舶后体的型线应力求避免水流分离。V形横剖线除湿面积较小外，且能使进入去流段的水流顺畅地沿斜剖线向后流动，因此阻力性能较好。U形横剖线容易形成舭涡且湿面积较大，在各种$Fr$情况下的阻力性能均稍差于V形横剖线。

从尾部推进性能考虑，U形横剖线和V形横剖线对船尾伴流场的影响是不同的，且对于肥大型船影响更为显著。V形横剖线尾不仅轴向伴流的脉动量大，而且径向伴流也不均匀。U形横剖线尾的轴向伴流分布较为均匀，不仅能提高推进效率，而且能减少螺旋桨叶梢部分的空泡和激振力。对于$0.60 \leqslant C_b \leqslant 0.70$的船舶，U形横剖线尾和V形横剖线尾对伴流影响的差别要小些。

从水流分离方面看，减小水流分离就是要避免船体型线出现过突的尾肩、沿水流方向过度的弯曲。如水流在流动方向上与船体表面的夹角达到15°，水流一般就开始分离。通常船尾水流是向后并向上内流动，因此船尾沿流线的斜剖线曲率变化应缓和，避免出现S形弯，且斜角尽量控制在20°以内。对于$B/T$较大的船舶，尾部水流更多地沿纵剖线流动，因此船尾底部的纵剖线的倾斜度应尽量小，且形状以接近直线为好。

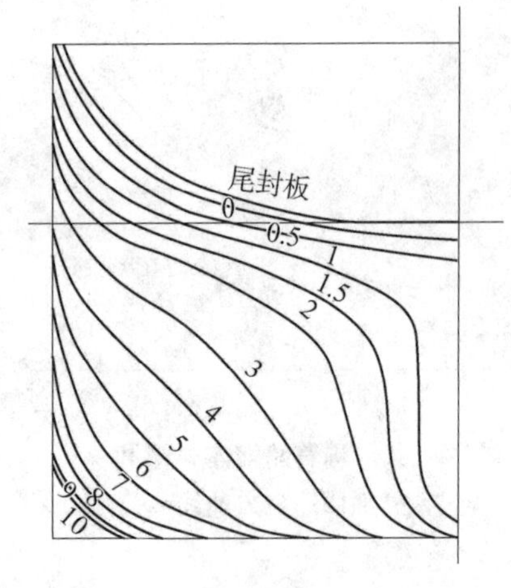


图 4-25　船尾横剖线由 V 形过渡到 U 形

从供水方面考虑，螺旋桨前端船体部分应尽可能尖削，水线形状以直线或微凹为好，以便于螺旋桨吸水，减小推力减额，提高推进效率。对于尾部较丰满的船尾，则应尽量将螺旋桨适当后移，并加大与船体间的间隙，以便提高船身效率。

综合以上几个方面，尾部横剖线形状可将提高推进效率和减小振动放在首位考虑，再兼顾阻力的影响。所以，中低速船尾部大多采用 U 形横剖线，甚至加设球尾；高速船和双桨船常采用阻力性能优良的 V 形横剖线。对于有些要兼顾阻力性能或布置要求的中低速船，也有将 V 形横剖线形状在接近螺旋桨处逐渐过渡到 U 形，如图 4-25 所示。

3. 各站横剖线凑绘

横剖线包括中横剖线（最大横剖线）和各站横剖线。当横剖面面积曲线、设计水线、轮廓线、甲板线等确定以后，实际上一定程度上已制约了各站横剖线，所要考虑的就是其 UV 度形状。中横剖线的设绘相对简单，一般参考相近船和设计船特点就可以确定。对于其他各站横剖线的设绘相对要复杂些，但可选择下述方法来进行。

绘制各站横剖线所需的设计水线半宽及设计水线下的浸水面积，可分别从设计水线和横剖面面积曲线上获得。除此之外，还可根据甲板线、船底线和特征线，得到各站横剖线的端点、特征点的宽度值和高度值。至此，就可以凑画出各站横剖线。

需要说明的是，各站横剖线的 UV 度可参考型线特征相近的优秀船型，图 4-26 中(a)～图 4-26(c)所示的办法分别适合 U 形、中间形和 V 形横剖线，$A_i$、$y_i$ 分别为第 $i$ 站设计水线以下横剖面面积和设计水线半宽，上下阴影部分面积应相等。绘制时注意各相邻横剖线形状恰当过渡，趋势匀称。如对所绘的横剖线不满意时，可以适当调整设计水线甚至轮廓线和甲板线。

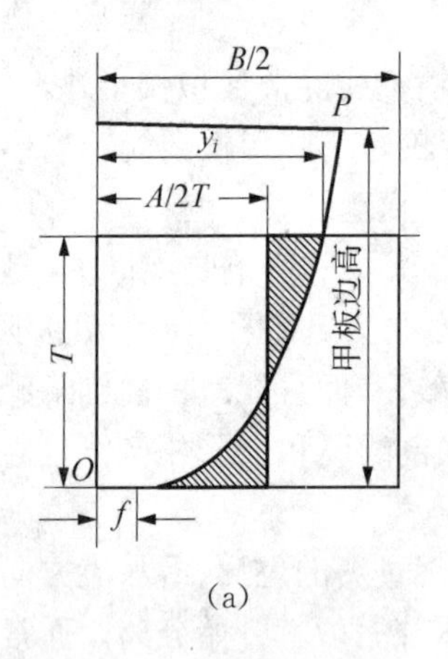


(a)

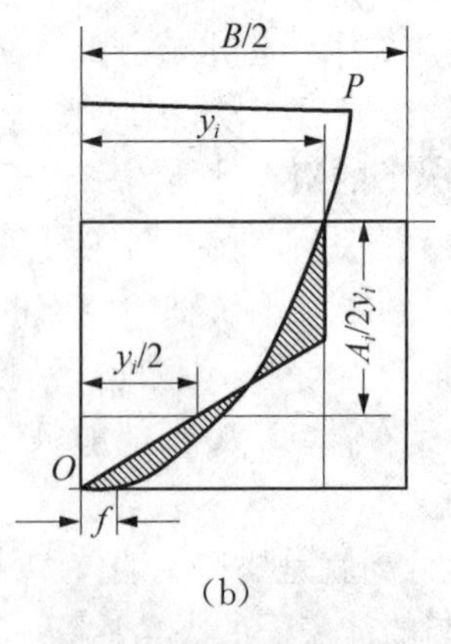


(b)

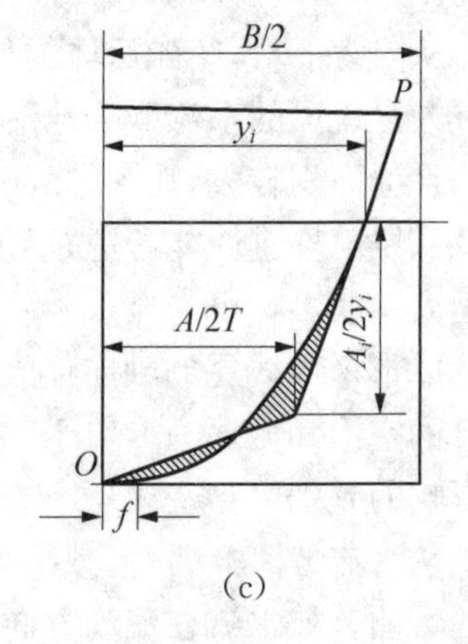


(c)

图 4-26　横剖线的凑绘

(a)U 形；(b)中间形；(c)V 形

此外，在设绘时，可先隔站进行，待水线基本光顺后，再从水线半宽图上插绘出其他各站

横剖线，以确保各横剖线的协调和光顺。

### 4.3.2　水线和纵剖线生成

1. 水线生成

从横剖线图(图4-26)中量取该水线各站的半宽，并移植到水线半宽图对应站上，再用样条曲线进行连接即可。

设绘水线时，其首尾端点应与侧面轮廓线投影一致。水线端部的形状和尺寸应符合首尾柱的结构形式和尺寸。此外，水线端部的弧形(常用圆弧)与水线的交点或切点应成一条光顺的曲线(常称之为首柱转圆线)，且在另两个投影面上也应保证光顺。

2. 纵剖线生成

一般而言，绘制纵剖线和斜剖线主要是为了检验型线的三向光顺性，否则还需进一步调整水线和横剖线。

绘制纵剖线时，其坐标点来自横剖线图上纵剖线与各站横剖线交点的高度值，及水线图上纵剖线与每条水线交点的纵向坐标值。在侧视图上，将这些坐标点连接即得纵剖线。如纵剖线不够光顺，一般可先检查不光顺处水线的光顺性，然后再去检查其与横剖线的交点，并作局部修改，直到三个投影点吻合、曲线光顺为止。需要说明的是，当水线间隔画了几根后，就可以先试绘纵剖线。

通常为了检查船体曲度较大的舭部的光顺性和协调性，还需在侧视图上加绘斜剖线。首先，在横剖线图做一根尽可能垂直于各横剖线或过舭部中点的直线，沿该直线量取与各横剖线交点至斜剖线与中心线交点的距离；其次，将此距离标在纵剖线图对应各站上，并连成曲线，同样，该曲线也应保证光顺。

在投影一致性和光顺性都满足要求的前提下，还需对设计船的型线精度进行复核计算。通常情况下，可以先量取各水线的半宽，计算出各站横剖面设计水线以下面积，再利用纵向积分法来计算设计船的排水体积 $\nabla$、浮心纵向位置 $X_B$ 等。如满足要求，则可编制型值表，并在图中标注必要的尺寸，完成型线图的设绘。否则视计算结果偏差大小，对型线进一步修改完善。

在整个设绘过程中，在型线光顺之前就需对排水体积、浮心纵向位置做到心中有数，以便在光顺过程中有的放矢，提高设计效率。当然，以上型线设绘工作可借助于AutoCAD相关软件来进行，相关计算可用Excel来辅助。

## 4.4　型线母型改造

### 4.4.1　主尺度变换

当设计船与母型船的船型系数及浮心相对纵向位置($x_b = X_B/L_{PP}$)完全相同，仅是 $L_{PP}$、$B$、$T$ 不同时，可采用主尺度线性变换得到设计船型线。

1. 船长变换

如主尺度仅是船长 $L_{PP}$ 不同，则只需将设计船的船长按母型船(下标“0”者)的站数分站，其站距为

$$\Delta L=\frac{L_{PP}}{L_{PP0}}\Delta L_0 \tag{4-21}$$

然后将母型船各站横剖线完全不变地分别移至设计船相应的站号上，即可得到设计船的型线图。

2. 船宽的变换

如主尺度仅是船宽 $B$ 不同，则设计船各站水线半宽 $y_{ij}$ 可按下式计算：

$$y_{ij}=\frac{B}{B_0}y_{0ij} \tag{4-22}$$

式中，$i$、$j$ 分别代表站号和水线号。由于上式右边三项均已知，故可算得设计船水线半宽值，进而绘制出设计船的横剖线及型线图。

3. 吃水的变换

如主尺度仅是设计吃水 $T$ 不同，仅需将其分成与母型船同样数目的水线数，设计船的吃水间距为

$$\Delta T=\frac{T}{T_0}\Delta T_0 \tag{4-23}$$

然后将母型船各站在各水线处的半宽值移植至设计船对应的水线上即可。

上述为每个主尺度独立变化时的修改方法。若 $L_{PP}$、$B$、$T$ 均不同或其中有两个不同，只要用上述方法逐一进行变换即可。

### 4.4.2 中间型值生成

利用母型改造法设计型线时，如果各站横剖线形状和中剖面系数 $C_m$ 不做修改，在横剖面面积曲线改造后，就可以利用插值的方法生成型线；如果横剖线形状或 $C_m$ 也需修改，而修改后的 $C_p$、$x_b$ 等也不符合设计船要求，则可将修改后的型线作为新的母型，并对其横剖面面积曲线采用上述相应方法进一步修改，使其满足设计船的相关要求。下面以前半体为例来介绍横剖面面积曲线修改完成后产生型线的步骤：

首先，将母型船和改造后的设计船横剖面面积曲线无因次化后绘制于一起，找出与设计船某站横剖面面积相同的母型船对应剖面的位置。例如在图 4-27 中，母型船 $A-A$ 剖面为对应于设计船第 16 站的横剖面位置。

其次，从母型船的水线半宽图上，在 $A-A$ 剖面位置上，量取母型船各水线的半宽值，作为设计船第 16 站横剖线上对应各水线半宽。如设计船与母型船宽度不一样，则应乘以 $B/B_0$ 得到设计船的水线半宽。

再次，按设计船要求确定轮廓线和甲板边线，进而绘制出第 16 站横剖线和其他各站横剖线。

最后，由横剖线绘制水线和纵剖线，并检查型线的光顺性和投影一致性。如设计船与母型船吃水不一样，则需要在横剖线图上重新确定设计船新的水线间距(适合的整数值)后再绘制最终的水线。

需要说明的是，船尾框尺寸需按设计船舵、桨布置要求参照母型船形状自行设计，必要时还需对尾端部型线做适当修改。甲板边线高度需满足设计船型深和舷弧要求，甲板边线

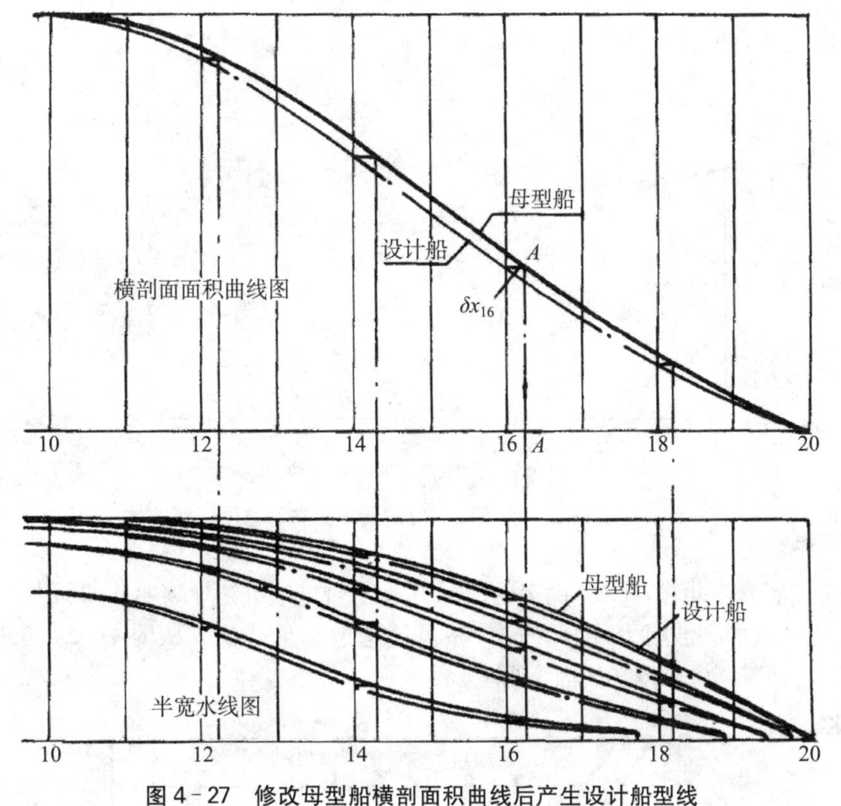


图 4-27　修改母型船横剖面积曲线后产生设计船型线

宽度需满足设计船总布置的要求。

## 4.5　设计考虑要点

### 4.5.1　棱形系数

纵向棱形系数 $C_p$ 的大小反映了浮力沿船长的分布情况。$C_p$ 大表示浮力沿船长分布得比较均匀;$C_p$ 小意味着浮力相对集中于船中部,而首尾两端尖瘦。型线设计时,选择 $C_p$ 时应考虑对阻力、总布置和其他船型系数的影响。

1. 对阻力的影响

(1) $C_p$ 的大小决定了水动压力沿船长的分布(见图 4-28),因而对船的剩余阻力影响很大,且随速度的提高而增大。对于低速船($Fr \leqslant 0.2$),兴波阻力所占比例很小,因此 $C_p$ 对总阻力的影响甚微。一般低速肥大型船为提高装载能力和建造方便,$C_m$ 取值很大,故 $C_p$ 和 $C_b$ 相差不大。

对于中速船($0.20 < Fr \leqslant 0.30$),船的兴波阻力主要发生在首部,选取小的 $C_p$ 可使船的两端较尖瘦,对剩余阻力有利,但必须保证船体水线向中部过渡时不产生明显的突肩,从而要求 $C_m$ 也相应小些。实际使用时,所取的 $C_p$ 值一般较剩余阻力上最佳的 $C_p$ 值要大。

对于高速船($Fr > 0.30$),随着 $Fr$ 的增加,兴波阻力愈来愈大,船首兴波的区域逐渐扩

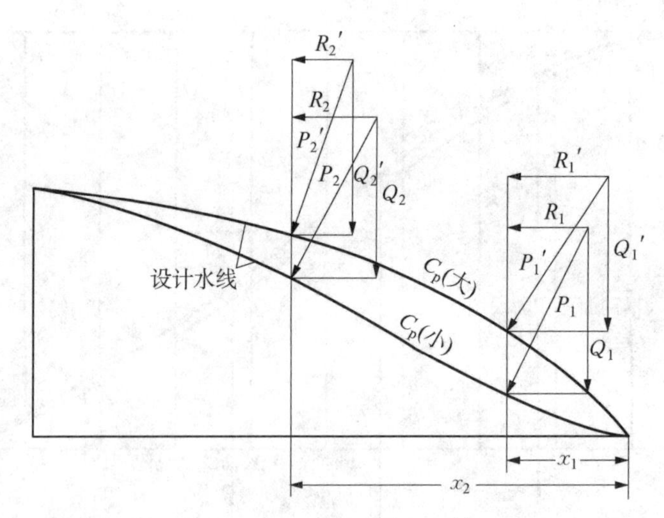


图 4-28　不同 $C_p$ 时的压力分布示意图

展到船长的大部分。此时，在 $C_b$ 确定的情况下，过小的 $C_p$ 可能导致船体曲面在中部过分凸起，从而造成严重的兴波阻力，因此 $C_p$ 应尽可能选取为最佳值。从图 4-29 可以看到，当 $Fr > 0.50$ 时，$C_p$ 值将保持某值而不再增加。

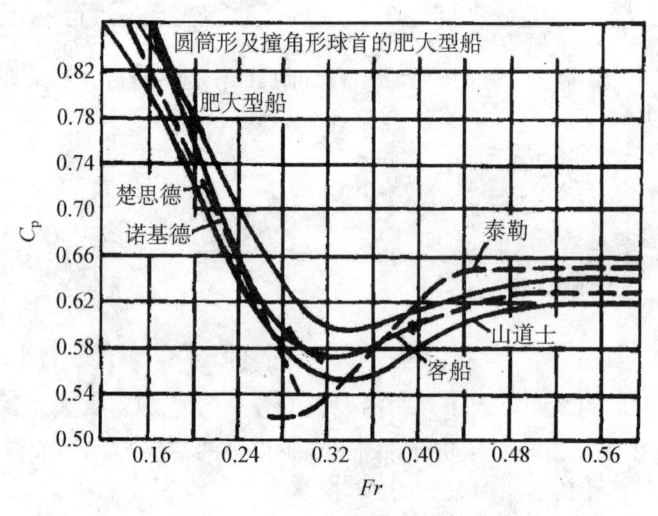


图 4-29　$C_p$ 与 $Fr$ 的关系曲线

(2) $C_p$ 的选取还应考虑到船舶的经济性。对中低速运输船而言，具有最低剩余阻力 $C_p$ 与从经济角度选用的 $C_b$ 是无法配合的，因为即使将 $C_m$ 取到最大，实际的 $C_p$ 也难以达到理论上的最佳值，所以选用经济的 $C_b$ 及与之对应的 $C_m$ 所得到的 $C_p$ 较为适宜，这样既不会给总阻力太大的增加，又相应地可减少船的尺度，减轻船体重量，降低造价。对于高速船 $C_p$ 则选用阻力最佳的 $C_p$ 值。

2. 对总布置和建造工艺的影响

选择 $C_p$ 时还必须考虑到对总布置和建造工艺的影响。$C_p$ 值较小时，船两端尖瘦，不利于布置，尤其是尾机型船，$C_p$ 值过小会给机舱及轴系布置造成困难。

对双桨船，尾端过于尖瘦，尾轴过早穿出船体，悬臂轴很长，对强度和振动极为不利。

对小型船舶，$C_p$ 太小，船体两端过分尖瘦，将给施工建造带来困难。

3. 与其他参数和船体型线的协调配合

选择 $C_p$ 时还应考虑与 $C_b$、$C_m$、$L/B$ 的协调配合。对 $L/B$ 小的船，如果 $C_p$ 太小，则前体易产生突肩，出现附加横波系，从而使阻力增加。

对于设计船的 $C_b$ 已达到 $Fr$ 所允许的上限时，则应取尽可能大的 $C_m$，以减小 $C_p$。图4-30为 $C_b$、$C_m$、$C_p$ 的关系曲线，且三者之间有如下关系：

$$C_p = C_b / C_m \tag{4-24}$$

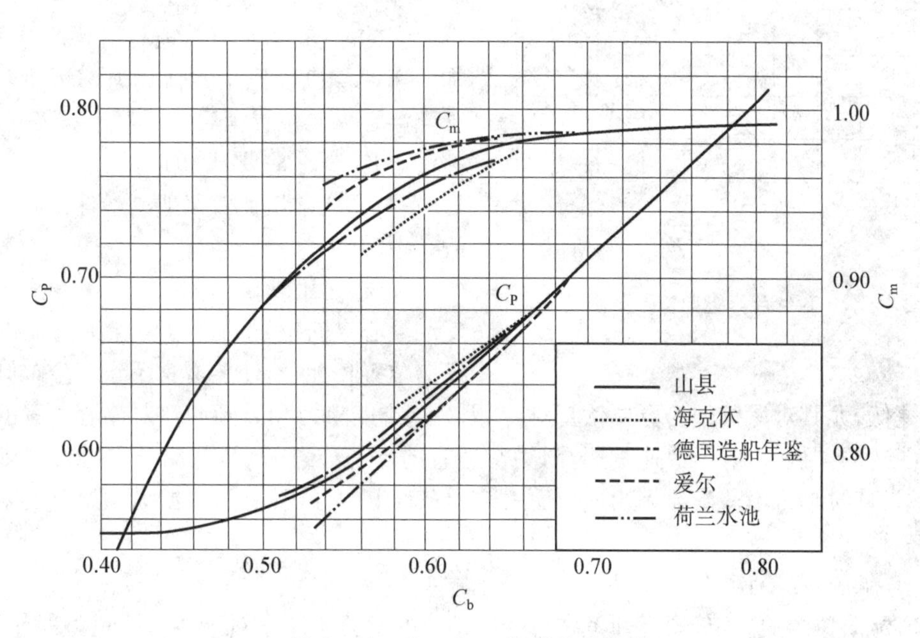


图4-30 $C_b$、$C_m$、$C_p$ 的关系曲线

### 4.5.2 浮心纵向位置

在 $C_p$ 一定时，浮心纵向位置表示了船的排水体积在中前和中后的相对丰满度，对船的阻力和浮态都有很大的影响。通常浮心纵向位置主要从对阻力有影响的浮心纵向位置和总布置所确定的重心纵向坐标两个方面来考虑。

1. 对阻力的影响

当 $X_B$ 向首部移动时，船首愈加丰满，会使兴波阻力增加，而船尾瘦削利于降低旋涡阻力；当 $X_B$ 向尾部移动时则产生相反效果。所以对于设计船某一特定的 $C_p$，必有一对应于总阻力最小的 $X_B$，也就是通常所说的最佳浮心纵向位置。

对于 $C_b$ 较大的低速船，由于兴波阻力所占比例较小，故 $X_B$ 在中前为宜，以便加长去流段，削瘦船体后端，从而减小形状阻力。

对于中高速船，其 $C_b$ 均较小，一般不至于产生大量旋涡，但兴波阻力所占比例渐渐增加，故 $X_B$ 在中后为宜，以使船前端变得较为尖瘦，从而减小兴波阻力。

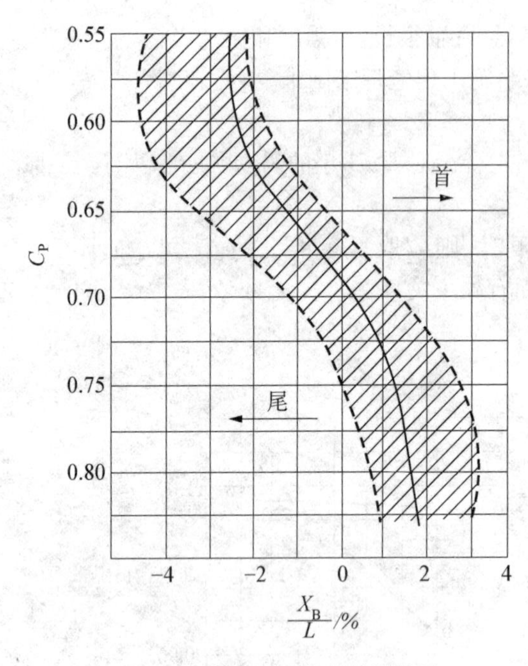


图 4-31　较佳浮心纵向位置范围

对于某一 $Fr$ 或确定的 $C_p$ 值，存在最小阻力所对应的最佳 $X_B$ 值。船模试验表明，$X_B$ 在图 4-31 所示阴影部分移动时，对阻力的影响不超过 1%。

需要说明的是，一般试验资料给出的最佳 $X_B$ 值都是以 $C_b$ 与 $Fr$ 适宜的配合为前提的。如设计船的 $C_b$ 或 $C_p$ 相对于主要使用工况的 $Fr$ 偏大或接近上限，则选取的 $X_B$ 应适当偏后，以降低首部的兴波阻力。对于设计储备功率较多的船舶，为了有效地利用储备功率来增加航速，$X_B$ 也应比正常使用航速下所对应的最佳浮心纵向位置稍后些。对于双桨船，其最佳浮心位置通常要比相应的单桨船再向后 1%左右。通常快速双桨船的最佳浮心位置一般在中后(2%～3.5%)$L$。

2. 有利于纵倾调整

浮心纵向位置的选取要保证与船舶重心纵向位置相配合，使船通常不致产生首倾和不允许的尾倾，尤其对尾机型船更要认真对待，因为这类船阻力和纵倾调整对浮心位置的要求往往是矛盾的。例如，对于快速货船，阻力上适宜的浮心位置偏后，但船的重心位置则在中前，因此设计时不得不适当损失快速性而去兼顾布置上的合理性，即根据纵倾调整要求将浮心适当前移。

3. 与船舶型线的配合

浮心纵向位置的确定，还必须考虑与船舶型线的配合协调。对于浅水隧道型船舶，由于尾部排水体积损失很多，浮心位置不宜取得太后，否则难以设计型线，同时造成螺旋桨和舵的来流不畅，甚至倒车性能也得不到保证。

### 4.5.3　平行中体和最大横剖面位置

平行中体是指船中部设计水线以下横剖面面积大小和形状完全一样的部分，其长度用 $L_p$ 表示。平行中体的前、后部分分别称作进流段和去流段，分别用 $L_E$ 和 $L_R$ 表示。在一定的 $Fr$ 范围内，无论从阻力性能还是使用和建造方面考虑，船体采用适量的平行中体都是有利的。因为尽管采用平行中体可使横剖面面积曲线形成两肩形，但平行中体长度大小和位置恰当时，两肩附近引起的波浪与船首端产生的波浪可能会形成有利干扰，从而对阻力有利。

1. 平行中体的长度和位置

平行中体的设置可使排水体积适当地向船中部集中，从而可削瘦船舶首尾两端。对于前体，可降低兴波阻力；对于后体，有利于减小黏压阻力。此外，设置平行中体的船舶中部船舱方整，除便于装卸货物外，还可简化建造工艺，降低建造成本。

当然，平行中体也不宜过长，否则船首会产生明显突肩，一方面引起额外的兴波阻力；另

一方面尾部会造成水流分离，引起形状阻力增加。通常平行中体适用于 $C_b \geqslant 0.62 \sim 0.66$、且其 $Fr \leqslant 0.24 \sim 0.26$ 的船舶设置。平行中体长度可参考图 4-32 选择。

此外，在选取平行中体长度和位置时，应注意避免后体过渡区反曲过大，水流过早分离而产生旋涡。按贝克理论，最短的去流段长度为

$$L_R = 4.08\sqrt{A_M} \tag{4-25}$$

对于 $L/B$ 大的船舶，满足上述条件一般不困难；对于 $L/B$ 小，特别是 $C_b$ 又大的船舶，采用平行中体后，常会使去流段难以满足上式要求，此时应对其作适当修正。

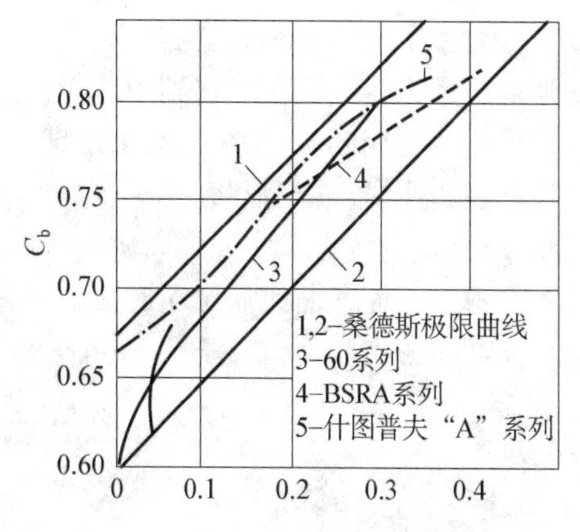


图 4-32　平行中体相对长度（$l_p = L_P/L_{pp}$）

2. 最大剖面位置

当 $Fr > 0.26$ 或 $C_b < 0.62$ 时，通常不设平行中体。对于无平行中体的船舶，最大横剖面位置决定了进流段和去流段的长度。由于前体兴波阻力随 $Fr$ 的增大而增加，所以最大横剖面位置应随 $Fr$ 的增大而适当后移。

一般情况下，$Fr \leqslant 0.30$ 时，最大横剖面位置可在中后（0～3%）$L$；$Fr > 0.30$ 时，最大横剖面位置可在中后（3～4%）$L$；对于 $Fr$ 更大的高速船，最大横剖面位置甚至更后。

### 4.5.4　横剖面面积曲线端部形状

横剖面面积曲线的端部是指进流段前部和去流段后部。通常，首端的形状对兴波阻力有较大的影响，尾端的形状影响着形状阻力和推进效率。即使 $C_p$、$A_M$ 和 $L_{PP}$ 一定，横剖面面积曲线端部形状也可以有较大的变化，如图 4-33 所示。

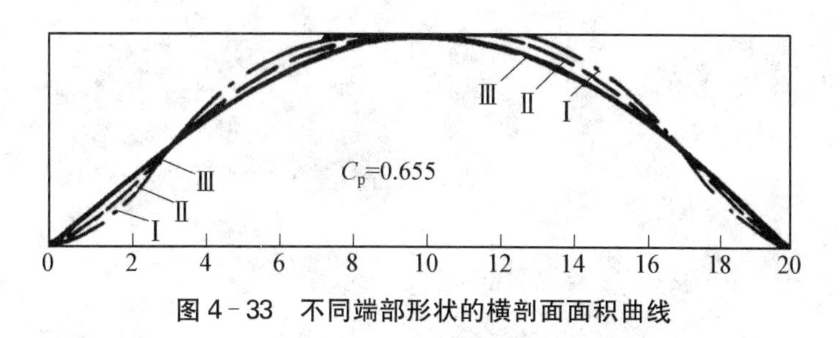


图 4-33　不同端部形状的横剖面面积曲线

$Fr < 0.20$ 的低速船，首波发生在首柱附近，固然希望横剖面面积曲线有较尖的首端，如凹形的首端。但是必须考虑到这种低速船的 $C_b$ 和 $C_p$ 均较大，且通常都有较长的平行中体和较短的进流段，这样势必导致进流段和平行中体相接处出现较大的前肩点，从而引起额外的兴波阻力。所以对于这类船舶，面积曲线进流段端部还是以直线形为好。

$Fr$ 为 0.2～0.3 的船舶，由于兴波逐渐加剧，首部兴波发生点后移。为避免过大的兴波阻力，进流段宜增长，平行中体宜缩短，甚至取消，横剖面面积曲线的首端部宜取凹形或微凹形。

对于 $Fr > 0.30$ 的船舶，首部兴波范围增大且后移。为此，进流段应更加长，甚至可以考虑将最大横剖面位置移到中后，且面积曲线首端部宜取微凹形甚至直线形。

需要说明的是，很多船舶采用球首，进流段面积曲线首端形状会有所变化，所以在型线设计过程中，首端部形状应根据母型船或系列船型资料，并对设计水线的形状、首轮廓的形状、端部横剖线形状一并加以协调考虑。

横剖面面积曲线的尾端部常采用直线或微凹形，使去流段曲度变化均匀，以避免水流分离而产生旋涡阻力。

# 第5章 总布置设计

总布置设计是船舶总体设计中非常重要的工作内容，且贯穿船舶设计的各个阶段。船舶总布置不仅对船的使用效能和航行性能有十分重要的影响，而且是后续设计和计算的主要依据。

本章针对主船体区划、上层建筑设计、舱室与通道和船舶设备设置等方面进行讲述，同时对压载水舱设置、油水舱布置、纵倾调整进行讲解。

## 5.1 主船体区划

所谓主船体区划，就是根据船舶的技术特点和使用要求，参考有关型船资料，结合相关规范和法规，对主船体空间进行纵向、垂向和横向的区划。具体应考虑以下因素：

(1) 满足规范、法规相关要求，如《国内航行海船建造规范》(2022)中的水密舱壁数量及位置、肋距、双层底高度等;《国内航行海船法定检验技术规则》(2021)中的分舱、防污等安全要求。

(2) 船舱大小满足使用要求。

(3) 各种载况下有适宜的浮态及稳性。

(4) 考虑总纵强度、局部强度和结构建造的工艺合理性。

### 5.1.1 纵向区划

纵向区划是以水密横舱壁沿船长方向将主船体分隔成不同用途的船舱，以保证船舶具有足够的横向强度和破舱后的抗沉性，防止船舶因某一舱发生意外而波及全船。

对于普通货船来说，主船体纵向通常划分为首舱、货舱、机舱和尾舱等，且各舱由横向水密舱壁分隔。横向水密舱壁的数量和位置结合规范和总体布置要求确定，且舱壁位置与肋距有关，同时舱壁必须在肋位上。

1. 水密舱壁的数量

根据《国内航行海船建造规范》(2022)规定，所有船舶应设置水密防撞舱壁、水密尾尖舱舱壁、水密机舱端壁。水密舱壁的数量与机舱位置和货舱数量有关。具体数量可根据使用要求并参照母型船来确定。表5-1为《国内航行海船建造规范》(2022)对水密横舱壁的总数要求。

表 5-1　国内航行海船设置水密横舱壁的最小数目

| 垂线间长/m | $L\leqslant 60$ | $60<L\leqslant 85$ | $85<L\leqslant 105$ | $105<L\leqslant 125$ | $125<L\leqslant 145$ | $145<L\leqslant 165$ | $165<L\leqslant 190$ | $L>190$ |
|---|---|---|---|---|---|---|---|---|
| 中机型船 | 4 | 4 | 5 | 6 | 7 | 8 | 9 | 另行考虑 |
| 尾机型船 | 3 | 4 | 5 | 6 | 6 | 7 | 8 | 另行考虑 |

2. 首、尾舱壁的位置

1) 首防撞舱壁

水密防撞舱壁距首垂线的距离应符合船旗国主管机关的有关规定。根据《国内航行海船法定检验技术规则》(2021)，对于货船，水密防撞舱壁距首垂线的距离应不小于 $5\%L$ 或 10 m 处(取其较小者)，除经同意，不应大于 $8\%L$。对于船舶水线以下设有球鼻艏等凸体应另行考虑(可参见附录四相关内容)。

2) 尾尖舱舱壁

一般来讲，尾尖舱舱壁的位置应尽可能保证尾轴管置于其中。

对于国内航行海船，尾尖舱的长度可以参照母型船来选取。对于内河航行船舶，尾尖舱的长度一般不大于 $0.1L$。

据统计，一般海上航行货船首尾尖舱的长度之和占垂线间长的 $(9\%\sim12\%)L$。

3. 机舱位置及长度

机舱位置及其长度会影响到其他水密舱壁的布局以及上层建筑的布置，因此总布置设计时必须认真考虑。通常，按机舱的部位可把运输船分为尾机型船、中尾机型船等。在总布置设计时，应根据设计船的具体任务书与使用特点，选择合理的机舱部位，并确定其长度。

1) 尾机型船

现代运输船大多采用尾机型船(见图 5-1)，其中油船全部为尾机型船，而货船(包括散货船、集装箱船等)也达 70%～80%。尾机型船得到广泛应用，是因为其有如下优点：

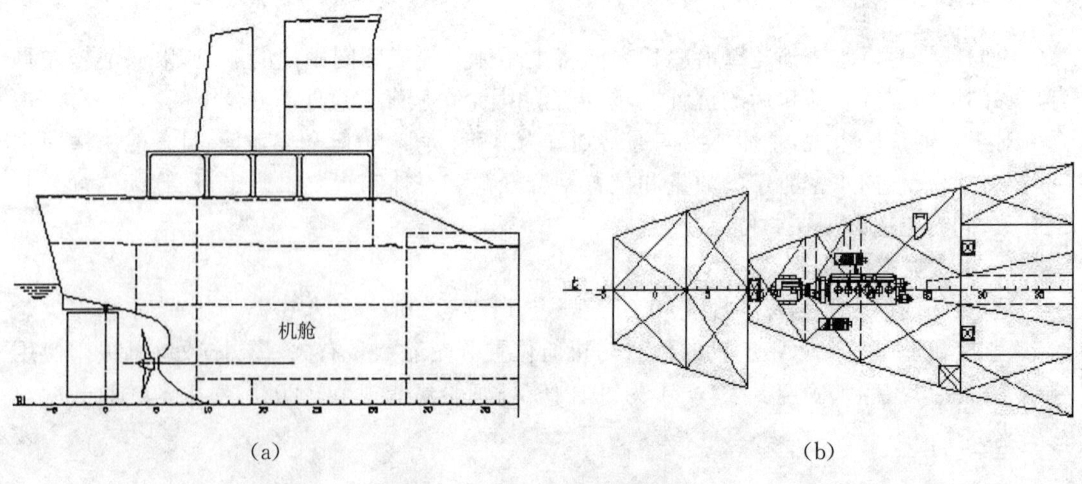


图 5-1　尾机型船舶示意图

(1) 对于干货船，尾机型船可使中部货舱方整，便于装货理货；对于散货船，有利于货舱口的布置，以提高装卸效率，从而提高货船的经济效益。

(2) 尾机型船可缩短轴系长度，提高轴系效率，降低造价，且不需设轴隧而使舱容有所增加。

(3) 尾机型船有利于结构的连续性和工艺性。

(4) 油船可使货油舱毗邻设置，便于管路布置，有利于防火安全。

但是，尾机型船也存在一些不足之处：

(1) 浮态调整比较困难。由于机舱的单位体积重量比货物轻，船满载时重心偏前，易出现首倾；而空载、压载时又重心偏后，易出现尾倾。

(2) 驾驶视野和适居性较差。因为上层建筑一般位于机舱之上，驾驶室离船首较远，且尾部振动、纵摇与升沉幅值及加速度大，易使船员感到不适。

(3) 机舱布置相对困难。对于型线较瘦的集装箱船等快速货船，机舱布置较困难，特别是双机船。

(4) 对有抗沉性要求的船舶，因机舱相对较长，不易满足相关要求。

为了克服尾机型船(尤其是主尺度不大者)在纵倾调整、抗沉性及布置方面的困难，设计时应先对主机选型、型线设计加以分析考虑，力求压缩机舱长度，把浮心位置适当前移，尾舷弧适当放大，尾部横剖线适当取丰满些(如U形)。在不得已时，可以在船首设置空舱解决浮态调整问题。

此外，解决驾驶视线、振动和噪声问题，可以采取适当加高驾驶室，选用振动噪声较小的设备，同时对舱室采用合理分隔等措施来改善。

2) 中尾机型船

当船的主机功率加大或采用双机双桨时，尾机型船在机舱布置中的困难就比较突出。如果过分加长机舱，既对抗沉性有影响，又浪费舱容。因此常将机舱及上层建筑前移，即尾部保留一个货舱，构成中尾机型船。如大型集装箱船，考虑提高装箱数、改善驾驶视野等需要，机舱大多在船中后部，即船尾装有一定数量的集装箱。对于双桨高速船舶，由于方形系数较小，考虑机舱布置也常采用中尾机型船(见图5-2)。

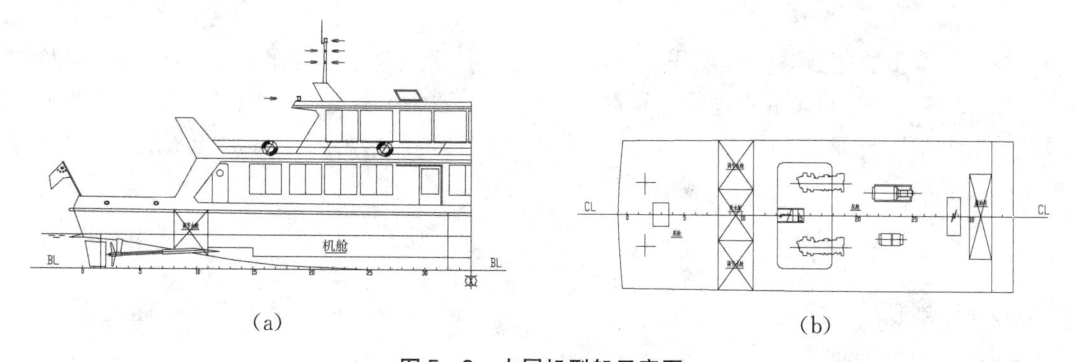


(a)　　　　(b)

**图5-2　中尾机型船示意图**

船舶的机舱长度由机舱布置所需的面积和空间来决定，其与机舱的位置、主机类型及功率、螺旋桨数目等因素有关。通常对于中大型船舶机舱布置应尽可能立体布置，以减小机舱长度；对小型船舶，其机舱长度只能根据机舱所在位置及设备平面布置需要来考虑。

在总布置设计时，如主机采用低速柴油机，则机舱长度 $L_M$ 可按主机长度 $l_m$ 来估算：

$$L_M = l_m + C \tag{5-1}$$

式中，$C$ 可按母型船来选取，或对尾机型船取 10～12 m，对中尾机型船取 4～6 m。对于主机功率大于 5 000 kW 的单桨船，其机舱长度可按以下统计公式进行估算：

$$L_M = 15 + 0.607 P_{MCR} \times 10^{-3} \tag{5-2}$$

式中，$P_{MCR}$ 为主机持续功率，kW。

综上所述，机舱长度应根据设计船具体使用要求与特点，参照相近母型船的使用情况，权衡利弊，以使机舱布置紧凑而又能满足操作和维修的要求。

4. 货舱划分

在确定了首尾尖舱舱壁的位置、机舱部位及其长度后，接着需要考虑的是货舱的数目及各舱的长度。货舱的分舱要求因船舶类型而异，但考虑的主要因素是货舱的形式、尺度及货舱舱口的大小必须适宜货物装卸，并满足有关规范对分舱和破舱稳性的要求；必须考虑起货设备的选型和布置。

1）散货船

散货船的货舱数目和长度的选择要考虑货物的合理配载，以免船体产生过大的弯矩和剪力。一般情况下，货舱的数目与船长相关。对于好望角型、巴拿马型和灵便型的散货船，其货舱数一般分别为 9 个、7 个和 5 个；对于中小型散货船，其货舱数为 2～4 个。散货船两端的货舱可适当长些外，其他各舱以等舱长划分为宜。对设置起货设备的船，要结合起货设备的配置使舱长和船宽保持适当的比例，以便于装卸；对于无起货设备的船，可根据港口的装卸条件来考虑货舱长度。

2）集装箱船

集装箱船的货舱数目和长度与集装箱的规格（见表 2-4）及其排列方案有关，其货舱长度和宽度根据所载集装箱的行数和列数来确定。一般来讲，每个货舱纵向布置两个货舱口（单元货舱），每个单元货舱布置 4 行 TEU（1CC）或 2 行 FEU（1AA），其开口尺寸要求参见图 2-7。

3）油船

油船的水密舱壁数量同样要满足《国内航行海船建造规范》（2022）规定的数目，同时货油舱尺度还应考虑到：设置一道纵舱壁时，舱长不大于 10 m 和 0.15$L$ 中之大者；设置两道及两道以上纵舱壁时，舱长应不大于 0.2$L$。此外，该“规范”还规定，货油舱与机舱、锅炉舱等之间应设隔离空舱，但泵舱和压载舱可兼作为隔离舱。

### 5.1.2 垂向区划

垂向区划则是以内底、平台、各层连续甲板将船体予以分隔，以保证装载布置、航行安全（如设内底）和船体强度。

散货船、集装箱船和油船等运输船舶一般为单甲板，且载货区域设有双层底，首舱、尾舱和机舱设有局部平台。

1. 双层底

船舶无论从使用和安全方面考虑，都需要设置双层底。从使用方面看，货船装载干货

时，为便于储货和清舱，货舱区域常设双层底，并且其内可用来装载压载水等；从安全方面来看，在船舶触礁、搁浅等海损事故中，船底是最易受损的部位。为提高其抗沉性，《国内航行海船建造规范》(2022)对海船双层底的设置范围作了相关规定：

(1) 船舶尽可能从防撞舱壁至尾尖舱壁设置双层底。

(2) 双层底应延伸至船舷两侧，以保护船底至舭部弯曲部位。

此外，规范和法规对双层底的高度给出了明确的规定。除油船外，《国内航行海船建造规范》(2022)要求双层底结构的中桁材高度 $h_0$ 不得小于 760 mm，同时不小于按式(5-3)计算所得的值：

$$h_0 = 25B + 42T + 300 \tag{5-3}$$

式中，$B$、$T$ 分别为船宽和吃水，m。

在进行总布置设计时，双层底确定时还应考虑以下因素：

(1) 对内底的保护，提高搁浅和触礁时的安全性。

(2) 便于人员的施工，满足管线安装和检修的要求。

(3) 计及油水舱容积的需要。

(4) 双层底高对重心高度和结构重量的影响。

对于中小型船舶，双层底高度一般在 0.9～1.5 m。如果双层底过高，将增加结构重量，减小货舱容积。因此，对一般船舶来说，双层底的高度以满足规范要求，同时兼顾施工及油水舱容积的需要为宜。有时为了配合主机的安装、首尾狭窄部分的施工以及油水舱容量等方面的需要，可适当局部增高双层底的高度，但必须注意各区段结构过渡的连续性。

对于不同类型船舶，双层底的型式有所不同。散货船常做成向两舭升高型式，并与外板和船底板边纵桁一起构成底边舱，如图 5-3(a)、5-3(b)所示，以便减少清舱工作。矿砂船因货物积载因数小，为避免货物重心过低、初稳心过高，在货舱底部一段宽度内，双层底常抬高较多，且舷边舱内不设内底，如图 5-3(c)所示。集装箱船的货舱内考虑装箱需要通常设为平坦的内底，有时在舭部设置局部平台，以便于集装箱装载，同时可提供较多的压载空间(见图 5-4)。

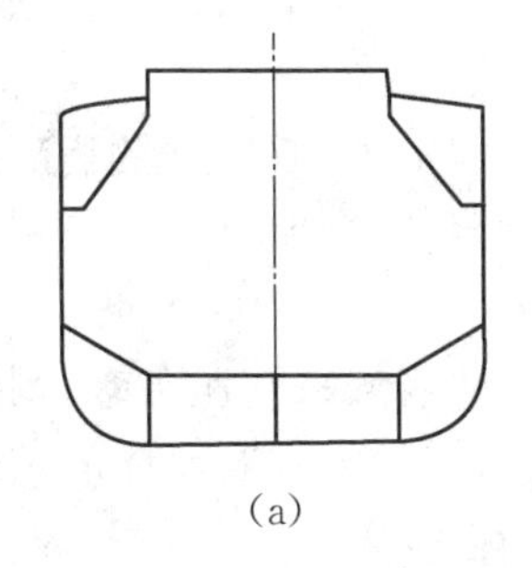
(a)

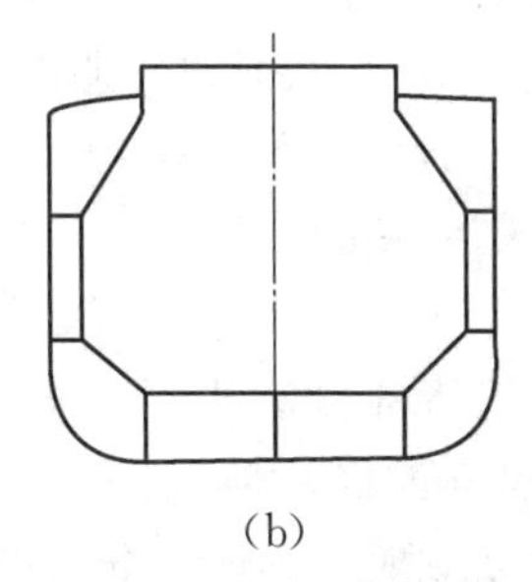
(b)

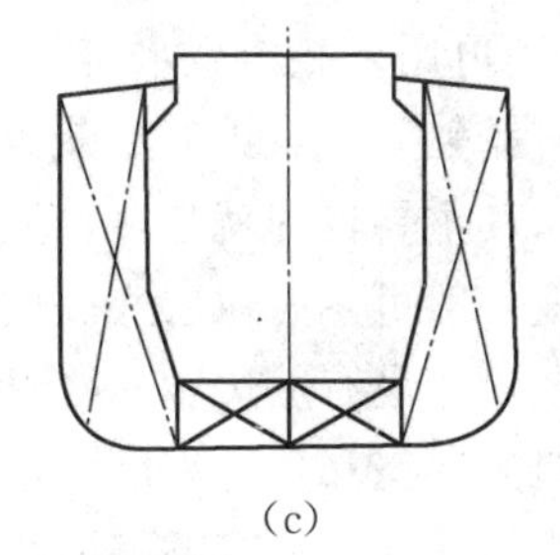
(c)

**图 5-3　散货船横剖面形式**

2. 平台

为了保证运输船舶的布置地位和强度要求，通常在其船首、船尾和机舱均设有局部平台，如机舱平台、舵机平台等。此外，对于集装箱船，在货舱区域两舷舱内往往设有贯通前后

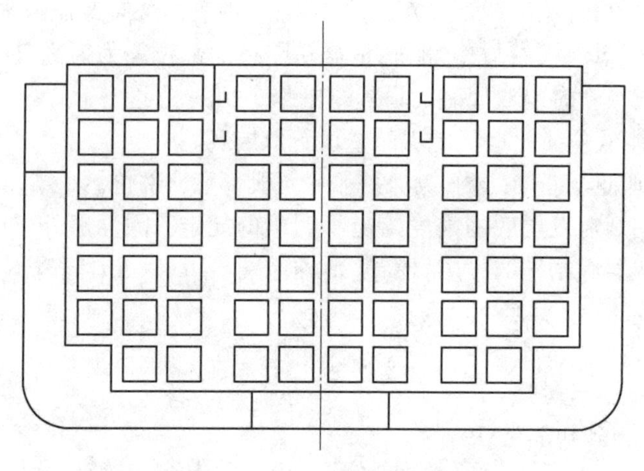

图 5-4　集装箱船横剖面形式

的平台，其主要目的就是在两舷顶部形成抗扭箱以解决大开口船强度问题。

值得注意的是，平台间高度除了要满足方便布置使用外，前后平台还应尽可能保持在同一高度，如图 5-5 粗虚线所示，以保证船舶结构的连续性，减小应力集中。

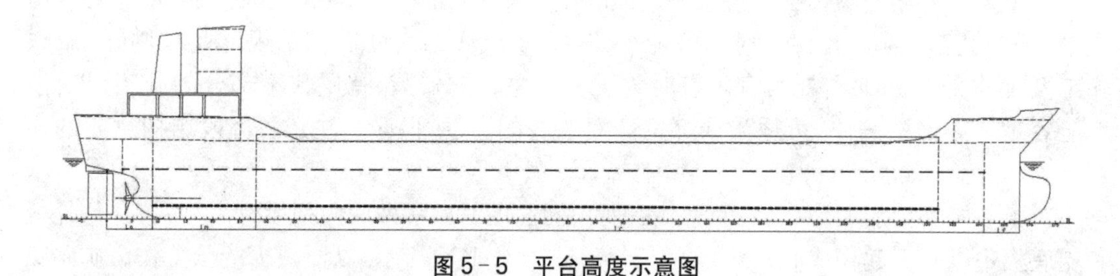

图 5-5　平台高度示意图

### 5.1.3　横向区划

船舶横向区划一般用纵舱壁、舷舱壁来进行。对于散货船，大都采用舷顶边舱和底边舱的斜舱壁，以减小货舱口尺寸，同时船在横摇时能避免货物移动而产生较大的横倾力矩。此外，边舱还可用来装压载水，提高重心高度，从而改善船的横摇性能。

随着船舶安全意识的不断提高，国际船级社协会(IACS)推出了《双舷侧散货船共同建造规范》，其主要目的就是在普通单舷侧基础上增设内舷纵舱壁，以形成对货舱的有效保护。舷舱宽度一般可参照双层底高度来考虑。

集装箱船设有舷边舱，一方面，可以充分利用不方便装箱的区域来装压载水，调整不同装载时船的浮态和重心高度，改善稳性或横摇性能；另一方面，双舷结构对船体的总纵强度和大舱口扭转强度均有益。舷舱宽度一般不小于 0.075 倍的船宽。

从防止油类污染角度考虑，油船大多要求设置舷舱。且对于载重量 5000 t 及以上油船，其舷舱宽度至少为 1 m；对于载重量 5000 t 以下的油船，其舷舱宽度不小于 0.76 m。

## 5.2 上层建筑设计

### 5.2.1 上层建筑类型

上层建筑是指在上甲板以上各种围蔽建筑物的总称，通常分为船楼和甲板室(见图 5-6)。

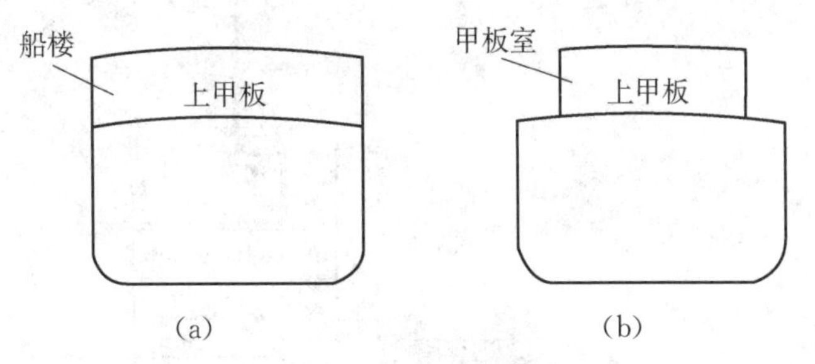


图 5-6　上层建筑的型式

对于海上航行船舶的上层建筑，中小型货船一般采用船楼与甲板室相结合的方式(见图 5-7)；对于超大型运输船舶，往往在尾部设甲板室，在首部设首楼(见图 5-8)。

图 5-7　中小型货船

图 5-8　超大型货船

1. 首楼

首楼的设置主要考虑船迎浪航行时甲板的上浪。因为甲板严重上浪时将威胁着甲板上船员、货物、设备和甲板开口的封闭装置等的安全，因此《国内航行海船法定检验技术规则》(2021)对船首的最小高度进行了规定，同时要求自首垂线算起的首楼长度应不小于 0.07 倍船长 $L$。此外，首楼甲板的长度和宽度还应顾及锚泊和系泊设备等布置的需要。

一般海船都设有短首楼，其内部布置有锚机控制室、灯具间、油漆间、缆索及索具间等。有些船舶(如海洋拖船等)为改善航行中的飞溅和使拖钩布置在船中附近，通常将首楼延伸到船中部的上层建筑。也有少数货船，为弥补货舱容积不足，将首楼一直延伸至第一个货舱的后端，如图 5-7 所示。

据统计，一般海船的首楼长度为船长 $L$ 的 8%～10%。对于小型海船常采用加大首舷弧来替代首楼。有些超大型船舶(如 VLCC 等)，也有不设首楼的。

2. 中部及尾部建筑

对于机舱在尾部的船舶，其上层建筑通常设在机舱上部的区段(见图 5-9)，用于船员生活舱室、工作舱室等布置用。其优点是容易解决内部通道、管路、电缆的布置；能节约地位和造价，方便船员工作与生活；同时有利于机(炉)舱棚的布置和进出通道的安全。此外，对于货船更有利于加大货舱口尺度，提高装卸效率。

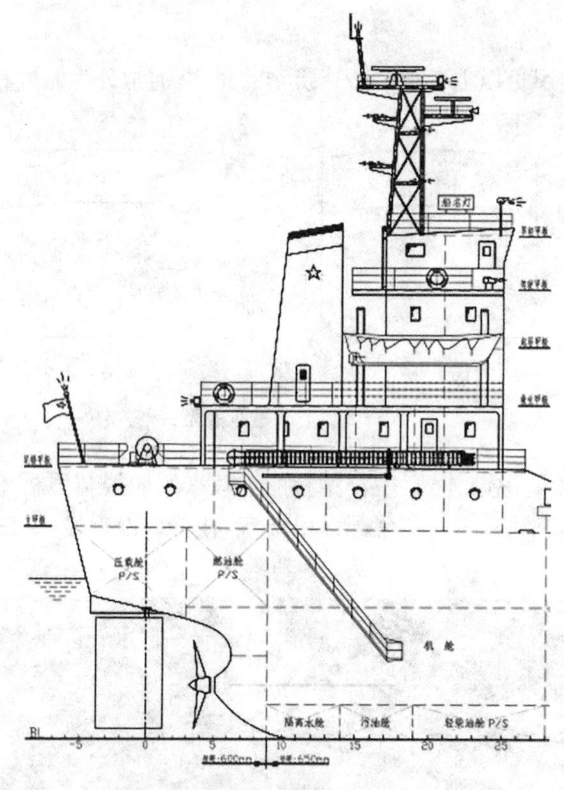


图 5-9　尾机型船船楼示意图

对于中尾机型船舶，其上层建筑往往设置在船中后部(见图 5-10)，用于布置相关工作和生活舱室，同时对机舱开口给予保护。

图 5-10　中尾机型船船楼示意图

在有些尾机型大船上，因尾部视线不佳，有在中部甚至中前部另设较短的上层建筑，如图 5-11 的超大型集装箱船。

图 5-11 超大型集装箱船船楼示意图

### 5.2.2 上层建筑尺度

1. 尺度考虑

上层建筑的尺度包括长度、层数等。通常确定上层建筑尺度时应考虑以下因素：

(1) 舱室布置。船员的居住、生活、工作等舱室一般布置在上层建筑内，且是决定上层建筑尺寸的主要因素。

(2) 重心高度和受风面积。上层建筑的发达程度，将影响船舶的重心高度和受风面积大小，从而对船的稳性和操纵性造成影响。重心高度 $Z_G$ 过高，受风面积增大，将使船稳性下降。船舶水上部分的侧投影面积与水下部分的侧投影面积之比过大，在受横风作用时，漂移势必加重，进而直接影响船舶靠离码头的安全性。这类船在总布置设计时应权衡利弊。

(3) 驾驶视线。船上的驾驶室通常设在上层建筑的最高层，其高度和纵向位置关系到驾驶视线的好坏。从驾驶安全角度来看，应尽可能缩短驾驶盲区(是指驾驶视点到船首舷墙顶点所引直线延长线与水面的交点至首柱的区域)，如图 5-12 所示。

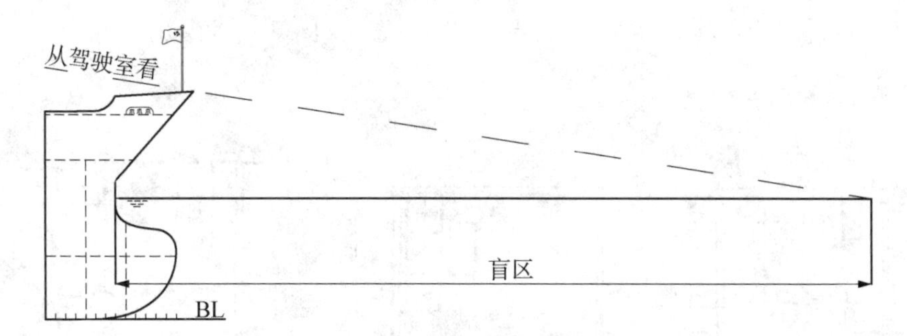


图 5-12 船舶盲区示意图

(4) 其他因素。上层建筑长度受露天甲板上设备及船员作业需要地位的影响，如救生艇设备的布置要求有足够宽敞的地位。货船上层建筑前端壁应尽可能少跨出货舱舱壁等，以提升装卸货的方便性。

2. 高度选择

一般来讲，上层建筑高度高，对驾驶视线有利，但会影响船舶的重心高度和受风面积，对稳性不利。

由于船型、用途和载况不同,各种船舶的盲区长度往往相差较大。通常干货船和油船的盲区长度在满载时为 1.25*L* 左右,在空载、压载时约为 2*L*;集装箱船盲区长度要求不大于 2*L*。在总布置设计时,可参照母型船资料来确定,并尽可能使盲区减小,以保证航行和靠离码头时的安全性。

上层建筑的高度由其层数和层高来决定。对于中小型海上运输船,上层建筑层数一般为 3~4 层,层高为 2.3~2.6 m;对于大型船舶,层数一般为 5 层或更多。总布置设计时具体可参照母型船选取。

## 5.3 舱室与通道设置

### 5.3.1 舱室设置

对于货运船舶,上层建筑内部舱室主要包含船员生活舱室和工作舱室两大类。舱室设计的基本要求是在保证经济、适用的前提下,尽量改善人员的工作和生活条件,做到舒适、方便和安全。此外,连接各舱室的梯道和出入口也是上层建筑布置时必须给予重点考虑的内容之一。

1. 典型生活舱室

船员舱室的面积和配备标准通常根据船员等级、人数、船舶类型与吨位、航线等情况而定,具体可参照相关法规和公约。

通常船员居住舱室布置应考虑便利各部门船员的工作,即尽量靠近各船员的工作场所,且高级船员居于上部。对于尾机型货船,船员舱室多布置在尾楼甲板以上的各层甲板,且船长室一般布置在驾驶室后部或下一层的右前部。驾驶相关人员舱室与船长舱室要相近。轮机长布置在驾驶室下一层的左前部,且轮机人员舱室大多布置在左舷。船员舱室的布置应根据舱室划分情况精心布置,不仅要充分利用布置地位,而且要为船员创造优良的休息环境和生活条件(船员床铺尽可能沿船长方向布置)。图 5-13 给出了几个典型的舱室布置方案。

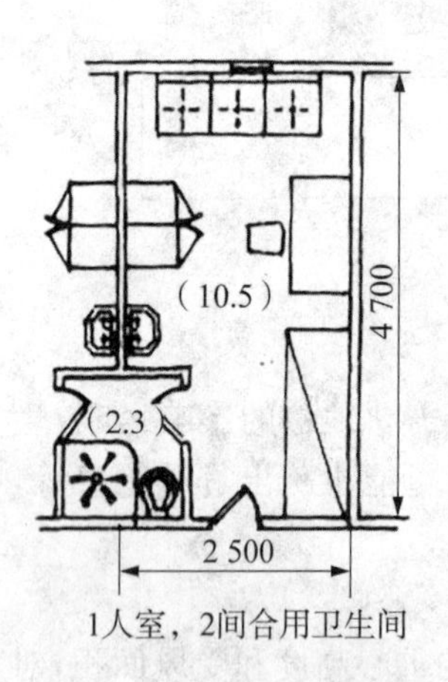

1人室,2间合用卫生间

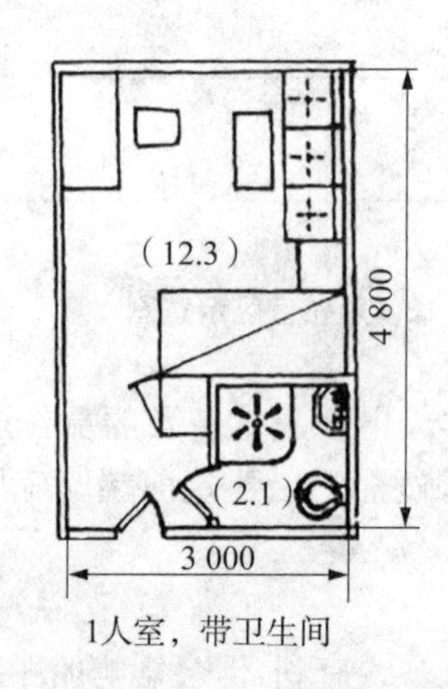

1人室,带卫生间

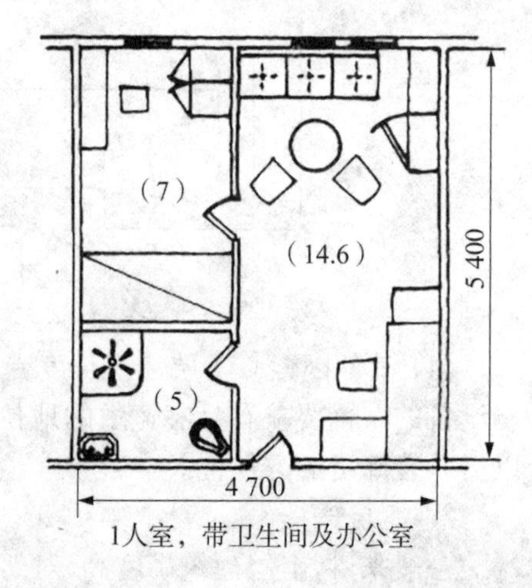

1人室,带卫生间及办公室

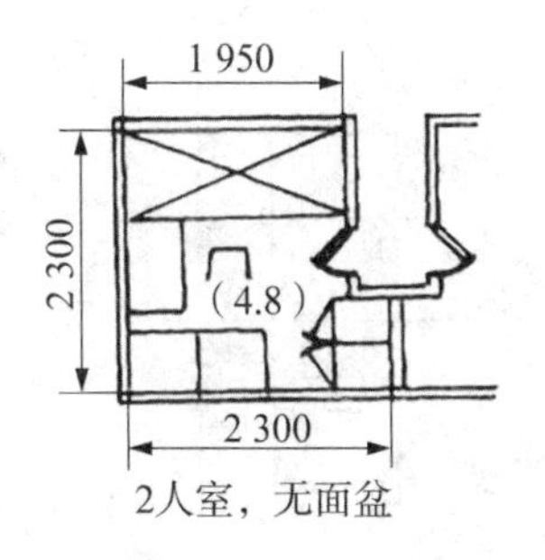

2人室，无面盆

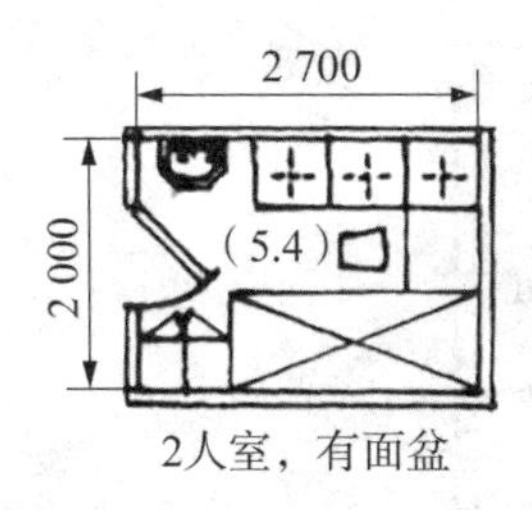

2人室，有面盆

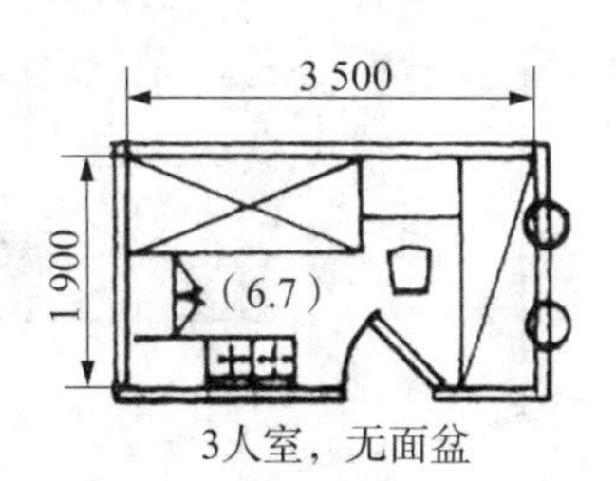

3人室，无面盆

图5-13 船员舱室布置方案

2. 工作舱室

船上工作舱室主要包含甲板部的驾驶室、报务室、理货室等；机电部的集控室、应急电源室、应急消防泵舱、空调机室和舵机舱等。

1) 驾驶室和报务室

驾驶室的布置应充分考虑驾驶人员的视野，所以通常布置在上层建筑的最高层或上层建筑的前高处，且宽度一般小于船宽。为便于驾驶人员瞭望，大多在驾驶室两侧设置至最大船宽处的瞭望平台。驾驶室内主要用于布置驾控台，此外还设有通向海图室和报务室的通道。

报务室通常设置驾驶室的左后部，其面积应不小于室内家具及无线电设备所占面积的2倍。海图室一般在驾驶室的右后部，也有的直接布置在驾驶室右后部位。

2) 应急电源室和应急消防泵舱

应急电源是船舶在发生海难时所使用的电源，通常包含应急发电机或应急电瓶及附属设备。应急电源室要求布置在艇甲板等较高甲板处的位置，以保证在主电站瘫痪后相关设备的应急供电。

此外，为保证船舶在任一舱室失火时消防设备仍能使用，通常还要在机器处所以外设置固定或移动的且动力驱动的应急消防泵。应急消防泵舱的大小根据所需排量的泵组安装和使用要求来确定，其位置通常布置在远离机舱的船首主船体专用舱内。

应急电源室和应急消防泵舱在具体布置时，可参考同类船。

### 5.3.2 通道设置

在进行上层建筑舱室布置时需要规划人员通道，包括梯道与出入口。一般而言，船上的人行通道包括内部通道和外部通道，其中内部通道又分正常通道和脱险通道。

货运船舶的人行通道包括水平通道和垂直通道。水平通道包括内部走道、外部走道及相关出入口；垂直通道包括斜梯、直梯和电梯等。

人行通道布置需遵守下列原则：一是满足使用和安全要求；二是符合法规和规范的规定；三是通行便捷并节省布置地位。下面就结合《国内航行海船法定检验技术规则》(2021)的相关规定，简述在总布置设计时，人行通道和出入口的相关考虑。

1. 内部通道

1) 正常通道

内部水平通道布置通常应尽可能直通，减少迂回曲折；垂直通道(扶梯)应尽可能上下对齐且重叠设置，如图5-14所示。所有出入口的宽度应与通道或扶梯的宽度相适应，且不得小于600 mm。所有通向露天甲板出入口的门应向外开启。

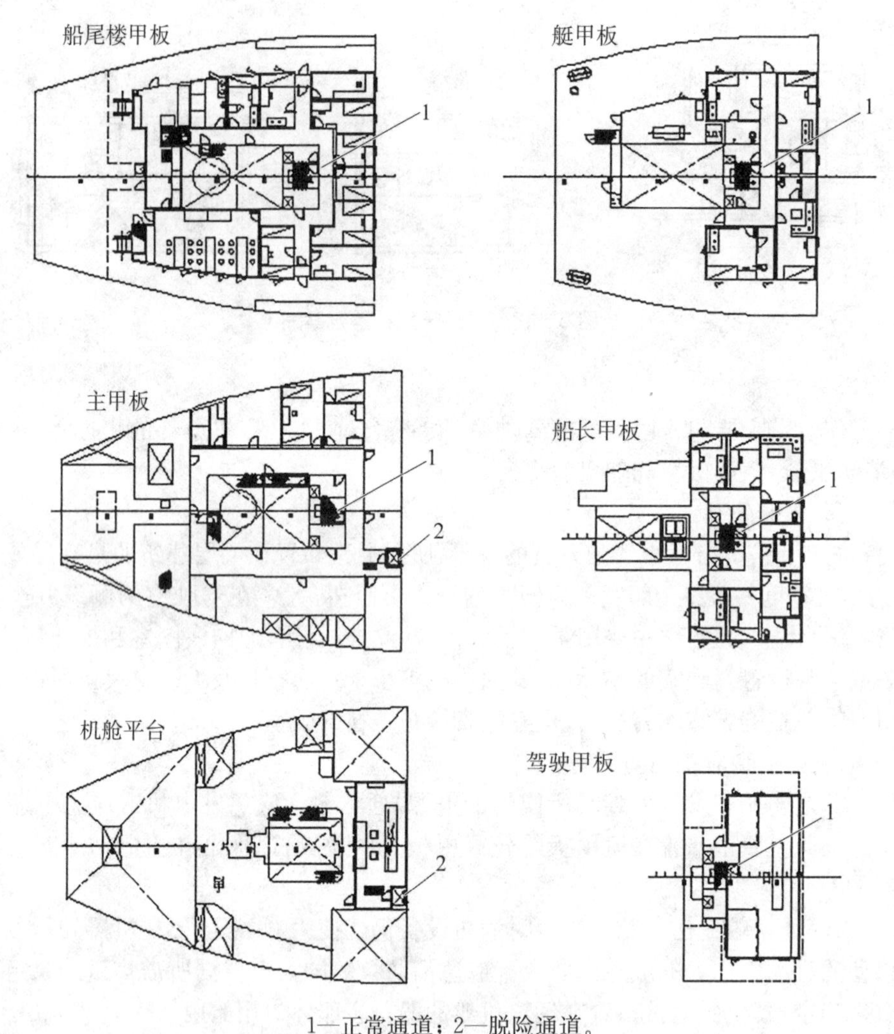


1—正常通道；2—脱险通道。

**图 5-14　典型货船内部通道示意图**

船上竖向各层甲板间应设有内部通道。船员居住区扶梯与地面最大倾角不大于 60°，乘客用扶梯与地面倾角一般为 45°左右，踏步间垂直间距不大于 250 mm。

特别要注意的是，梯道环围上的出入口应满足相应的结构防火要求。如机舱围阱区域与连通各层甲板公共空间上的出入口需采用防火门等。

2）脱险通道

对于货船，人行通道和出入口应保证船员易于从舱室进出，易于通往开敞甲板和救生甲板。所有处所和处所群一般至少提供 2 条彼此远离且随时可用的脱险通道（电梯不能作为脱险通道）。除机器处所外，一切船员处所应布置梯道，以用作到达救生甲板的方便脱险通道，且应符合下列规定：

(1) 在舱壁甲板以下，每一水密舱室一般应有 2 条脱险通道，其中至少有 1 条脱险通道不得利用水密门。主脱险通道应是梯道，另一个可以是围壁通道。

(2) 在舱壁甲板以上，每一主竖区或类似限界的处所至少应有 2 条脱险通道，其中至少有 1 条能通往形成垂直脱险通道的梯道。若内走廊仅有 1 条脱险通道，则其长度不得大于

7 m。

(3) 作为主脱险通道的梯道，其净宽应不小于 900 mm，且应设扶手和栏杆。

每一机舱处所，均应设置 2 条脱险通道，且应符合下列规定：

(1) 位于舱壁甲板以下的机器处所，2 条脱险通道应尽可能远离，并经不同的出入口(门)通往相应的救生甲板。

(2) 位于舱壁甲板以上的机器处所，应设有相隔且尽可能远的脱险通道，并各自通往救生甲板。

(3) 作为机器处所脱险通道的通道净宽不得小于 600 mm。

2. 外部通道

船舶室外通道包括水平外通道和上下的梯道(见图 5－15)，其布置主要考虑船员到达各层甲板并便于作业。各甲板间梯道通常布置成斜梯，其倾角一般不大于 60°，宽度一般在 600 mm 以上。进入货舱、空舱和深舱的梯道常用直梯，其宽度一般为 400 mm。

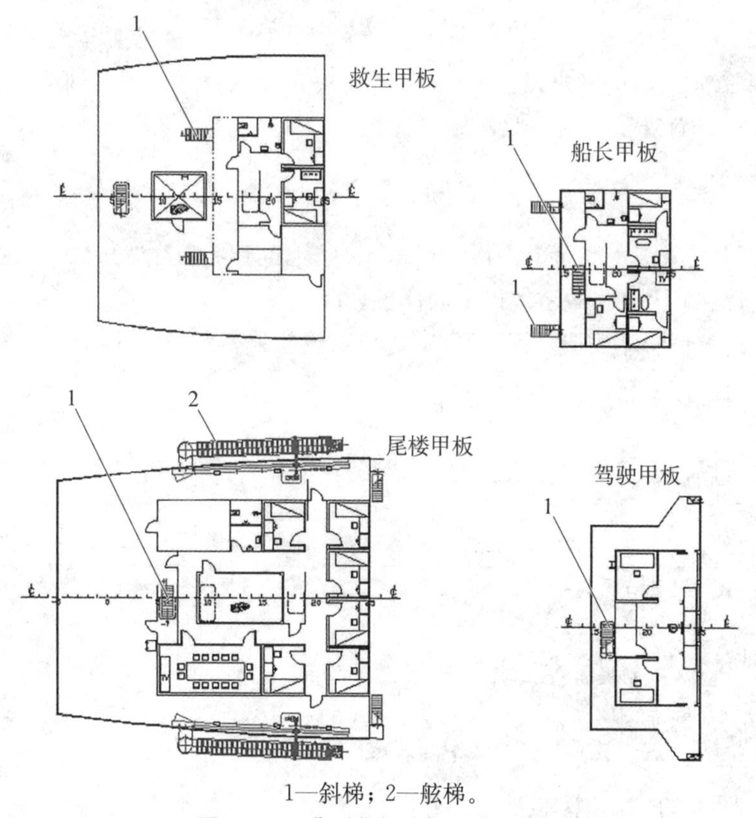


1—斜梯；2—舷梯。

**图 5－15　典型货船外部通道示意图**

考虑船舶在锚地停泊时船员以及引航员的上、下船需要，船舶两舷通常都设置舷梯。舷梯的长度一般要考虑其在倾角为 55°时，舷梯的下端距轻载水线以上约 700 mm 处。

## 5.4　船舶设备设置

为了满足船舶在航行和停泊作业中的相关要求，船上还应配备各种必要的设备，如锚泊和系泊设备、舵设备、起货设备、救生设备等。此外，对特殊要求的船舶还需配备专门的设备，如拖船的拖曳设备、工程船舶的作业设备等。在船舶总体设计时，船舶设备的选型和配置可参照相关设计手册及母型船资料进行，除了需满足设计任务书的使用要求，还须满足相关规范的配备要求。本节仅就货船上常见的主要设备作简单介绍。

### 5.4.1 锚泊与系泊设备

一般来讲，船舶的锚泊设备涉及所配锚的数量和重量、锚链规格和长度，系泊设备主要包括系缆索数量、规格、长度等。通常，船舶的锚泊与系泊设备是根据相关规范对舾装数的要求来选择的。

1. 舾装数的计算

船舶舾装数的计算可根据相关规范进行，《国内航行海船建造规范》(2022)对一般海船的舾装数规定如下：

$$N=\Delta^{2/3}+2Bh+A/10 \tag{5-4}$$

式中，$\Delta$ 为夏季载重线时的排水量，t；$B$ 为船宽，m；$h$ 为从夏季载重线到最上层舱室顶部的有效高度，m。$h$ 的计算公式为

$$h=a+\sum h_i$$

其中，$a$ 为从船中夏季载重线至上甲板的距离，m；$h_i$ 为各层宽度大于 $B/4$ 的舱室在中心线处量计的高度，m；$A$ 为夏季载重线以上的侧投影面积，$m^2$。

另外，《国内航行海船建造规范》(2022)对拖船舾装数有专门的计算公式，即

$$N=\Delta^{2/3}+2\left(aB+\sum b_i h_i\right)+A/10 \tag{5-5}$$

各类船舶可以根据表 5-2 和表 5-3 来配备锚泊和系泊设备。

表 5-2 各类船舶锚泊和系泊设备配置要求

| 船舶类型 | 配置要求 |
| --- | --- |
| 货船、散货船、油船<br>耙吸挖泥船、渡船等 | 按舾装数 $N$ 选取 |
| 拖船 | 按 $N$ 选取，拖索足以承受系柱拉力，其安全系数不小于 2 |
| 近海供应船 | 按 $N$ 选取，但锚链按 $N$ 增大 2 档选取 |
| 有人驳船 | 按舾装数 $N$ 选取 |
| 无人驳船 | 按 $N$ 选取，但首锚可仅配 1 只，锚链可仅配一半长度 |
| 起重船、打桩船<br>或其他类似作业船舶 | 按 $N$ 选取，但起重机、打桩机等的侧投影面积应计入 $N$<br>如作业锚满足要求可代替首锚。如用钢丝绳代替锚链，则其长度应不小于 1.5 倍锚链长度，其破断负荷应与锚链相当 |

**表5-3　部分舾装数的锚泊和系泊设备配置对照表**

| 序号 | 舾装数N |  | 首锚 |  | 有档首锚链 |  |  |  | 拖索 |  | 系船索 |  |  |
|---|---|---|---|---|---|---|---|---|---|---|---|---|---|
|  | ≥ | < | 数量 | 每只质量/kg | 总长度/m | 直径(CCS) AM1 | AM2 | AM3 | 长度/m | 破断负荷/kN | 数量 | 每根长度/m | 破断负荷/kN |
| 1 | 50 | 70 | 2 | 180 | 220 | 14 | 12.5 |  | 180 | 98.1 | 3 | 80 | 34 |
| 2 | 70 | 90 | 2 | 240 | 220 | 16 | 14 |  | 180 | 98.1 | 3 | 100 | 37 |
| 3 | 90 | 110 | 2 | 300 | 247.5 | 17.5 | 16 |  | 180 | 98.1 | 3 | 110 | 39 |
| 4 | 110 | 130 | 2 | 360 | 247.5 | 19 | 17.5 |  | 180 | 98.1 | 3 | 110 | 44 |
| 5 | 130 | 150 | 2 | 420 | 275 | 20.5 | 17.5 |  | 180 | 98.1 | 3 | 120 | 49 |
| 6 | 150 | 175 | 2 | 480 | 275 | 22 | 19 |  | 180 | 98.1 | 3 | 120 | 54 |
| 7 | 175 | 205 | 2 | 570 | 302.5 | 24 | 20.5 |  | 180 | 118.1 | 3 | 120 | 59 |
| 8 | 205 | 240 | 3 | 660 | 302.5 | 26 | 22 | 20.5 | 180 | 129.4 | 4 | 120 | 64 |
| 9 | 240 | 280 | 3 | 780 | 330 | 28 | 24 | 22 | 180 | 150 | 4 | 120 | 69 |
| 10 | 280 | 320 | 3 | 900 | 357.5 | 30 | 26 | 24 | 180 | 173.6 | 4 | 140 | 74 |
| 11 | 320 | 360 | 3 | 1020 | 357.5 | 32 | 28 | 24 | 180 | 206.9 | 4 | 140 | 78 |
| 12 | 360 | 400 | 3 | 1140 | 385 | 34 | 30 | 26 | 180 | 223.6 | 4 | 140 | 88 |
| 13 | 400 | 450 | 3 | 1290 | 385 | 36 | 32 | 28 | 180 | 250.1 | 4 | 140 | 98 |
| 14 | 450 | 500 | 3 | 1440 | 412.5 | 38 | 34 | 30 | 180 | 276.5 | 4 | 140 | 108 |
| 15 | 500 | 550 | 3 | 1590 | 412.5 | 40 | 34 | 30 | 190 | 306.5 | 4 | 160 | 123 |
| 16 | 550 | 600 | 3 | 1740 | 440 | 42 | 36 | 32 | 190 | 338.3 | 4 | 160 | 132 |
| 17 | … | … |  |  |  |  |  |  |  |  |  |  |  |
| 18 | 980 | 1060 | 3 | 3060 | 495 | 56 | 50 | 44 | 200 | 603.1 | 4 | 180 | 230 |
| 19 | 1060 | 1140 | 3 | 3300 | 495 | 58 | 50 | 46 | 200 | 647.2 | 4 | 180 | 250 |
| 20 | 1140 | 1220 | 3 | 3540 | 522.5 | 60 | 52 | 46 | 200 | 691.4 | 4 | 180 | 270 |
| 21 | … | … |  |  |  |  |  |  |  |  |  |  |  |

2. 锚泊设备的布置

船舶的锚泊设备通常由锚、锚链、锚链筒、导链滚轮、掣链器、锚机、锚链管、弃链器和锚链箱等组成。图5-16是某船锚泊设备布置示意图。

在进行锚泊设备布置时,通常需考虑以下问题:

(1) 确定适当的锚链筒位置和安装角度,一方面使锚泊系统布置合理;另一方面保证抛起锚顺畅,且锚与壳板有较好的贴合和收藏。通常锚链筒中心线在甲板的投影线与船中心线的夹角应控制在10°左右(带有球鼻艏的船舶在20°~25°);锚链筒中心线在侧面的投影线与垂线的夹角控制在35°~45°(带有球鼻艏的船舶在40°~50°)。

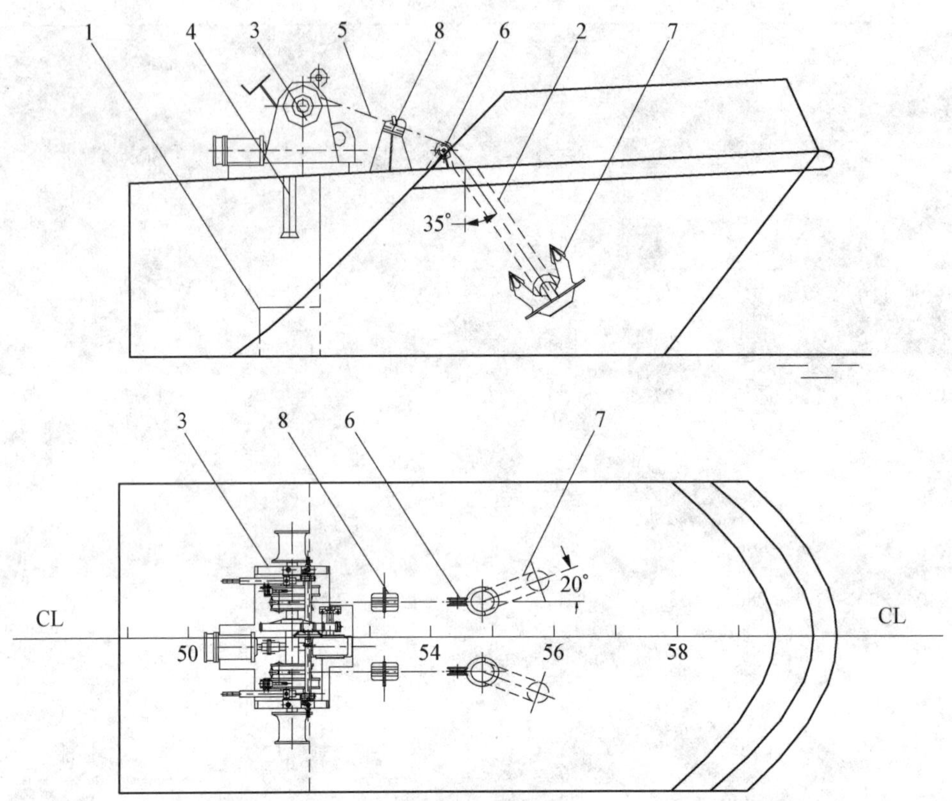


1—锚链箱；2—锚链筒；3—锚机；4—锚链管；5—锚链；6—导链轮；7—锚；8—掣链器。

**图 5－16　锚泊设备布置示意图**

(2) 船舶航行时锚尽量不要低于首波面，且在收藏位置时能避免波浪冲击。

对于大型船舶，锚机可采用两台独立的单链轮锚机(见图 5－17)，同时注意其与系泊系统相互配合。

*3. 系泊设备的布置*

船舶的系泊设备通常由系船索、带缆桩、导缆孔、系缆绞车等组成。系船索的规格、数量同样根据舾装数大小来配备。系缆桩的型式与规格则需保证与缆索直径的匹配(可参照带缆桩标准选取)，其数量一般根据使用要求结合母型船来配置。图 5－18 是某船系泊设备布置示意图。

在进行系泊设备布置时，通常需注意以下几点：

(1) 船首尾一般设置两只平行于船中心线的带缆桩(可兼拖桩用)，其中首部带缆桩布置在锚机前外侧，尾部带缆桩布置在甲板系缆绞车的前侧部。

(2) 系缆桩通常左右对称布置，且与舷边的距离一般不小于其直径的 1.5 倍。

(3) 船首尾分别设置系缆绞车或系缆卷车(用于储存缆绳)。通常船首系缆绞车由锚机系缆卷筒替代，而船尾往往设置专门的系缆绞车或系缆绞盘。

(4) 船舶通常设置与系缆桩相配合的导缆器(导缆孔、导缆钳、导缆滚轮等)，其布置应结合绞缆卷筒和系缆桩的位置统一协调考虑。

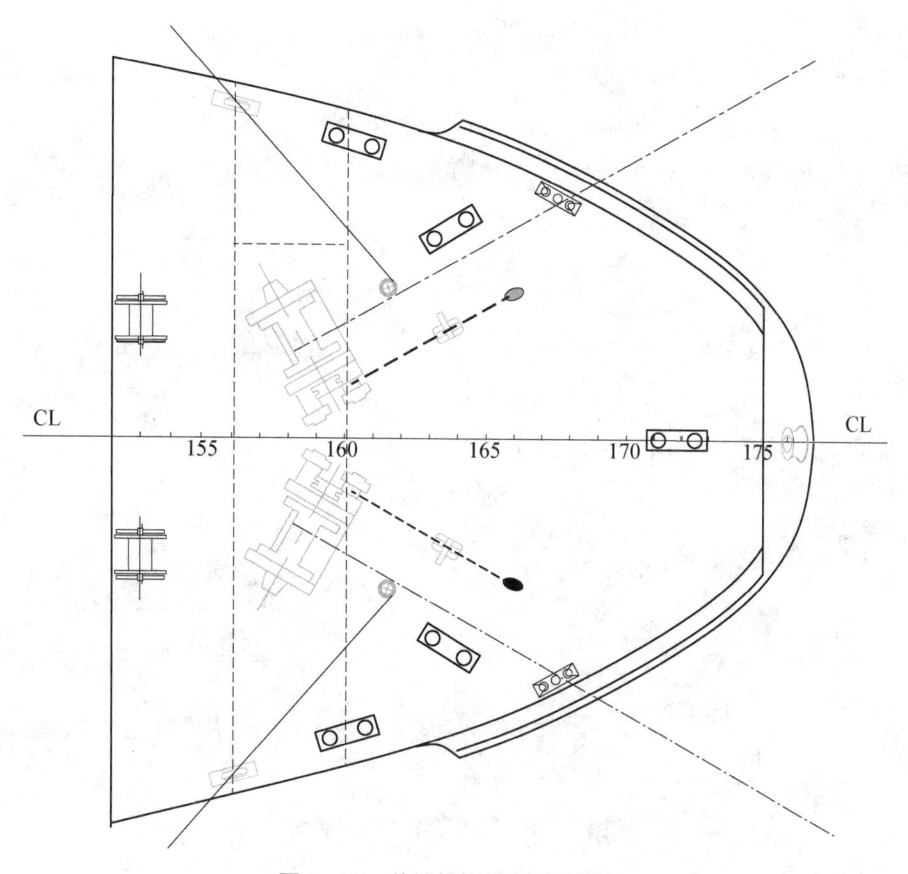


图 5－17　单链轮锚机布置示意图

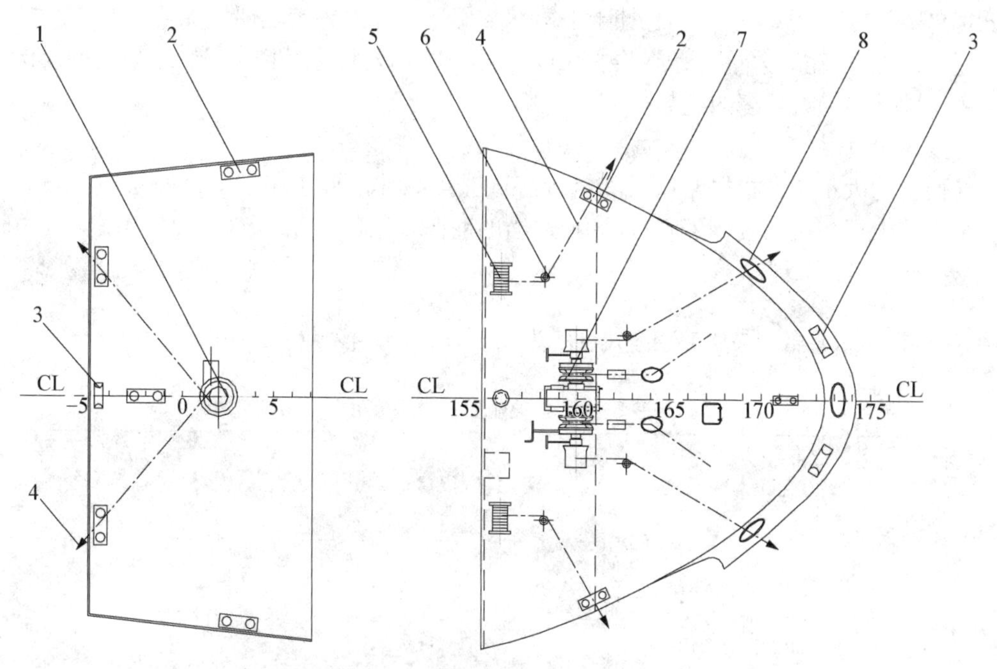


1—系缆绞盘；2—系缆桩；3—导缆钳；4—系船索；5—缆索卷车；6—导缆轮；7—锚机；8—导缆孔。

图 5－18　系泊设备布置示意图

### 5.4.2 舵设备

舵是船舶应用最为普遍的操纵设备。按舵面积沿舵杆中心线分布不同，可分为平衡舵、半平衡舵和不平衡舵；以舵在船尾的支撑方式，又分为悬挂舵、半悬挂舵和双支点舵。图 5-19 是舵的基本类型示意图。

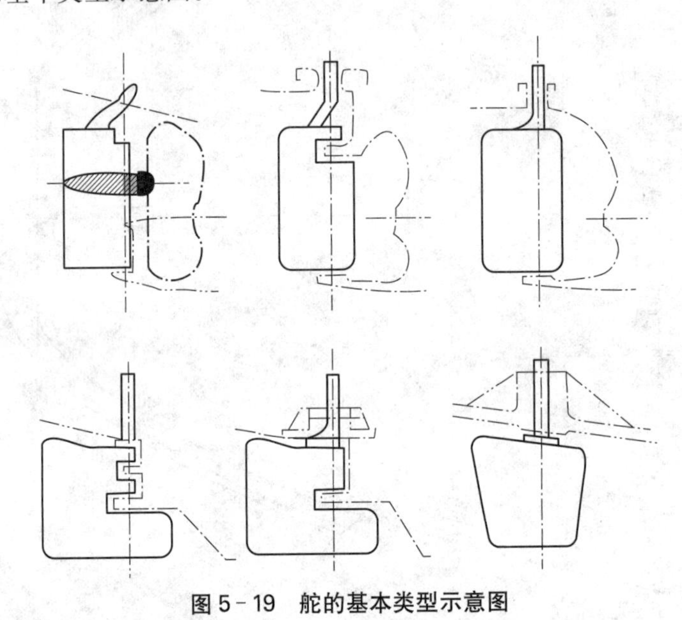

图 5-19 舵的基本类型示意图

一般而言，悬挂式平衡舵适用于中小型船舶，尤其是双桨双舵船；双支点平衡舵常用于中低速单桨运输船(无舵柱)；半悬挂半平衡舵常用于中高速集装箱船。

通常情况下，舵的数量与螺旋桨的数目相同。对于吃水浅而舵面积受到限制的船舶，也有采用比螺旋桨的数目多的舵数。

1. 舵面积选择

舵面积的大小通常根据船型及其航行区域对操纵性的要求来选择。在总布置设计时，一般是直接根据相关的统计资料，即选择适当的舵面积系数 $\mu$，按式(5-6)来确定舵面积：

$$A=\mu LT \tag{5-6}$$

式中，$\mu$ 为舵面积系数，按表 5-4 选取；$L$ 为船长，m；$T$ 为设计吃水，m。

表 5-4 各种船舶舵面积系数

| 船舶类型 | | 面积系数 $\mu$/% |
| --- | --- | --- |
| 海船 | 货船 | 1.6～2.1 |
| | 油船 | 1.4～1.9 |
| | 大型客船 | 1.2～1.7 |
| | 快速客船 | 1.8～2.0 |
| | 小型运输船 | 2.0～3.3 |

(续表)

| 船舶类型 | | 面积系数 $\mu$/% |
|---|---|---|
| 内河船 | 双桨客船 | 2.1～5.0 |
| | 货船 | 2.0～3.0 |
| | 驳船 | 2.5～3.0 |
| | 推船 | 6.0～11.0 |
| | 拖船 | 4.0～8.5 |
| | 艇 | 4.0～5.5 |

舵面积也可按照经验公式，或直接根据母型船的有关资料来确定。

2. 舵的几何形状确定

舵的几何形状需要与船尾框形状结合起来考虑。一般情况下，双支点舵大多采用矩形；悬挂式和半悬挂式常采用倒梯形(上宽下窄)。舵的几何形状决定了舵的展弦比和平衡比(在舵杆中心线已定时)，直接影响舵的水动力性能和受力情况。

舵的展弦比是舵的平均高度和平均宽度之比，其值大时，舵效要好。在舵面积确定的情况下，展弦比的选择受船尾框尺寸的限制。通常平衡舵展弦比在1.5左右，不平衡舵或半平衡舵展弦比为1.8左右。

舵的平衡系数是指舵杆中心线前部面积与整个舵面积之比，其选取的原则是尽可能减小舵杆扭矩，降低舵机功率，并使正航和倒航时各舵角舵杆上的扭矩相差不太悬殊。舵平衡系数一般在0.25～0.27。

3. 舵布置

舵与桨的相对位置对舵效有一定的影响。对单桨单舵船，必须把舵布置在螺旋桨正后方，其间距应保证舵转至最大舵角时整流帽和螺旋桨的拆装。对双桨双舵船，为了充分利用螺旋桨尾流对舵的有利影响，可把舵布置在各桨的后方(视螺旋桨内外旋来确定舵偏内外)。

此外，舵的尺寸应考虑其后缘不超过船体尾部轮廓；上缘应尽可能接近船底板，以减小舵杆弯矩和上部绕流，从而提高舵效；下缘一般不超过基线。

### 5.4.3 舱口盖与起货设备

1. 舱口盖

1) 舱口盖类型

货舱舱口盖是船上货舱区域甲板开口(货舱口)的风关闭装置，也是货物垂向装卸的通道。此外，货舱舱口盖上还能堆载集装箱、木材等货物，因而对自身强度和刚度有较高的要求。

对于不同类型的货运船舶，其舱口盖一般可采用吊离式、折叠式、侧移式等，且通常由盖板结构、密封装置、支承装置等构成。

在总布置设计时，货舱舱口盖的设置取决于货舱口数量及其开口的大小。

2) 货舱口尺寸

(1) 货舱口的宽度。

货舱口的宽度应结合使用要求和舱盖结构强度来确定。

对于散货船,货舱口的宽度应结合货舱容积和边舱压载量的核算来初步确定。舱口过宽,压载水量不足,甲板增厚较多,从而增加焊接工作的难度。舱口小,将降低货物装卸效率,增加清舱的工作量。通常散货船的舱口可按船东要求或参照母型船来设计。

对于集装箱船,其货舱口宽度几乎与货舱同宽。为满足船体强度和甲板作业的需要,货舱口宽度大体在(0.75～0.85)$B$ 范围内。对于大型集装箱船,为解决舱口过大与船体强度之间的矛盾,通常采用两排或三排并列货舱口。

对于杂货船,其舱口除从装卸效率、结构强度、舱盖重量上考虑外,一般为(0.4～0.6)$B$。选用标准舱盖时,舱口宽度应按舱盖尺度来决定。

(2) 舱口长度。

舱口的长度常常受到起货设备占据位置、舱盖堆放位置、舱口甲板纵桁强度等因素的限制。长舱口会使舱口甲板纵桁深度增加较多,从而使结构重量加大,同时影响两舷舱容的有效利用。

各舱的舱口长度需结合舱盖的片数和宽度协调考虑,以减少舱盖的规格品种。对于两端都有起货设备的舱口,为避免起货设备之间的干扰,舱长一般不小于 12 m。对于集装箱船,其舱口长度(或单元舱长度)一般按所载集装箱行数来考虑。

2. 起货设备

对于定航线的船舶,如各港口都有良好的码头装卸设施时,船上可不设起货设备。对于其他的船舶,一般应有起货设备。

船上常用的起货设备有起货吊杆和旋转式吊车(如克林吊)。克林吊的优点是占地小、吊臂的仰角可自行调节、落舱点好。克林吊的缺点是速度较慢。目前,起货杆仍是一种主要的起货设备,其优缺点大致与旋转吊车相反。

1) 起货设备的能力

起货设备的能力应根据货种和船的大小来定,起货设备的数量应从均衡装卸时间上考虑。

一般货船,常采用 3 t/5 t 安全负荷的吊杆(见图 5-20,单杆操作为 5 t,双杆联吊为 3 t);大型船,一般配 5 t/10 t 起货吊杆,有时还配一副 30 t～120 t 的重型吊杆,以装卸某些重大件。

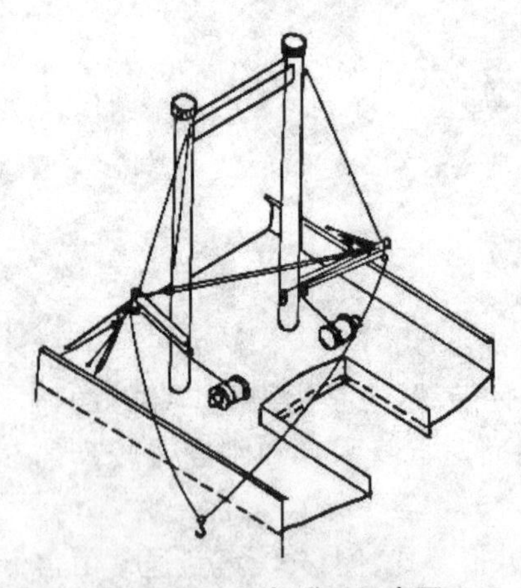
图 5-20 双杆联吊示意图

集装箱船和多用途船,通常采用克林吊,其起重能力取 35 t～40 t,如图 5-21 所示。

2) 起货设备的布置

起货设备的布置应考虑作业范围、舷外跨距和吊高等因素。对于吊杆装置,一般来说,在水平偏角 45°～60°和仰角 30°～45°时,轻型吊杆的吊钩能跨出舷外 3～5 m,重型吊杆为 5～6 m,吊钩的范围至少能达到舱口长的 1/2～2/3。吊钩能升到甲板以上 6～7 m。具体选定时可参照相关吊杆标准选取。

图5-21　集装箱船克林吊

### 5.4.4　救生设备

在进行总布置设计时，救生设备主要考虑救生艇、救生筏、救助艇等的配置和具体布置。救生艇通常包含全封闭和部分封闭，其降落方式分吊放式和自由降落式。救生筏为气胀式，其降落方式为抛投式和吊放式。船舶使用何种救生设备应满足法规和公约的相关要求。

1. 救生设备的配置

救生艇和救生筏的配置是按船舶类型、航区、吨位、人数等因素根据现行法规的规定来配备。对客船来说，每艘船配置的救生艇、救生筏、救助艇的乘员定额总数与船上总人数的百分比应不小于表5-5的相关要求（船舶等级另见法规相关规定）。

表5-5　国内航行客船救生设备配备要求

| 船舶等级 | 船长 $L$ | 救生艇 | 气胀救生筏 | 全船总容量 | 救助艇 |
|---|---|---|---|---|---|
| 1 | | 30% | 95% | 125% | 1艘 |
| 2、3 | $L \geqslant 85\,\mathrm{m}$ | | 110% | 110% | 1艘 |
| 2、3 | $L < 85\,\mathrm{m}$ | | 110% | 110% | 1艘 |

对于远海航行油船、化学品船、气体运输船和船长 $L \geqslant 85\,\mathrm{m}$ 的货船，每艘船应按表5-6配置救生设备。

表5-6　国内远海航行货船救生设备配备要求

| 全封闭救生艇 | 气胀救生筏 | 救助艇 | 附加救生筏 | 全船总容量 |
|---|---|---|---|---|
| 每舷100% | 100%（可移） | 1艘<br>不计入总容量 | 1/2艘<br>不计入总容量 | 300% |
| | 每舷100% | | | 400% |
| 自由降落救生艇 | 气胀救生筏 | 救助艇 | 附加救生筏 | 全船总容量 |
| 100% | 每舷100% | 1艘<br>不计入总容量 | 1/2艘<br>不计入总容量 | 300% |

对于船长 $L<85\,\mathrm{m}$ 的货船，每艘货船应按表 5－7 配置救生设备（$L\leqslant 45\,\mathrm{m}$ 时可不配救助艇）。

**表 5－7 国内远海航行货船救生设备配备要求**

| 气胀救生筏 | 救助艇 | 全船总容量 |
| --- | --- | --- |
| 每舷 100%（可移） | 1 艘<br>如为全封闭可计入总容量 | 200% |
| 每舷 150%（不可移） | | 300% |

对近海航行货船来说，每艘货船应按表 5－8 配置救生设备。

**表 5－8 国内近海航行货船救生设备配备要求**

<table>
<tr><th>航区</th><th>船长 L</th><th>救生艇</th><th>气胀救生筏</th><th>总容量</th><th>救助艇</th></tr>
<tr><td rowspan="3">近海</td><td>$L\geqslant 85\,\mathrm{m}$</td><td colspan="2">每舷 100%</td><td>200%</td><td>1 艘</td></tr>
<tr><td>$L<85\,\mathrm{m}$</td><td></td><td>每舷 100%</td><td>200%</td><td>1 艘</td></tr>
<tr><td>$L\leqslant 45\,\mathrm{m}$</td><td></td><td>每舷 100%</td><td>200%</td><td></td></tr>
<tr><td>沿海、遮蔽</td><td></td><td></td><td>每舷 100%</td><td>200%</td><td></td></tr>
</table>

对国际航行船舶和内河航行船舶则另有规定。

2. 救生设备的布置

船舶配置的救生艇、救生筏等应沿船长左右均匀分布（不超出船舷），且尽可能布置在靠近起居和服务处所，同时能保证乘员集合和登乘处有足够的场地（每人不小于 $0.35\,\mathrm{m}^2$）。吊放降落的救生艇应附连于独立的吊艇架上，存放在船舶推进器之前足够远处（艇尾端距推进器水平距离一般为 1.5 倍的艇长左右）。图 5－22 为一般货船救生设备的布置情况。

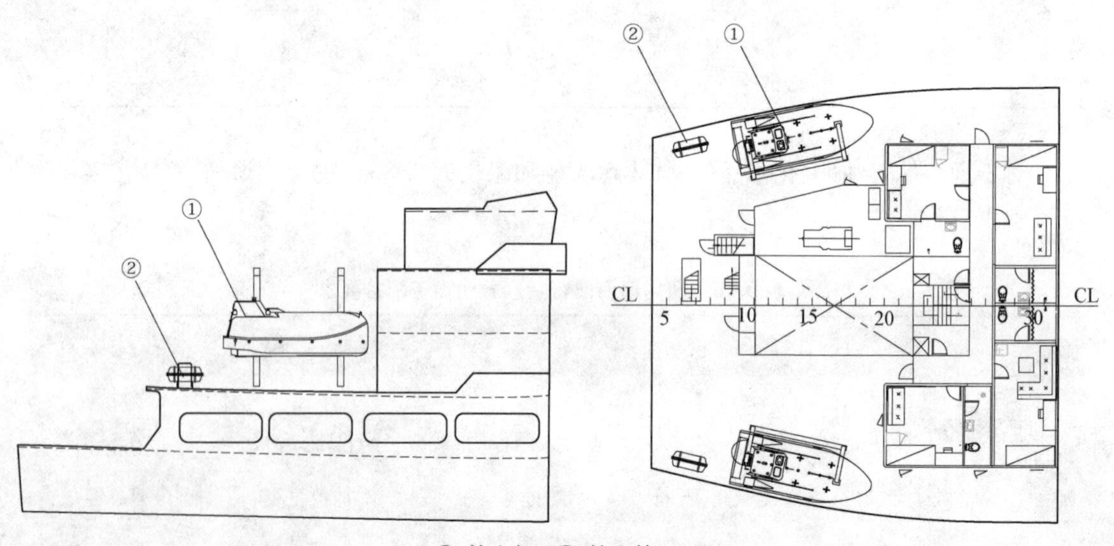


① 救生艇；② 救生筏。

**图 5－22 救生设备布置示意图**

救助艇应存放在驾驶室附近便于降落和回收的处所。救生筏应布置在紧急时能即刻取用的处所(可吊式救生筏应成组放在吊筏架附近)。

在安全可行的情况下,救生艇和可吊筏应尽可能存放在靠近水面处,但在满载时船的纵倾至10°,且在任何一舷横倾20°或横倾至露天甲板边缘入水不利的条件下,其存放处所应使其登乘位置在水线以上,且高度不小于2 m。对于客船,吊架降落的艇筏,处在登乘位置的吊架顶部至最轻载况水线之间的高度应尽可能不超过15 m。

## 5.5　设计要点

### 5.5.1　肋距与肋位

确定肋骨间距并在船长范围内划分肋位,是设绘总布置图的基础工作。

根据《国内航行海船建造规范》(2022)规定,肋骨标准间距为

$$s_b = 0.0016L + 0.5 \tag{5-7}$$

式中,$s_b$ 不大于0.7 m,在首、尾尖舱应不大于0.6 m。$L$ 为船长,m。

对于大型船舶,首尾部的肋距常常与中部不一样,具体数值可根据标准肋距及船长来凑配;对于中小型船舶,往往全船取同一肋距。

在进行主船体区划前,除了确定肋距外,还必须对肋位进行编号。一般来讲,船舶肋位号从尾垂线(通常是舵杆中心线)编起,0号肋位通常在舵杆中心线或其前后适当位置上(小于0.5倍肋距)。

### 5.5.2　压载水舱布置

对于运输船舶,压载水舱一般设在双层底、首尾尖舱、舷边舱及顶边舱等处,具体应根据压载量及保证不同装载情况的适宜浮态和稳性来加以确定,同时还需从纵倾调整和强度两方面加以考虑。

集装箱船的货舱区域双层底和两舷深舱一般均作为压载舱用,但其边舱中的一对压载舱往往作为平衡舱用(通常各装50%的压载水)。此外,为保证尾部螺旋桨和首部侧推装置有足够的浸深,首尾尖舱也用作压载舱,且可以调节合适的浮态。

散货船常常是单向运输,因此在空载航行时需要较多的压载量。一般情况下,对于大多数散货船均利用首尖舱、尾尖舱、顶边水舱、底边水舱和双层底舱作为压载舱。有时为了增加压载水量和改善压载航行时的较大中拱弯矩,也有部分散货船将中部的货舱兼用作压载舱。

油船常设专用的压载舱。对于双壳油船,其专用压载水舱通常采用L型、U型、J型和S型几种分隔型式,如图5-23所示。

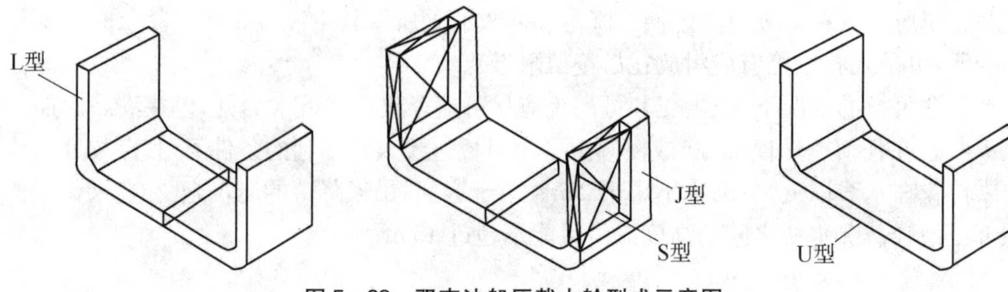


图 5-23 双壳油船压载水舱型式示意图

### 5.5.3 油水舱布置

1. 油水舱类型

一般情况下,船上燃油装置所用的燃油分为轻柴油和燃料油(重油)。通常把燃料油布置在机舱前端或两侧的深舱内;轻柴油大部分布置在双层底内。日用油柜则需布置在较高的部位(如机舱平台上),以便利用重力直接向主、辅机供油。

清水舱包括锅炉水舱、食用淡水舱、洗涤用水舱等。它们一般布置在尾尖舱附近或双层底内。容积较小的日用水柜可设在机舱棚顶或烟囱内。

2. 油水舱布置原则

当燃油舱的总容积大于 600 $m^3$ 时,其与船底壳板必须隔离,且每个油水舱的容积不得大于 2 500 $m^3$。

在划分和布置油水舱时,油水舱尽量布置在不宜装货及设备的狭窄区域,且不宜集中布置,以免该处破损后失去供应。在油水舱与清水舱之间、燃油舱与润滑油舱之间、不同润滑油舱之间等都应设置隔离空舱。燃油舱的透气管不允许通过生活舱室,燃油舱应尽可能避免与客舱直接相邻。

此外,在布置油水舱时,应尽可能缩短管路,防止油管穿过生活用的淡水舱,并尽可能使它们的公共重心接近船中,避免油水消耗后对浮态产生大的变化。

### 5.5.4 纵倾调整

纵倾调整的目的是保证船在各种载况下有适宜的浮态,即有合适的首尾吃水和纵倾值。一般情况下,要求满载出港工况为正浮;空载航行时首吃水为(2.5%～3%)$L$,尾吃水为(4%～5%)$L$,且尾吃水应浸没螺旋桨、纵倾值不大于 1.5%$L$。

1. 浮态计算

对于船舶而言,其浮态的计算可按表 5-9 进行。表中每 cm 纵倾力矩、浮心纵坐标、漂心纵坐标可由型线图并按附录中的相关方法计算得到。

表 5-9 各载况浮态计算表

| 序号 | 项目 | 单位 | 符号及公式 | 满载出港 | … |
|---|---|---|---|---|---|
| 1 | 排水量 | t | $\Delta$ | | |
| 2 | 吃水 | m | $T$ | | |

(续表)

| 序号 | 项目 | 单位 | 符号及公式 | 满载出港 | … |
|---|---|---|---|---|---|
| 3 | 水线长 | m | $L_{WL}$ | | |
| 4 | 每厘米纵倾力矩 | t·m/cm | $M_{CM}$ | | |
| 5 | 浮心纵坐标 | m | $X_B$ | | |
| 6 | 漂心纵坐标 | m | $X_F$ | | |
| 7 | 重心纵坐标 | m | $X_G$ | | |
| 8 | 纵倾值 | m | $t=\dfrac{(X_G-X_B)}{100M_{CM}}\cdot\Delta$ | | |
| 9 | 尾吃水增量 | m | $\delta T_A=-\left(\dfrac{L_{WL}}{2}+X_F\right)\dfrac{t}{L_{WL}}$ | | |
| 10 | 首吃水增量 | m | $\delta T_F=\left(\dfrac{L_{WL}}{2}-X_F\right)\dfrac{t}{L_{WL}}$ | | |
| 11 | 尾吃水 | m | $T_A=T+\delta T_A$ | | |
| 12 | 首吃水 | m | $T_A=T+\delta T_A$ | | |

2. 浮态调整的方法

对于货船来讲,一般以满载出港时的浮态作为纵倾调整的基础。如出现较大首倾或尾倾时,可采用相应方法进行调节。

1) 改变油水舱和清水舱的布局

船舶的燃油舱、清水舱沿纵向移动时,可以起到一定的浮态调整作用,但须注意油水消耗后浮态的变化。例如,船舶首倾时可适当将油水舱朝船尾移动,但到港,即油水消耗后,船舶的浮态可能会出现首倾。

主机功率大和续航力长的船舶装载的油水较多,可将油水分布在船首和船尾,以减少油水消耗后对船舶浮态的影响。

速度较高的中小型船舶尽管装载的油水并不多,但考虑到空船重量的控制,减少油水管系对其他舱室的影响,往往将油水集中布置在船中,以保证在不设水压载的情况下,船舶均有较好的浮态。

2) 调整机舱位置或压缩舱的长度

改变机舱位置或缩短其长度对船舶浮态的调整十分有效。其原因:一是机舱重量较大,对空船重心纵向坐标影响较大;二是机舱位置和长度的改变,必然引起货舱位置或长度的改变,即货物纵向位置也发生变化。如尾机型运输船机舱缩短一个肋距,则在货舱前端壁不变的情况下,货物重心的纵向坐标约改变 0.5 个肋距。

采用改变机舱位置或长度来调整浮态是较有效和方便的方法。例如尾机型运输船在考虑实际布置需要时,尾尖舱和机舱都不能改变,如果船舶出现首倾,且货舱容积有余,则可通过缩短货舱长度来进行浮态调整。

3）改变浮心的位置

在对总布置的合理性影响不大的情况下，可以采用调整油水舱甚至改变机舱位置来调整船舶浮态。但是，有时即使舍弃部分合理性，仍然无法从根本上解决各载况的浮态。此时，改变浮心纵向位置可能来得更直接有效。需要注意的是，该方法一般在船舶满载工况浮态无法解决时才考虑采用，否则型线修改工作量较大，且对阻力性能有一定的影响。所以在型线设计选择浮心纵向位置时，一定要兼顾船舶重心纵向位置，同时建议对速度较高的集装箱船尽量少用改变浮心位置的方法来调整浮态。

4）调整压载分布

运输船在满载时一般少带压载或不带压载，但其空载时，往往需要压载一定的水量来保证船舶具有良好的航行性能。

事实上，有些运输船舶即使设置的压载舱全部用上，仍会有某些载况浮态不尽如人意，且调整困难。所以不得已采用增加船长来设置专门的压载深舱，以获得相对合理的浮态，但一定要注意压载对静水弯矩的影响。

# 第6章 船舶快速性与螺旋桨图谱设计

船舶在水面航行时，受到水和空气对船体和上层建筑的反作用力，这种与船体运动方向相反的流体作用力称为船舶阻力。

对于中低速船，船舶阻力主要是水阻力，且可分为摩擦阻力 $R_F$、兴波阻力 $R_W$ 和黏压阻力 $R_{PV}$。摩擦阻力 $R_F$ 是船体在运动时受到水的黏性切应力的作用在运动方向的合力。兴波阻力 $R_W$ 是在船体运动时，波浪兴起使船体表面压力分布改变所引起的阻力。黏压阻力 $R_{PV}$ 是由于水的黏性引起船体表面压力变化而形成的阻力。通常，兴波阻力 $R_W$ 与黏压阻力 $R_{PV}$ 之和又称为剩余阻力 $R_R$。

在船舶总体设计时，通常不能用船模试验方法来确定阻力，所以只能利用初步确定的船舶主要要素，结合推进方式和给定的主机功率来估算阻力和航速。

船舶阻力近似估算的方法较多。针对不同类型的船舶，其阻力可采用相应方法来估算。下面着重介绍较为常用且适合中低速运输船阻力的估算方法——艾亚法。

艾亚法在大量船模和实船实验结果的基础上进行分析，绘制出用于阻力估算的曲线图表，其适用范围较广，一般对中、低速商船都比较适用，也可用于正常尺度的海洋拖轮。

## 6.1 船舶阻力估算

### 6.1.1 艾亚法

1. 基本思想

艾亚法是建立在标准船型阻力的基础上，对设计船与标准船之间的差异逐一进行修正，最后得到设计船的阻力或有效功率。

艾亚法标准船型的相应参数如表 6-1 所示。

1) 标准方形系数 $C_{bc}$

$$单桨船\quad C_{bc}=1.08-1.68Fr;双桨船\quad C_{bc}=1.09-1.68Fr$$

2) 标准宽度吃水比

$$B/T=2.0$$

3) 标准浮心纵向位置 $X_B$(见表 6-1)

表 6-1 标准方形系数 $C_{bc}$ 及标准浮心位置 $X_B$

| $V/\sqrt{gL}$ | $V/\sqrt{L}$ | 标准 $C_{bc}$（单桨船） | 标准 $X_B$ 位置（距船中 %$L$） | |
|---|---|---|---|---|
| | | | 单桨船 | 双桨船 |
| 0.148 | 0.50 | 0.83 | 2.00 | 1.00 |
| 0.154 | 0.52 | 0.82 | 1.96 | 0.96 |
| 0.160 | 0.54 | 0.81 | 1.93 | 0.93 |
| 0.166 | 0.56 | 0.80 | 1.90 | 0.90 |
| 0.172 | 0.58 | 0.79 | 1.85 | 0.85 |
| 0.178 | 0.60 | 0.78 | 1.80 | 0.80 |
| 0.187 | 0.62 | 0.77 | 1.73 | 0.73 |
| 0.190 | 0.64 | 0.76 | 1.65 | 0.65 |
| 0.196 | 0.66 | 0.75 | 1.55 | 0.55 |
| 0.202 | 0.68 | 0.74 | 1.44 | 0.44 |
| 0.208 | 0.70 | 0.73 | 1.31 | 0.31 |
| 0.214 | 0.72 | 0.72 | 1.16 | 0.16 |
| 0.220 | 0.74 | 0.71 | 0.99 | — |
| 0.226 | 0.76 | 0.70 | 0.80 | −0.20 |
| 0.232 | 0.78 | 0.69 | 0.55 | −0.45 |
| 0.238 | 0.80 | 0.68 | −0.20 | −0.80 |
| 0.244 | 0.82 | 0.67 | −0.12 | −1.11 |
| 0.250 | 0.84 | 0.66 | −0.45 | −1.37 |
| 0.256 | 0.86 | 0.65 | −0.75 | −1.57 |
| 0.261 | 0.88 | 0.64 | −1.00 | −1.72 |
| 0.267 | 0.90 | 0.63 | −1.20 | −1.85 |
| 0.273 | 0.92 | 0.62 | −1.40 | −1.96 |
| 0.279 | 0.94 | 0.61 | −1.58 | −2.05 |
| 0.285 | 0.96 | 0.60 | −1.74 | −2.12 |
| 0.291 | 0.98 | 0.59 | −1.88 | −2.19 |
| 0.297 | 1.00 | 0.58 | −1.99 | −2.24 |
| 0.303 | 1.02 | 0.573 | −2.09 | −2.29 |
| 0.309 | 1.04 | 0.568 | −2.18 | −2.33 |
| 0.315 | 1.06 | 0.564 | −2.25 | −2.37 |

（续表）

| $V/\sqrt{gL}$ | $V/\sqrt{L}$ | 标准 $C_{bc}$（单桨船） | 标准 $X_B$ 位置(距船中%$L$) | |
|---|---|---|---|---|
| | | | 单桨船 | 双桨船 |
| 0.321 | 1.08 | 0.560 | −2.32 | −2.40 |
| 0.327 | 1.10 | 0.557 | −2.37 | −2.43 |
| 0.333 | 1.12 | 0.554 | −2.41 | −2.45 |
| 0.339 | 1.14 | 0.552 | −2.44 | −2.47 |
| 0.345 | 1.16 | 0.549 | −2.47 | −2.48 |
| 0.351 | 1.18 | 0.547 | −2.49 | −2.49 |
| 0.357 | 1.20 | 0.545 | −2.50 | −2.50 |
| 0.363 | 1.22 | 0.543 | −2.51 | −2.51 |
| 0.369 | 1.24 | 0.541 | −2.52 | −2.52 |
| 0.375 | 1.26 | 0.539 | −2.53 | −2.53 |
| 0.380 | 1.28 | 0.537 | −2.54 | −2.54 |
| 0.386 | 1.30 | 0.536 | −2.55 | −2.55 |

注：双桨船的 $C_{bc}$ 数值应加 0.01。

4）标准水线长

$$L_{wl}=1.025L_{pp}$$

艾亚法给出的标准船型的有效功率为 $P_E$，计算公式为

$$P_E=\frac{\Delta^{0.64}V^3}{C_0}\times 0.735 \tag{6-1}$$

式中，$V$ 为航速，kn；$\Delta$ 为排水量，t；$C_0$ 为系数，可根据长度排水量系数 $L/\Delta^{1/3}$ 和速长比 $V/\sqrt{L}$（或 $Fr$）由图 6－1 查得（$L$ 为垂线间长）。

求得标准船型的 $C_0$ 值后，根据设计船与标准船型间的差异，按统计分析结果对系数 $C_0$ 进行修正，将修正后的数值代入式(6－1)中进行计算，即可求得设计船的有效功率值。

2. 阻力估算步骤

对于需要进行有效功率 $P_E$ 估算的设计船舶，关键在于修正式(6－1)中的系数 $C_0$ 值，具体方法如下：

(1) 由设计船的 $Fr$ 和 $V/\sqrt{L}$ 及 $L/\Delta^{1/3}$ 的值，在图 6－1 中查得相应于标准船型的 $C_0$ 值。

(2) 方形系数 $C_b$ 的修正：若设计船方形系数 $C_b$ 小于或大于标准船型的方形系数 $C_{bc}$，应对标准船型的 $C_0$ 值增加或减小一个修正值 $\Delta_1$。当 $C_b > C_{bc}$ 时，

$$\delta C_1=-3C_b\cdot\frac{C_b-C_{bc}}{C_{bc}}\cdot C_0 \tag{6-2}$$

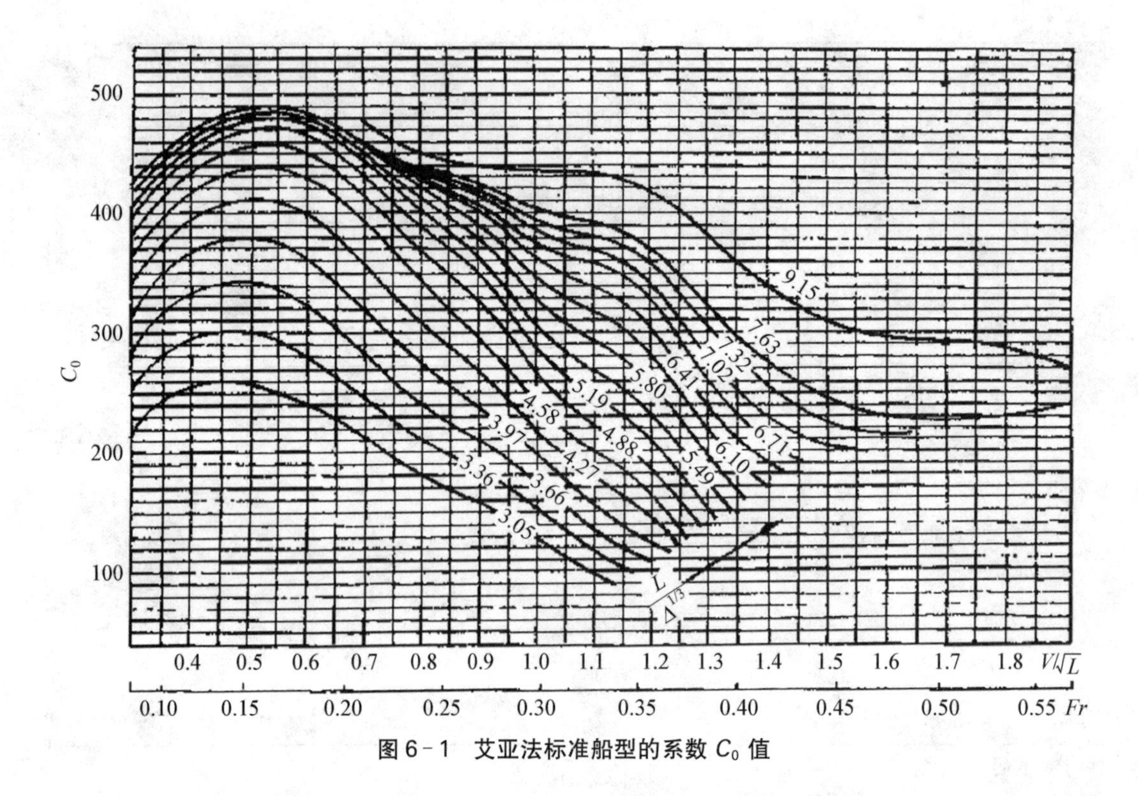


图 6-1　艾亚法标准船型的系数 $C_0$ 值

当 $C_b < C_{bc}$ 时，$\Delta_1 = C_0 \cdot K_{bc}$，这里 $C_0$ 所增加的百分数 $K_{bc}$(%)由表 6-2 查得。

表 6-2　实际 $C_b$ 较小时对 $C_0$ 所增加的百分数 $K_{bc}$

| $100\dfrac{C_{bc}-C_b}{C_{bc}}$ | $K_{bc}$ | $100\dfrac{C_{bc}-C_b}{C_{bc}}$ | $K_{bc}$ | $100\dfrac{C_{bc}-C_b}{C_{bc}}$ | $K_{bc}$ | $100\dfrac{C_{bc}-C_b}{C_{bc}}$ | $K_{bc}$ |
|---|---|---|---|---|---|---|---|
| — | — | 2.4 | 1.10 | 4.8 | 2.48 | 7.2 | 4.33 |
| 0.2 | 0.08 | 2.6 | 1.20 | 5.0 | 2.60 | 7.4 | 4.51 |
| 0.4 | 0.16 | 2.8 | 1.30 | 5.2 | 2.74 | 7.6 | 4.69 |
| 0.6 | 0.24 | 3.0 | 1.40 | 5.4 | 2.88 | 7.8 | 4.87 |
| 0.8 | 0.32 | 3.2 | 1.52 | 5.6 | 3.04 | 8.0 | 5.05 |
| 1.0 | 0.40 | 3.4 | 1.64 | 5.8 | 3.20 | 8.2 | 5.23 |
| 1.2 | 0.50 | 3.6 | 1.76 | 6.0 | 3.36 | 8.4 | 5.41 |
| 1.4 | 0.60 | 3.8 | 1.88 | 6.2 | 3.52 | 8.6 | 5.59 |
| 1.6 | 0.70 | 4.0 | 2.00 | 6.4 | 3.68 | 8.8 | 5.77 |
| 1.8 | 0.80 | 4.2 | 2.12 | 6.6 | 3.84 | 9.0 | 5.95 |
| 2.0 | 0.90 | 4.4 | 2.24 | 6.8 | 4.00 | 9.2 | 6.13 |
| 2.2 | 1.00 | 4.6 | 2.36 | 7.0 | 4.16 | 9.4 | 6.31 |

（续表）

| $100\frac{C_{bc}-C_b}{C_{bc}}$ | $K_{bc}$ | $100\frac{C_{bc}-C_b}{C_{bc}}$ | $K_{bc}$ | $100\frac{C_{bc}-C_b}{C_{bc}}$ | $K_{bc}$ | $100\frac{C_{bc}-C_b}{C_{bc}}$ | $K_{bc}$ |
|---|---|---|---|---|---|---|---|
| 9.6 | 6.49 | 11.2 | 8.00 | 12.8 | 9.39 | 16.0 | 11.60 |
| 9.8 | 6.67 | 11.4 | 8.20 | 13.0 | 9.55 | 17.0 | 12.05 |
| 10.0 | 6.85 | 11.6 | 8.38 | 13.2 | 9.71 | 18.0 | 12.35 |
| 10.2 | 7.03 | 11.8 | 8.54 | 13.4 | 9.87 | 19.0 | 12.60 |
| 10.4 | 7.21 | 12.0 | 8.70 | 13.6 | 10.02 | 20.0 | 12.80 |
| 10.6 | 7.40 | 12.2 | 8.88 | 13.8 | 10.16 | 21.0 | 12.90 |
| 10.8 | 7.60 | 12.4 | 9.06 | 14.0 | 10.30 | 22.0 | 13.00 |
| 11.0 | 7.80 | 12.6 | 9.23 | 15.0 | 11.00 | — | — |

经方形系数修正后的系数 $C_1$ 值为

$$C_1 = C_0 + \delta C_1 \tag{6-3}$$

(3) 宽度吃水比 $B/T$ 的修正：当设计船的 $B/T$ 不等于 2.0 时，系数 $C_1$ 需另加一个修正值 $\delta C_2$，其值按式(6-4)计算：

$$\delta C_2 = -0.075 C_b (B/T - 2) C_1 \tag{6-4}$$

经方形系数和 $B/T$ 修正后的系数 $C_2$ 值为

$$C_2 = C_1 + \delta C_2 = C_0 + \delta C_1 + \delta C_2 \tag{6-5}$$

(4) 浮心纵向位置 $X_B$ 的修正：若设计船的浮心纵向位置不在标准位置时，应对系数 $C_2$ 减小一个修正量 $\delta C_3$。为了确定 $\Delta_3$，应先算出 $(\delta C_3)_0$，即

$$(\delta C_3)_0 = C_2 \cdot K_{xb} \tag{6-6}$$

式中，应减少的百分数 $K_{xb}$(%)由表 6-3 或表 6-4 查得。需要注意的是，应根据设计船 $C_b$ 的修正量决定 $X_B$ 影响的修正量 $\delta C_3$，即

当 $\delta C_1 > 0$　　则　$\delta C_3 = -(\delta C_3)_0$

当 $\delta C_1 < 0$，且 $(\delta C_3)_0 \leqslant |\delta C_1|$　　则　$\delta C_3 = 0$

当 $\delta C_1 < 0$，且 $(\delta C_3)_0 > |\delta C_1|$　　则　$\delta C_3 = -|(\delta C_3)_0| - \delta C_1$

经 $C_b$、$B/T$ 和 $X_B$ 修正后的系数 $\delta C_3$ 值为

$$C_3 = C_2 + \Delta_3 = C_0 + \delta C_1 + \delta C_2 + \delta C_3 \tag{6-7}$$

表 6-3 设计船的 $X_B$ 位置在标准 $X_B$ 位置前时，对 $C_2$ 应减少的百分数 $K_{xb}$

| $V/\sqrt{L}$ | 设计船的 $X_B$ 位置在标准 $X_B$ 位置前的距离(以船长 $L$ 的百分数计) | | | | | | | | | |
|---|---|---|---|---|---|---|---|---|---|---|
| | 0.2 | 0.4 | 0.6 | 0.8 | 1.0 | 1.2 | 1.4 | 1.6 | 1.8 | 2.0 |
| 0.40 | 0.4 | 0.8 | 1.2 | 1.6 | 2.0 | 2.6 | 3.2 | 3.8 | 4.4 | 5.0 |
| 0.42 | 0.3 | 0.7 | 1.0 | 1.4 | 1.8 | 2.4 | 3.0 | 3.6 | 4.2 | 4.8 |
| 0.44 | 0.2 | 0.6 | 0.9 | 1.2 | 1.6 | 2.2 | 2.8 | 3.4 | 4.0 | 4.6 |
| 0.46 | 0.2 | 0.5 | 0.8 | 1.0 | 1.4 | 2.0 | 2.6 | 3.2 | 3.8 | 4.4 |
| 0.48 | 0.2 | 0.4 | 0.7 | 0.9 | 1.2 | 1.8 | 2.4 | 3.0 | 3.6 | 4.2 |
| 0.50 | 0.2 | 0.4 | 0.6 | 0.8 | 1.0 | 1.6 | 2.2 | 2.8 | 3.4 | 4.0 |
| 0.52 | 0.2 | 0.4 | 0.6 | 0.8 | 1.0 | 1.6 | 2.2 | 2.8 | 3.4 | 4.0 |
| 0.54 | 0.2 | 0.4 | 0.6 | 0.8 | 1.0 | 1.6 | 2.2 | 2.8 | 3.4 | 4.0 |
| 0.56 | 0.2 | 0.4 | 0.6 | 0.8 | 1.0 | 1.6 | 2.2 | 2.8 | 3.4 | 4.0 |
| 0.58 | 0.2 | 0.4 | 0.6 | 0.8 | 1.0 | 1.6 | 2.2 | 2.8 | 3.4 | 4.0 |
| 0.60 | 0.2 | 0.4 | 0.6 | 0.8 | 1.0 | 1.0 | 2.2 | 2.8 | 3.4 | 4.0 |
| 0.62 | 0.2 | 0.5 | 0.8 | 1.1 | 1.4 | 2.0 | 2.6 | 3.2 | 3.8 | 4.4 |
| 0.64 | 0.3 | 0.7 | 1.0 | 1.4 | 1.8 | 2.4 | 3.0 | 3.6 | 4.2 | 4.8 |
| 0.66 | 0.4 | 0.8 | 1.3 | 1.7 | 2.2 | 2.8 | 3.4 | 4.0 | 4.6 | 5.2 |
| 0.68 | 0.5 | 1.0 | 1.5 | 2.0 | 2.6 | 3.2 | 3.8 | 4.4 | 5.0 | 5.6 |
| 0.70 | 0.6 | 1.2 | 1.8 | 2.4 | 3.0 | 3.6 | 4.2 | 4.8 | 5.4 | 6.0 |
| 0.72 | 0.6 | 1.3 | 2.0 | 2.7 | 3.4 | 4.1 | 4.7 | 5.4 | 6.1 | 6.8 |
| 0.74 | 0.7 | 1.5 | 2.2 | 3.0 | 3.8 | 4.5 | 5.3 | 6.0 | 6.8 | 7.6 |
| 0.76 | 0.8 | 1.6 | 2.5 | 3.3 | 4.2 | 5.0 | 5.8 | 6.7 | 7.5 | 8.4 |
| 0.78 | 0.8 | 1.8 | 2.7 | 3.6 | 4.6 | 5.5 | 6.4 | 7.3 | 8.2 | 9.2 |
| 0.80 | 1.0 | 2.0 | 3.0 | 4.0 | 5.0 | 6.0 | 7.0 | 8.0 | 9.0 | 10.0 |
| 0.82 | 1.0 | 2.1 | 3.2 | 4.3 | 5.4 | 6.5 | 7.6 | 8.6 | 9.7 | 10.8 |
| 0.84 | 1.1 | 2.3 | 3.4 | 4.6 | 5.8 | 7.0 | 8.1 | 9.2 | 10.4 | 11.6 |
| 0.86 | 1.2 | 2.4 | 3.7 | 4.9 | 6.2 | 7.5 | 8.7 | 9.9 | 11.1 | 12.4 |
| 0.88 | 1.2 | 2.6 | 3.9 | 5.2 | 6.6 | 8.0 | 9.2 | 10.5 | 11.8 | 13.2 |
| 0.90 | 1.4 | 2.8 | 4.2 | 5.6 | 7.0 | 8.4 | 9.8 | 11.2 | 12.6 | 14.0 |
| 0.92 | 1.4 | 2.9 | 4.4 | 5.9 | 7.4 | 8.9 | 10.4 | 11.8 | 13.3 | 14.8 |
| 0.94 | 1.5 | 3.1 | 4.6 | 6.2 | 7.8 | 9.3 | 10.9 | 12.4 | 14.0 | 15.6 |
| 0.96 | 1.6 | 3.2 | 4.9 | 6.5 | 8.2 | 9.8 | 11.5 | 13.1 | 14.7 | 16.4 |
| 0.98 | 1.6 | 3.4 | 5.1 | 6.8 | 8.6 | 10.3 | 12.0 | 13.7 | 15.4 | 17.2 |

（续表）

| $V/\sqrt{L}$ | 设计船的 $X_B$ 位置在标准 $X_B$ 位置前的距离(以船长 $L$ 的百分数计) | | | | | | | | | |
|---|---|---|---|---|---|---|---|---|---|---|
| | 0.2 | 0.4 | 0.6 | 0.8 | 1.0 | 1.2 | 1.4 | 1.6 | 1.8 | 2.0 |
| 1.00 | 1.8 | 3.6 | 5.4 | 7.2 | 9.0 | 10.8 | 12.6 | 14.4 | 16.2 | 18.0 |
| 1.02 | 1.8 | 3.7 | 5.6 | 7.5 | 9.4 | 11.3 | 13.2 | 15.0 | 16.9 | 18.8 |
| 1.04 | 1.9 | 3.9 | 5.8 | 7.8 | 9.8 | 11.8 | 13.7 | 15.6 | 17.6 | 19.6 |
| 1.06 | 2.0 | 4.0 | 6.1 | 8.1 | 10.2 | 12.3 | 14.3 | 16.3 | 18.3 | 20.4 |
| 1.08 | 2.1 | 4.2 | 6.3 | 8.4 | 10.6 | 12.7 | 14.8 | 16.9 | 19.1 | 21.2 |
| 1.10 | 2.2 | 4.4 | 6.6 | 8.8 | 11.0 | 13.2 | 15.4 | 17.3 | 19.8 | 22.0 |
| 1.15 | 2.4 | 4.8 | 7.2 | 9.6 | 12.0 | 14.4 | 16.8 | 19.2 | 21.6 | 24.0 |
| 1.20 | 2.6 | 5.2 | 7.8 | 10.4 | 13.0 | 15.6 | 18.2 | 20.8 | 23.4 | 26.0 |

**表 6-4　设计船的 $X_B$ 位置在标准 $X_B$ 位置后时，对 $C_2$ 应减少的百分数 $K_{xb}$**

| $V/\sqrt{L}$ | 设计船的 $X_B$ 位置在标准 $X_B$ 位置后的距离(以船长 $L$ 的百分数计) | | | | | | | | | |
|---|---|---|---|---|---|---|---|---|---|---|
| | 0.2 | 0.4 | 0.6 | 0.8 | 1.0 | 1.2 | 1.4 | 1.6 | 1.8 | 2.0 |
| 0.40 | 1.0 | 2.0 | 3.0 | 4.0 | 5.0 | 6.4 | 7.8 | 9.2 | 10.6 | 12.0 |
| 0.42 | 0.9 | 1.9 | 2.8 | 3.8 | 4.8 | 6.1 | 7.5 | 8.9 | 10.2 | 11.6 |
| 0.44 | 0.8 | 1.8 | 2.7 | 3.6 | 4.6 | 5.8 | 7.2 | 8.6 | 9.8 | 11.2 |
| 0.46 | 0.8 | 1.7 | 2.6 | 3.5 | 4.4 | 5.6 | 6.9 | 8.3 | 9.5 | 10.8 |
| 0.48 | 0.8 | 1.7 | 2.5 | 3.4 | 4.2 | 5.4 | 6.6 | 8.0 | 9.2 | 10.4 |
| 0.50 | 0.8 | 1.6 | 2.4 | 3.2 | 4.0 | 5.2 | 6.4 | 7.6 | 8.8 | 10.0 |
| 0.52 | 0.7 | 1.5 | 2.3 | 3.1 | 3.8 | 4.9 | 6.1 | 7.2 | 8.4 | 9.6 |
| 0.54 | 0.6 | 1.4 | 2.2 | 2.9 | 3.6 | 4.6 | 5.8 | 6.9 | 8.0 | 9.2 |
| 0.56 | 0.6 | 1.3 | 2.0 | 2.8 | 3.4 | 4.4 | 5.6 | 6.6 | 7.6 | 8.8 |
| 0.58 | 0.6 | 1.2 | 1.9 | 2.6 | 3.2 | 4.2 | 5.2 | 6.3 | 7.3 | 8.4 |
| 0.60 | 0.6 | 1.2 | 1.8 | 2.4 | 3.0 | 4.0 | 5.0 | 6.0 | 7.0 | 8.0 |
| 0.62 | 0.6 | 1.1 | 1.7 | 2.3 | 2.8 | 3.7 | 4.7 | 5.6 | 6.6 | 7.6 |
| 0.64 | 0.5 | 1.1 | 1.6 | 2.1 | 2.6 | 3.4 | 4.4 | 5.3 | 6.2 | 7.2 |
| 0.66 | 0.5 | 1.0 | 1.4 | 1.9 | 2.4 | 3.2 | 4.1 | 5.0 | 5.8 | 6.8 |
| 0.68 | 0.5 | 0.9 | 1.3 | 1.7 | 2.2 | 3.0 | 3.8 | 4.7 | 5.5 | 6.4 |
| 0.70 | 0.4 | 0.8 | 1.2 | 1.6 | 2.0 | 2.8 | 3.6 | 4.4 | 5.2 | 6.0 |
| 0.72 | 0.4 | 0.7 | 1.0 | 1.4 | 1.8 | 2.5 | 3.2 | 4.0 | 4.8 | 5.6 |
| 0.74 | 0.3 | 0.6 | 0.9 | 1.2 | 1.6 | 2.3 | 2.9 | 3.6 | 4.4 | 5.2 |

(续表)

| $V/\sqrt{L}$ | 设计船的 $X_B$ 位置在标准 $X_B$ 位置后的距离(以船长 $L$ 的百分数计) | | | | | | | | | |
|---|---|---|---|---|---|---|---|---|---|---|
| | 0.2 | 0.4 | 0.6 | 0.8 | 1.0 | 1.2 | 1.4 | 1.6 | 1.8 | 2.0 |
| 0.76 | 0.3 | 0.5 | 0.8 | 1.0 | 1.4 | 2.0 | 2.6 | 3.3 | 4.0 | 4.8 |
| 0.78 | 0.2 | 0.4 | 0.7 | 0.9 | 1.2 | 1.8 | 2.4 | 3.0 | 3.6 | 4.4 |
| 0.80 | 0.2 | 0.4 | 0.6 | 0.8 | 1.0 | 1.6 | 2.2 | 2.8 | 3.4 | 4.0 |
| 0.82 | — | 0.2 | 0.4 | 0.6 | 0.8 | 1.3 | 1.8 | 2.4 | 3.0 | 3.6 |
| 0.84 | — | — | 0.2 | 0.4 | 0.6 | 1.1 | 1.6 | 2.1 | 2.6 | 3.2 |
| 0.86 | — | — | — | 0.2 | 0.4 | 0.8 | 1.3 | 1.8 | 2.3 | 2.8 |
| 0.88 | — | — | — | — | 0.2 | 0.6 | 1.0 | 1.4 | 1.9 | 2.4 |
| 0.90 | — | — | — | — | — | 0.4 | 0.8 | 1.2 | 1.6 | 2.0 |
| 0.92 | — | — | — | — | — | 0.3 | 0.6 | 1.0 | 1.4 | 1.6 |
| 0.94 | — | — | — | — | — | 0.3 | 0.5 | 0.7 | 1.0 | 1.2 |
| 0.96 | — | — | — | — | — | 0.2 | 0.4 | 0.7 | 1.0 | 1.2 |
| 0.98 | — | — | — | — | — | 0.3 | 0.6 | 0.9 | 1.2 | 1.6 |
| 1.00 | — | — | — | — | — | 0.4 | 0.8 | 1.2 | 1.6 | 2.0 |
| 1.02 | — | — | — | — | 0.2 | 0.6 | 1.0 | 1.5 | 1.9 | 2.4 |
| 1.04 | — | — | — | 0.2 | 0.4 | 0.8 | 1.3 | 1.8 | 2.3 | 2.8 |
| 1.06 | — | — | 0.2 | 0.4 | 0.6 | 1.1 | 1.6 | 2.1 | 2.6 | 3.2 |
| 1.08 | — | 0.2 | 0.4 | 0.6 | 0.8 | 1.3 | 1.9 | 2.4 | 3.0 | 3.6 |
| 1.10 | 0.2 | 0.4 | 0.6 | 0.8 | 1.0 | 1.6 | 2.2 | 2.8 | 3.4 | 4.0 |
| 1.15 | 0.3 | 0.6 | 0.9 | 1.2 | 1.5 | 2.2 | 2.9 | 3.6 | 4.3 | 5.0 |
| 1.20 | 0.4 | 0.8 | 1.2 | 1.6 | 2.0 | 2.8 | 3.6 | 4.4 | 5.2 | 6.0 |

(5) 水线长度 $L_{wl}$ 的修正:在实际水线长 $L_{wl}$ 大于或小于标准水线长度时,则应对系数 $C_3$ 进行修正。该修正值相对较小,通常可以省略不计。

$$\delta C_4 = \frac{L_{wl} - 1.025L_{pp}}{1.025L_{pp}} C_3 \tag{6-8}$$

经过上述四项修正后的系数 $C_4$ 值为

$$C_4 = C_3 + \delta C_4 = C_0 + \delta C_1 + \delta C_2 + \delta C_3 + \delta C_4 \tag{6-9}$$

3. 有效功率计算

$$P_E = \frac{\Delta^{0.64} V^3}{C_4} \times 0.735 \tag{6-10}$$

上式计算得到的 $P_E$(单位为 kW)是包括 8%的附加阻力在内的有效功率,其相应的裸

船体有效功率为

$$P_{Eb} = P_E / 1.08 \tag{6-11}$$

艾亚法的适用范围广泛，对中低速船的估算结果与船模试验吻合较好。但该估算法是通过统计资料获得的，理论上不仅有难以解释的地方，而且某些重要船型要素对阻力性能的影响也没有给予考虑。

**示例：**

艾亚法有效功率估算如表 6-5 所示，船舶相关参数如下：

水线长 $L_{wl} = 125.5\,m$　　垂线间长 $L_{pp} = 122.0\,m$

型宽 $B = 16.8\,m$　　吃水 $T = 7.94\,m$

排水量 $\Delta = 11\,970\,t$（航区：沿海）　　宽度吃水比 $B/T = 2.12$

方形系数 $C_b = 0.721$　　浮心纵向位置 $X_B = 0.5\% L_{pp}$（位于舯前）

表 6-5　艾亚法有效功率估算表

| 航速 $V_s$/kn | 14 | 15 |
|---|---|---|
| $FrV_s / \sqrt{gL_{pp}}$ | 0.208 | 0.222 |
| 标准 $C_0$（查图 6-8） | 449 | 424 |
| 标准 $C_{bc}$（查表 6-1） | 0.730 | 0.705 |
| $100\dfrac{C_b - C_{bc}}{C_{bc}}$ | −1.23（瘦） | 2.27（肥） |
| $C_b$ 修正（%）：若肥则有 $-3C_b \cdot \dfrac{C_b - C_{bc}}{C_{bc}}$，若瘦则查表 6-2 | +0.51 | −4.91 |
| $C_b$ 修正值 $\Delta_1$ | +2 | −21 |
| 经 $C_b$ 修正得的 $C_1$ | 451 | 403 |
| $B/T$ 修正（%）$= -10C_b(B/T-2)\%$ | −0.86 | −0.86 |
| $B/T$ 修正值 $\Delta_2$（按式 6-4 计算） | −4 | −3 |
| 经 $B/T$ 修正得的 $C_2$ | 447 | 400 |
| 标准 $X_B$（$\% L_{pp}$，查表 6-1） | +1.31（舯前） | +0.90（舯前） |
| 设计船 $X_B$（$\% L_{pp}$） | +0.50（舯前） | +0.50（舯前） |
| 相差（$\% L_{pp}$，在标准值前或后） | −0.81（后） | −0.40（后） |
| $X_B$ 修正（%，查表 6-4） | −1.62 | −0.55 |
| $X_B$ 修正值 $\Delta_3$（式 6-6） | −7 | −2（免除） |
| 经 $X_B$ 修正得的 $C_3$ | 440 | 400 |

(续表)

| | | |
|---|---|---|
| $L_{wl}$ 修正(%) $=\dfrac{L_{wl}-1.025L_{pp}}{L_{wl}}\times 100\%$ | +0.3 | +0.3 |
| $L_{wl}$ 修正值 $\Delta_4$(式 6-10) | +1 | +1 |
| 经 $L_{wl}$ 修正的 $C_4$ | 441 | 401 |
| $V_s^3$ | 2744 | 3375 |
| $P_E=\dfrac{\Delta^{0.64}V_s^3}{C_4}\times 0.735(\text{kW})$ | 1860 | 2521 |

### 6.1.2 泰勒法

泰勒法是根据泰勒标准系列船模试验结果整理得到的，其所用母型船型线和首尾轮廓如图 6-2 所示，特别适用于双桨中高速船的阻力估算。

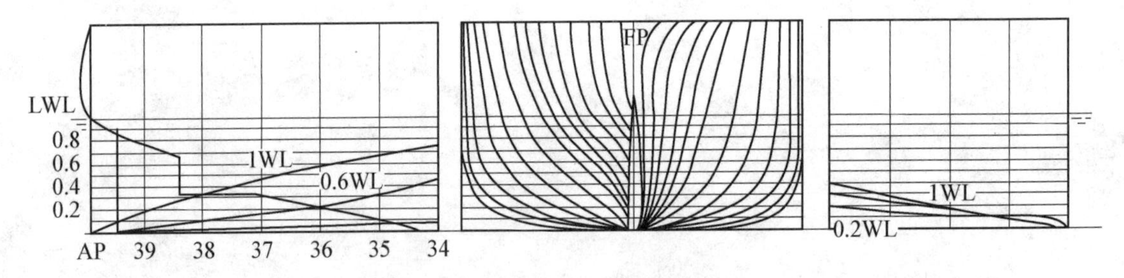


图 6-2　泰勒标准系列母型船型线

泰勒法将总阻力分为剩余阻力和摩擦阻力，并将阻力数据绘制成单位排水量剩余阻力的等值线，且均采用英制单位。

1. 泰勒法给出的图谱形式和参数范围

1) 剩余阻力图谱

函数关系为

$$R_R/\Delta=f(B/T,\ C_p,\ \nabla/L_{wl}{}^3,\ Fr) \tag{6-12}$$

当 $B/T$、排水体积系数 $C_\nabla=\nabla/L_{wl}^3$ 一定时，函数关系式可表达为

$$R_R/\Delta=f(C_p,\ Fr) \tag{6-13}$$

据此，泰勒给出的图谱形式：对每一组 $B/T$，以每一个排水体积系数 $C_\nabla$ 给出一张图谱。图中以不同 $C_p$ 为参数，作出单位排水量剩余阻力 $R_R/\Delta$ 对 $Fr$(或 $V_s/\sqrt{L_{pp}}$)的曲线，如图 6-3～图 6-5 所示。

根据设计船的 $B/T$、$C_p$、$\nabla/L_{wl}{}^3$ 和 $Fr$ 值，查图谱结合线性内插法即可求得设计船 $R_R/\Delta$ 值。把剩余阻力 $R_R$ 和摩擦阻力 $R_F$ 相加，即可求得总阻力，进而求出有效功率。

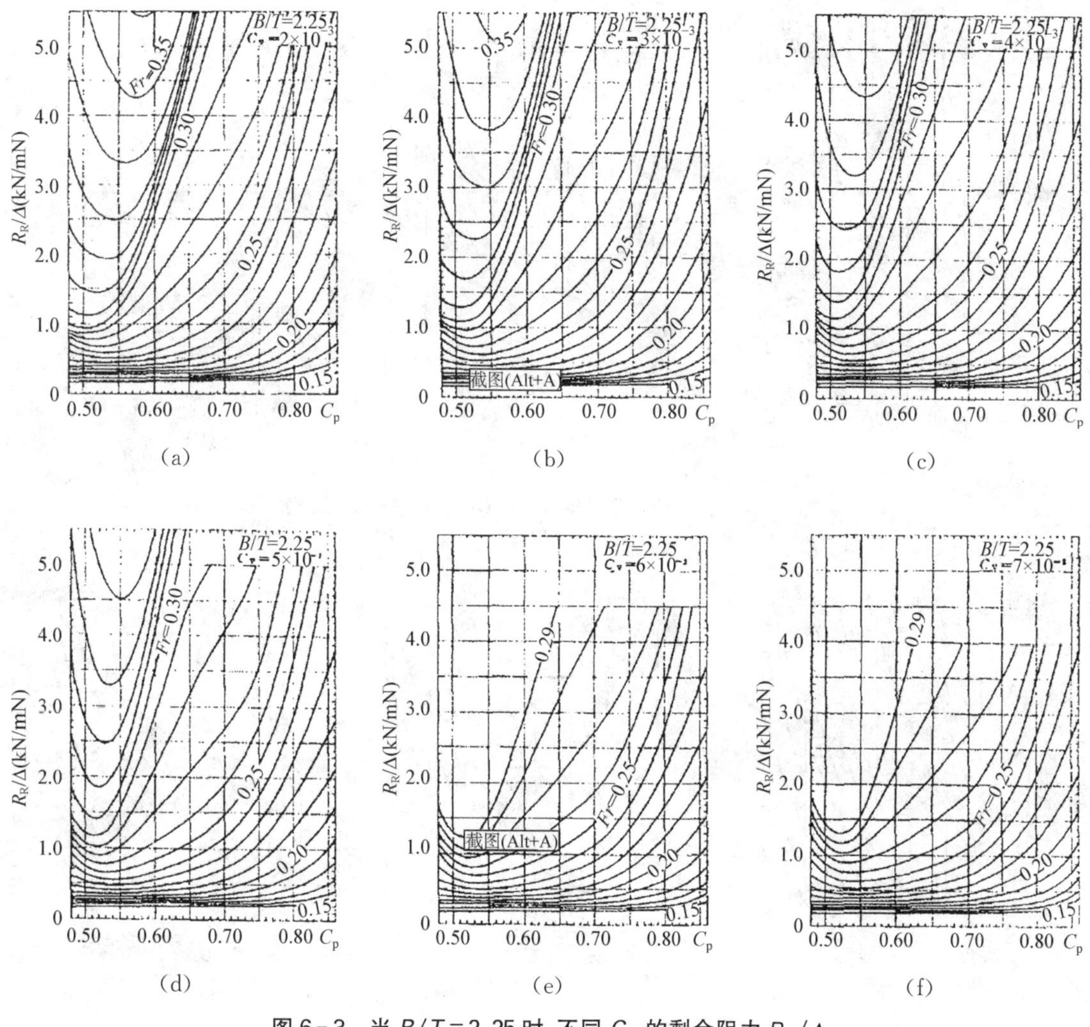


图 6-3　当 $B/T=2.25$ 时，不同 $C_\nabla$ 的剩余阻力 $R_R/\Delta$

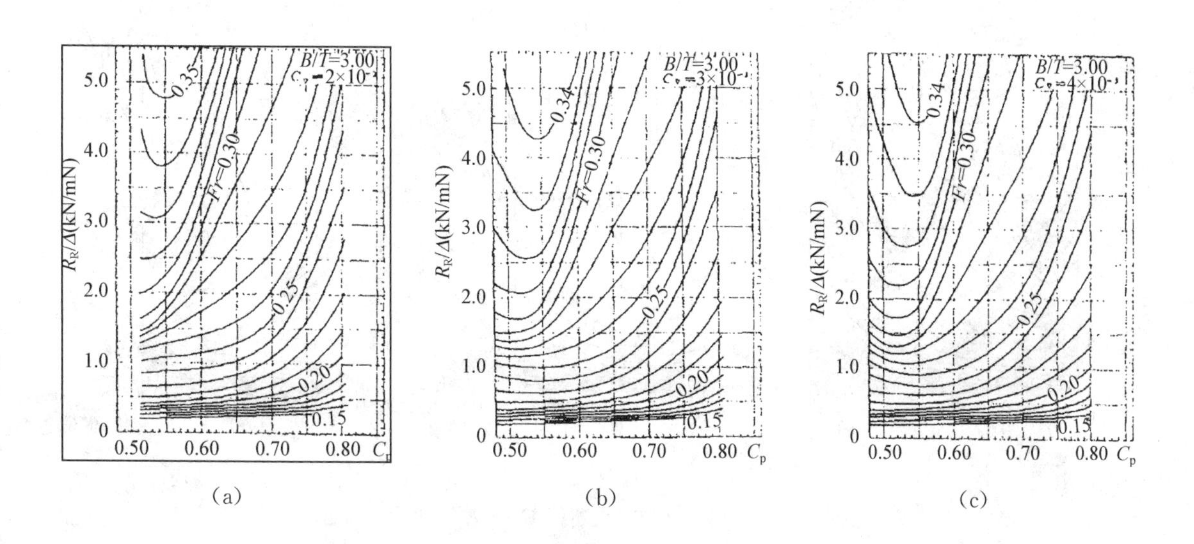

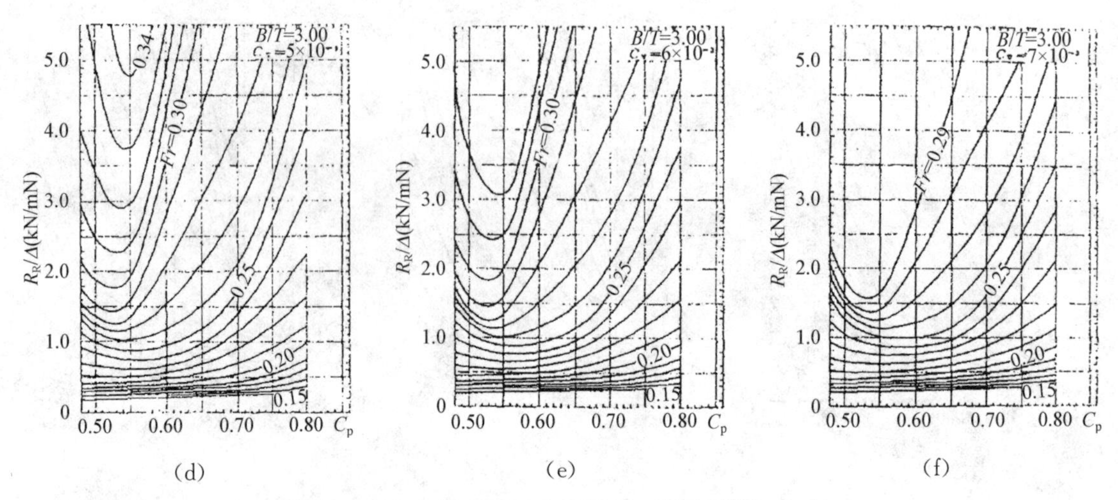


图 6-4　当 $B/T=3.0$ 时，不同 $C_\nabla$ 的剩余阻力 $R_R/\Delta$

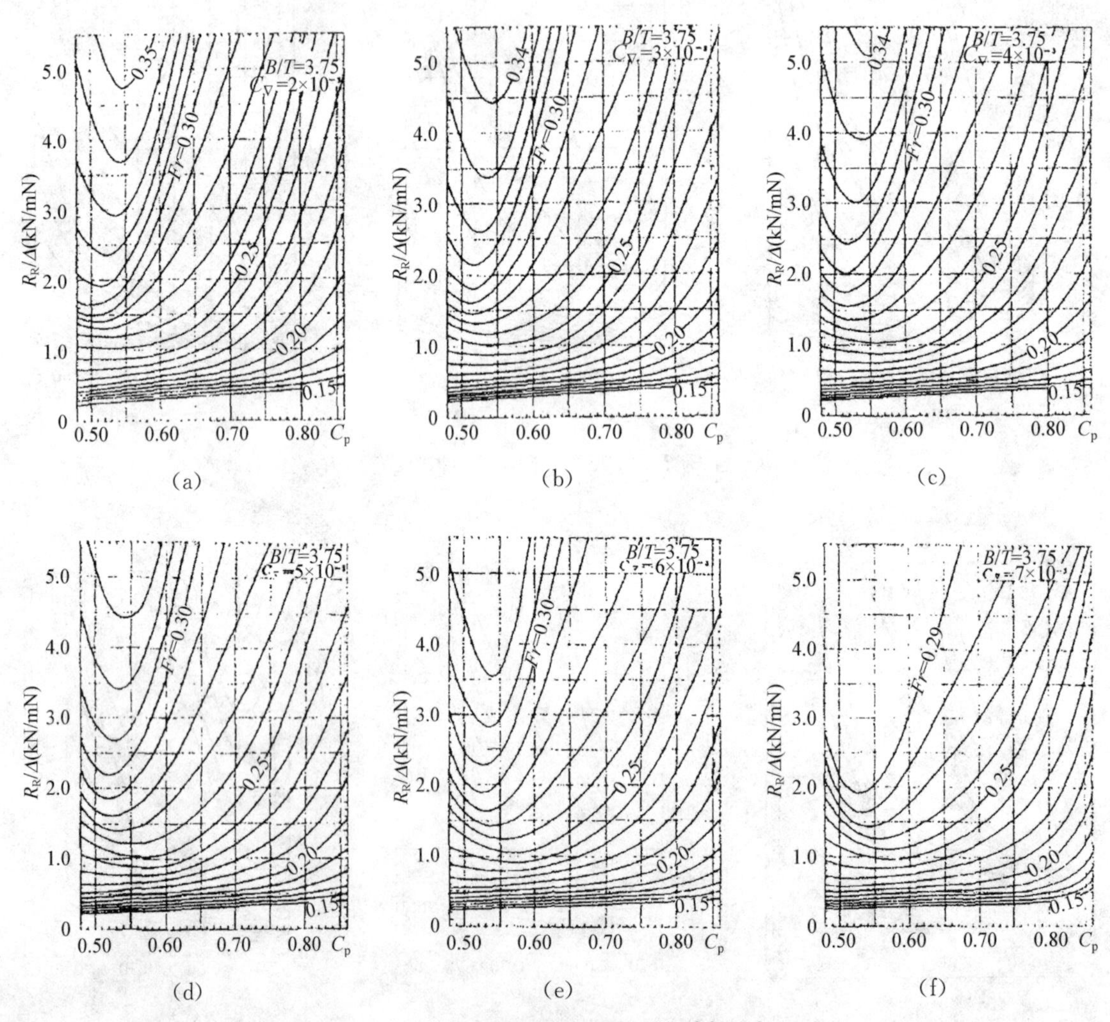


图 6-5　当 $B/T=3.75$ 时，不同 $C_\nabla$ 的剩余阻力 $R_R/\Delta$

2）湿面积系数图谱

函数关系为

$$C_s = f(B/T,\ C_p,\ \nabla/L_{wl}^3) \tag{6-14}$$

当 $B/T$ 一定时，函数关系变为

$$C_s = f(C_p,\ \nabla/L_{wl}^3) \tag{6-15}$$

所以，$C_s$ 图谱的形式是以每一组 $B/T$ 给出一张图谱，表示在不同 $C_p$ 和 $\nabla/L_{wl}^3$ 时的 $C_s$ 等值曲线，如图 6－6 所示。可根据设计船的 $B/T$、$C_p$ 和 $\nabla/L_{wl}^3$ 的值，线性内插出 $C_s$ 值。

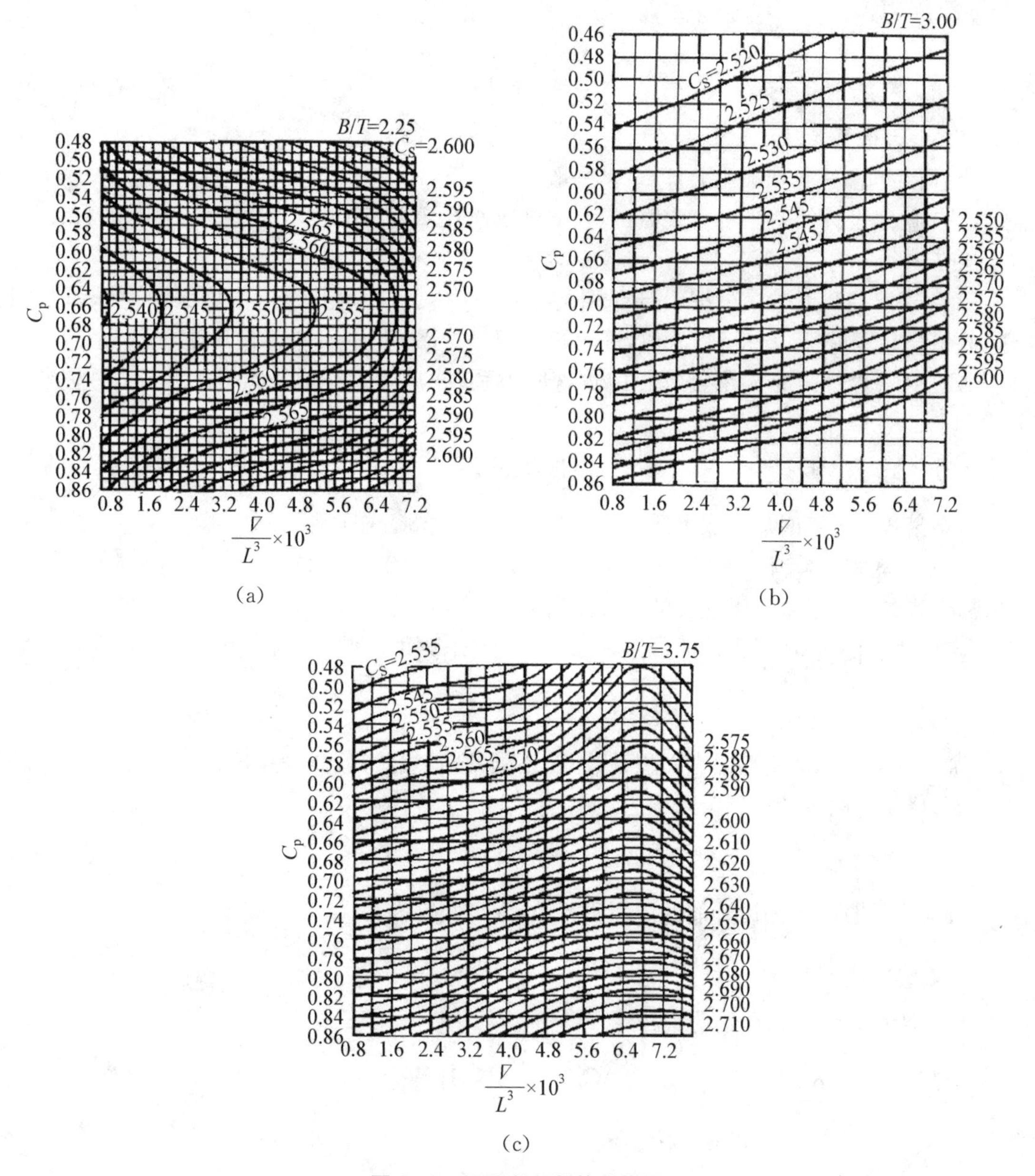


图 6－6　湿面积系数等值线图

对不同类型的船舶，需对图谱求得的湿面积系数做如下修正：

$$C'_s = kC_s \tag{6-16}$$

式中，$C_s$ 为泰勒系列的湿面积系数，由图 6-6 查得；$k$ 为修正值，按表 6-6 选取。

**表 6-6 湿面积系数修正值 $k$**

| 修正项目 | 拖网渔船 | 内河船 | 轴包套 | 风浪 |
|---|---|---|---|---|
| $k$ | 1.05 | 1.10 | 1.03 | 1.03 |

获得湿面积系数可进而按下式求得船体湿面积：

$$S = C'_s\sqrt{\nabla L_{wl}} \tag{6-17}$$

2. 阻力估算步骤

利用泰勒法进行船舶阻力计算，其一般步骤如下：

(1) 确定设计船的船型参数值，包含宽度吃水比 $B/T$、棱形系数 $C_p$、排水体积系数 $\nabla/L_{wl}^3$ 和 $Fr$。

(2) 求湿面积系数。根据设计船相关参数，选择 $B/T$ 与其接近的两张湿面积系数图谱，并结合 $C_p$ 和 $\nabla/L_{wl}^3$ 得到 $C_s$ 值，进而对 $B/T$ 进行线性内插，求得设计船的 $C_s$ 值。

(3) 计算摩擦阻力。在泰勒法中，摩擦阻力系数采用桑海公式，即

$$C_f = \frac{0.4631}{(\lg Re)^{2.6}} + \delta C_f \tag{6-18}$$

式中，雷诺数在计算时船长取水线长度，粗糙度附加值 $\delta C_f$ 一般取 $0.4\times10^{-3}$。

(4) 计算剩余阻力。根据设计船的参数 $B/T$、$C_p$、$\nabla/L_{wl}^3$ 和 $Fr$ 值，选用对应的 $R_R/\Delta$ 图谱，经各参数内插求得设计船的 $R_R/\Delta$ 值。

需要注意的是，如果设计船的湿表面积 $S_n$ 已知，则可求得设计船的湿表面积系数 $C_{sn}$ 为

$$C_{sn} = S_n/\sqrt{\nabla L_{wl}} \tag{6-19}$$

如果其值与标准船型湿表面积系数 $C_s$ 不同，则必须对其所求得的剩余阻力值 $R_R/\Delta$ 进行修正，修正后的设计船剩余阻力为

$$(R_R/\Delta)' = (R_R/\Delta)\cdot C_s/C_{sn} \tag{6-20}$$

如果在计算时不知设计船的湿面积系数，则可假定为 $C_{sn}=C_s$，则有

$$(R_R/\Delta)' = R_R/\Delta \tag{6-21}$$

(5) 计算总阻力和有效功率。

总阻力(N)：$R_{TS} = R_R + (C_f + \Delta C_f)\cdot \frac{1}{2}\rho V^2 S_n$ (6-22)

有效功率(kW)：$P_E = \frac{R_{TS}V}{1000}$ (6-23)

对不同航速不同的 $Fr$，重复上述步骤即可以得到设计船的有效功率曲线。

## 6.2　船舶航速预报

在船舶总体设计时，设计船的航速可依据计算条件和要求，选择以下不同的方法来预报。

### 6.2.1　粗估法

1. 海军系数公式

根据母型船的排水量、航速和主机功率可算得海军系数 $C$ 值，并按式(6-24)来估算设计船的航速，即

$$V=\sqrt[3]{\frac{PC}{\Delta^{2/3}}} \tag{6-24}$$

式中，$P$ 为设计船的主机功率，kW；$\Delta$ 为设计船的排水量，t。应用海军系数法的前提条件是两船的主尺度、排水量、航速和船型(指水下几何形状)相近。

在无同类型的相近船时，$C$ 值可以按式(6-25)、式(6-26)估算：

$$\text{爱尔公式：}C=11.11(1.82L^{1/2}+7) \tag{6-25}$$

$$\text{肖克公式：}C=0.95L+19 \quad (\text{适用船长为 }76\sim152\,\text{m}) \tag{6-26}$$

式中，$L$ 为船长，m。

2. 经验公式

(1) 瓦特生公式

$$P_S=0.772\Delta^{2/3}V_k^3[40-L_{pp}/61+400(K-1)^2-12C_b]/(15\,000-1.81N\sqrt{L_{pp}}) \tag{6-27}$$

式中，$P_S$ 为所需主机功率，kW；$K$ 为系数，$K=C_b+1.68Fr$，$Fr$ 为依据试航速度 $V_k$ 计算得到的弗劳德数；$N$ 为螺旋桨转速，r/min；$V_k$ 为试航速度，km/h。

注意：瓦特生公式适用于油船及散货船。

(2) 统计公式

$$V=2.42L^{0.173}B^{-0.226}d^{-0.066}C_b^{-0.416}(P_D/0.736)^{0.205}N^{-0.010} \tag{6-28}$$

式中，$P_D$ 为螺旋桨收到功率，kW；$N$ 为螺旋桨转速，r/min。

注意：该公式适用于中低速的中小型船舶。

### 6.2.2　精估法

在船舶总体设计时，设计船的航速可以通过有效功率和有效推功率的计算来得到。为此，需假定一组速度，并结合相关螺旋桨图谱资料，分别计算出有效功率曲线和有效推功率曲线。上述两种曲线的交点所对应的速度为设计船所达到的航速。

设计船有效功率的计算可采用6.1节中所述方法进行。设计船有效推功率的计算方法将在6.3节中进行具体介绍，在此仅对所用计算参数作简要说明。

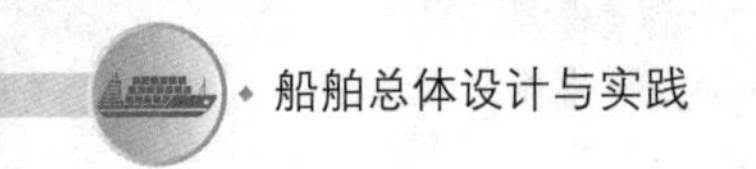


1. 轴系效率和相对旋转效率

对于运输船舶，其轴系传动通常如图 6-7 所示。如采用中高速柴油机作为主机用，则往往在主机输出端需增配减速齿轮箱装置。

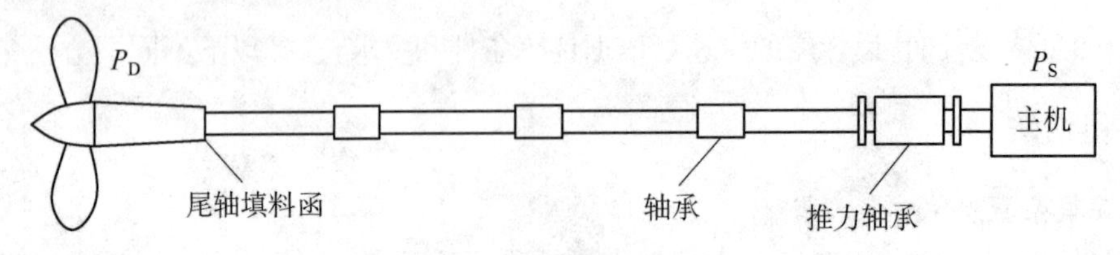


图 6-7 轴系传递示意图

一般而言，设计船的轴系效率 $\eta_s$ 可取为 0.96 左右，如设有齿轮箱装置则需另再考虑 0.96 的折扣。设计船的相对旋转效率 $\eta_r$，通常可取为 1.0。

2. 伴流分数和推力减额

设计船的伴流分数 $\omega$ 和推力减额 $t$ 决定着船身效率 $\eta_h$，尤其是伴流分数估算的偏差直接影响着螺旋桨的"轻重"。在船舶总体设计时，伴流分数和推力减额一般可采用以下相应公式来估算。

1) 伴流分数

泰勒公式：对于单桨船，$\omega = 0.5C_b - 0.05$。

对于双桨船，$\omega = 0.55C_b - 0.20$。

海克休公式：对于单桨船，$\omega = 0.7C_p - 0.18$。

对于双桨船，$\omega = 0.7C_p - 0.30$。

2) 推力减额

对于单桨船，$t = a\omega$，其中桨后设有流线型舵时，$a$ 为 0.5～0.7。

对于双桨船，$t = 0.25\omega + 0.14$，适用于设有轴包套的船；$t = 0.70\omega + 0.06$，适用于设有轴支架的船。

## 6.3 螺旋桨桨型与设计图谱应用

### 6.3.1 AU 型螺旋桨

目前已发表的螺旋桨设计图谱较多，其中又以荷兰 B 型桨和日本 AU 型桨应用最为广泛。在进行螺旋桨设计时，需要针对船舶特点和相关要求，选用合适的螺旋桨图谱。本节仅对 AU 型螺旋桨做初步介绍。

1. 叶切面形状

AU 型螺旋桨通常包括原型和改进型(以 MAU 表示)，为进一步改善空泡性能，MAU 型是对原型 AU 桨在叶梢部分切面的前缘形状进行了局部修正，如图 6-8 所示。表 6-7 为 MAU 型各半径处的叶切面坐标尺寸，$X$ 坐标值以叶宽的百分比表示；$Y$ 坐标值($Y_0$ 和 $Y_u$)以 $Y_{max}$ 的百分比表示。

表6-7　MAU型叶切面尺寸表

| $r/R$ | | | | | | | | | | | | | | | | | | | |
|---|---|---|---|---|---|---|---|---|---|---|---|---|---|---|---|---|---|---|---|
| 0.20 | $X$ | 0 | 2.00 | 4.00 | 6.00 | 10.00 | 15.00 | 20.00 | 30.00 | 32.00 | 40.00 | 50.00 | 60.00 | 70.00 | 80.00 | 90.00 | 95.00 | 100.00 |
| | $Y_o$ | 35.00 | 51.85 | 59.75 | 66.15 | 76.05 | 85.25 | 92.20 | 99.80 | 100.00 | 97.75 | 89.95 | 78.15 | 63.15 | 45.25 | 25.30 | 15.00 | 4.50 |
| | $Y_u$ | | 24.25 | 19.05 | 15.00 | 10.00 | 5.40 | 2.35 | | | | | | | | | | |
| 0.30 | $X$ | 0 | 2.00 | 4.00 | 6.00 | 10.00 | 15.00 | 20.00 | 30.00 | 32.00 | 40.00 | 50.00 | 60.00 | 70.00 | 80.00 | 90.00 | 95.00 | 100.00 |
| | $Y_o$ | 35.00 | 51.85 | 59.75 | 66.15 | 76.05 | 85.25 | 92.20 | 99.80 | 100.00 | 97.75 | 89.95 | 78.15 | 63.15 | 45.25 | 25.30 | 15.00 | 4.50 |
| | $Y_u$ | | 24.25 | 19.05 | 15.00 | 10.00 | 5.40 | 2.35 | | | | | | | | | | |
| 0.40 | $X$ | 0 | 2.00 | 4.00 | 6.00 | 10.00 | 15.00 | 20.00 | 30.00 | 32.00 | 40.00 | 50.00 | 60.00 | 70.00 | 80.00 | 90.00 | 95.00 | 100.00 |
| | $Y_o$ | 35.00 | 51.85 | 59.75 | 66.15 | 76.05 | 85.25 | 92.20 | 99.80 | 100.00 | 97.75 | 89.95 | 78.15 | 63.15 | 45.25 | 25.30 | 15.00 | 4.50 |
| | $Y_u$ | | 24.25 | 19.05 | 15.00 | 10.00 | 5.40 | 2.35 | | | | | | | | | | |
| 0.50 | $X$ | 0 | 2.03 | 4.06 | 6.09 | 10.16 | 15.23 | 20.31 | 30.47 | 32.50 | 40.44 | 50.37 | 60.29 | 70.22 | 80.15 | 90.07 | 95.04 | 100.00 |
| | $Y_o$ | 35.00 | 51.85 | 59.75 | 66.15 | 76.05 | 85.25 | 92.20 | 99.80 | 100.00 | 97.75 | 89.95 | 78.15 | 63.15 | 45.25 | 25.30 | 15.00 | 4.50 |
| | $Y_u$ | | 24.25 | 19.05 | 15.00 | 10.00 | 5.40 | 2.35 | | | | | | | | | | |
| 0.60 | $X$ | 0 | 2.18 | 4.36 | 6.54 | 10.91 | 16.36 | 21.81 | 32.72 | 34.90 | 42.56 | 52.13 | 61.70 | 71.28 | 80.85 | 90.43 | 95.21 | 100.00 |
| | $Y_o$ | 34.0 | 49.60 | 58.00 | 64.75 | 75.20 | 84.80 | 91.80 | 99.80 | 100.00 | 97.75 | 89.95 | 78.15 | 63.15 | 45.25 | 25.30 | 15.00 | 4.50 |
| | $Y_u$ | | 23.60 | 18.10 | 14.25 | 9.45 | 5.00 | 2.25 | | | | | | | | | | |
| 0.70 | $X$ | 0 | 2.51 | 5.03 | 7.54 | 12.56 | 18.84 | 25.12 | 37.69 | 40.20 | 47.23 | 56.03 | 64.82 | 73.62 | 82.41 | 91.21 | 95.60 | 100.00 |
| | $Y_o$ | 30.0 | 42.90 | 52.20 | 59.90 | 71.65 | 82.35 | 90.60 | 99.80 | 100.00 | 97.75 | 89.95 | 78.15 | 63.15 | 45.25 | 25.30 | 15.00 | 4.50 |
| | $Y_u$ | | 20.50 | 15.45 | 11.95 | 7.70 | 4.10 | 1.75 | | | | | | | | | | |
| 0.80 | $X$ | 0 | 2.84 | 5.68 | 8.51 | 14.19 | 21.28 | 28.38 | 42.56 | 45.40 | 51.82 | 59.85 | 67.88 | 75.91 | 83.94 | 91.97 | 95.99 | 100.00 |
| | $Y_o$ | 21.0 | 32.45 | 41.70 | 50.10 | 64.60 | 78.45 | 88.90 | 99.80 | 100.00 | 97.75 | 89.95 | 78.15 | 63.15 | 45.25 | 25.30 | 15.00 | 4.50 |
| | $Y_u$ | | 14.00 | 10.45 | 8.05 | 5.05 | 5.40 | 1.15 | | | | | | | | | | |
| 0.90 | $X$ | 0 | 3.06 | 6.11 | 9.17 | 15.28 | 22.92 | 30.56 | 45.85 | 48.90 | 54.91 | 62.42 | 69.94 | 77.46 | 84.97 | 92.49 | 96.24 | 100.00 |
| | $Y_o$ | 8.30 | 21.10 | 31.50 | 40.90 | 57.45 | 74.70 | 87.45 | 99.70 | 100.00 | 98.65 | 92.75 | 83.00 | 69.35 | 51.85 | 30.80 | 19.40 | 6.85 |
| | $Y_u$ | | 4.00 | 2.70 | 2.05 | 1.20 | 0.70 | 0.30 | | | | | | | | | | |
| 0.95 | $X$ | 0 | 3.13 | 6.25 | 9.38 | 15.63 | 23.44 | 31.25 | 46.87 | 50.00 | 55.88 | 63.23 | 70.50 | 77.94 | 85.30 | 92.65 | 96.32 | 100.00 |
| | $Y_o$ | 6.00 | 19.65 | 30.00 | 39.60 | 56.75 | 74.30 | 87.30 | 99.65 | 100.00 | 99.00 | 93.85 | 84.65 | 71.65 | 54.30 | 33.50 | 21.50 | 8.00 |
| | $Y_u$ | | | | | | | | | | | | | | | | | |

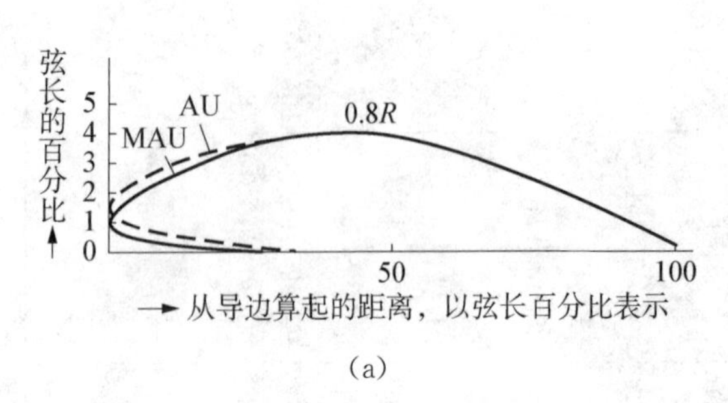

(a)

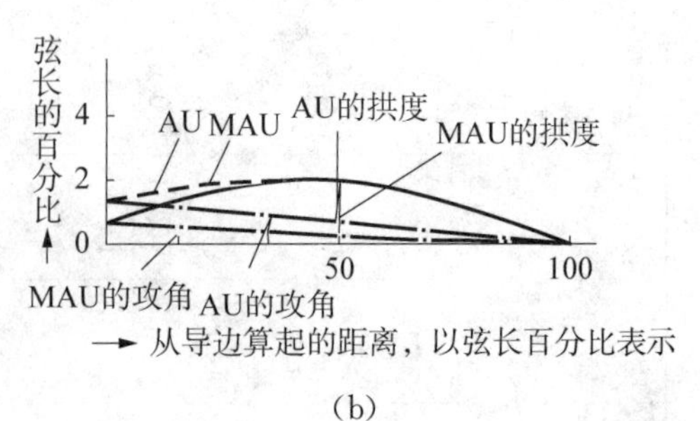

(b)

图 6－8　AU 与 MAU 桨叶切面示意图

2. 外形轮廓

MAU 型螺旋桨的外形轮廓包括桨叶轮廓和桨毂外形尺寸两部分。不同叶数的 MAU 型螺旋桨，其外形轮廓也不尽相同。下面给出了具有一定代表性的四叶桨和五叶桨的相关轮廓资料。

1）四叶螺旋桨系列

四叶模型的螺旋桨要素列于表 6－8 中。桨叶轮廓的尺寸如表 6－9 所示。不同盘面比桨的轮廓形状如图 6－9(a)及图 6－9(b)所示。

表 6－8　四叶模型的螺旋桨要素表

| | MAU4－40 | MAU4－55 | MAU4－70 |
|---|---|---|---|
| 直径/m | 0.250 | 0.250 | 0.250 |
| 毂径比 | 0.180 | 0.180 | 0.180 |
| 盘面比 | 0.400 | 0.550 | 0.700 |
| 最大叶宽比 | 0.226 | 0.311 | 0.398 |
| 平均叶宽比 | 0.192 | 0.263 | |
| 叶厚比 | 0.050 | 0.050 | 0.050 |
| 后倾角 | 10° | 10° | 10° |

表 6－9　MAU 型螺旋桨的桨叶轮廓尺寸表

| | $r/R$ | 0.2 | 0.3 | 0.4 | 0.5 | 0.6 | 0.66 | 0.7 | 0.8 | 0.9 | 0.95 | 1.0 | 叶片最大宽度在 0.66 处＝0.226 $D \cdot a_E/0.1Z$，$D$ 为螺旋桨直径 $a_E$：为盘面比 $Z$：为叶数 |
|---|---|---|---|---|---|---|---|---|---|---|---|---|---|
| 叶片宽度以最大叶片宽度的%表示 | 从母线到叶片随边的距离 | 27.96 | 33.45 | 38.76 | 43.54 | 47.96 | 49.74 | 51.33 | 52.39 | 48.49 | 42.07 | 17.29 | |
| | 从母线到叶片导边的距离 | 38.58 | 44.25 | 48.32 | 50.80 | 51.15 | 50.26 | 48.31 | 40.53 | 25.13 | 13.55 | | |
| | 叶片宽度 | 66.54 | 77.70 | 87.08 | 94.34 | 99.11 | 100.0 | 99.64 | 92.92 | 73.62 | 55.62 | | |

（续表）

| | | | | | | | | | | | |
|---|---|---|---|---|---|---|---|---|---|---|---|
| 叶片厚度用 $D$ 的%表示 | 4.06 | 3.59 | 3.12 | 2.65 | 2.18 | 1.90 | 1.71 | 1.24 | 0.77 | 0.54 | 0.30 | 叶片最大厚度在螺旋桨轴线处 = 0.05$D$ |
| 以叶片宽度%表示从导边至最厚点的距离 | 32.0 | 32.0 | 32.0 | 32.5 | 34.9 | 37.9 | 40.2 | 45.4 | 48.9 | 50.0 | | |

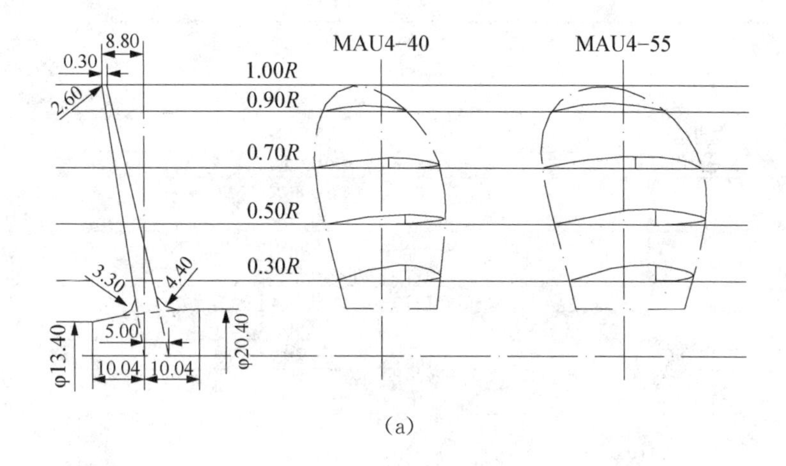


(a)

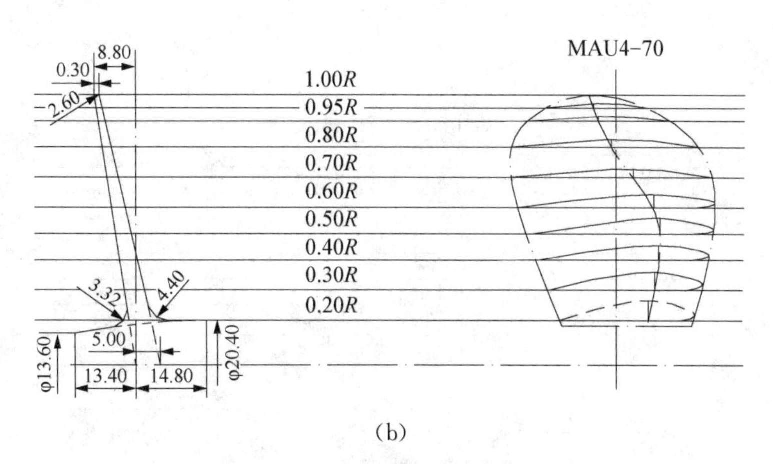


(b)

**图 6－9　MAU 型四叶桨的轮廓形状**

2）五叶螺旋桨系列

桨模要素列于表 6－10 中。桨叶轮廓的尺寸如表 6－9 所示。不同盘面比桨的轮廓形状如图 6－10(a)、图 6－10(b)所示。

表 6-10　五叶模型螺旋桨要素表

| | AU5-50 | AU5-65 | MAU5-80 |
|---|---|---|---|
| 直径/m | 0.250 | 0.250 | 0.250 |
| 毂径比 | 0.180 | 0.180 | 0.180 |
| 盘面比 | 0.500 | 0.650 | 0.800 |
| 最大叶宽比 | 0.226 | 0.294 | 0.364 |
| 叶厚比(叶厚分数) | 0.050 | 0.050 | 0.050 |
| 后倾角 | 10° | 10° | 10° |

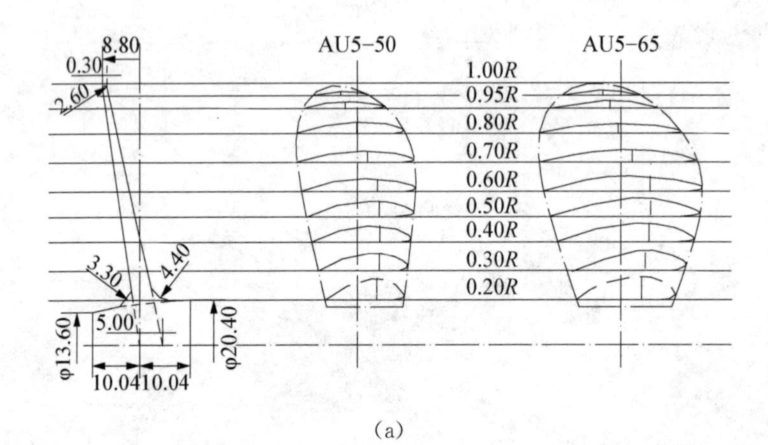


(a)

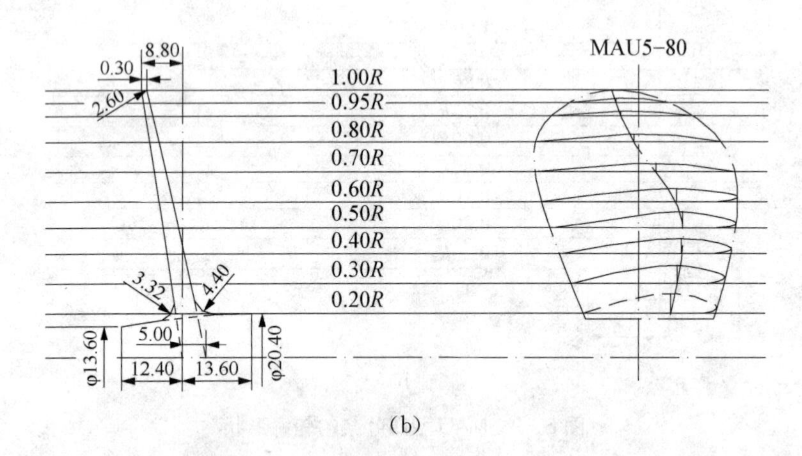


(b)

图 6-10　MAU 五叶桨的轮廓形状

3. MAU 型桨设计图谱

MAU 型桨设计图谱如图 6-11～图 6-16 所示。

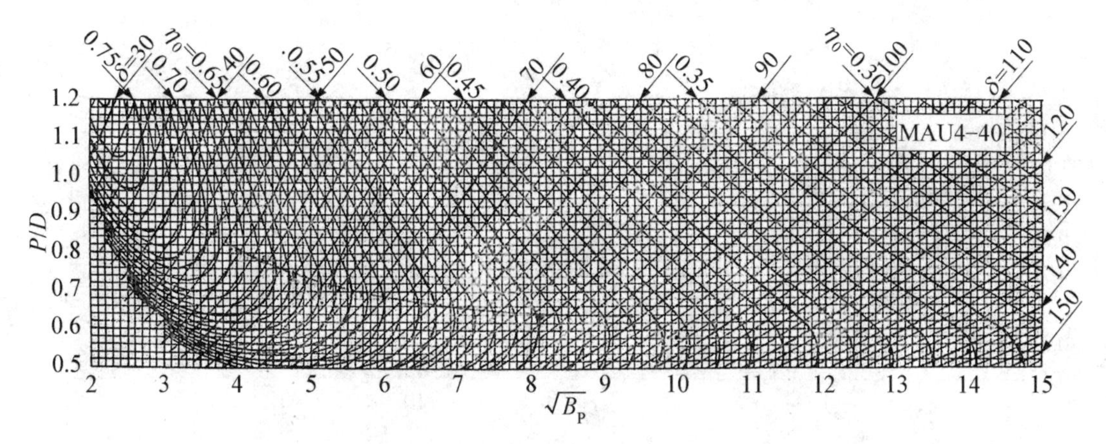


图6-11　MAU4-40设计图谱

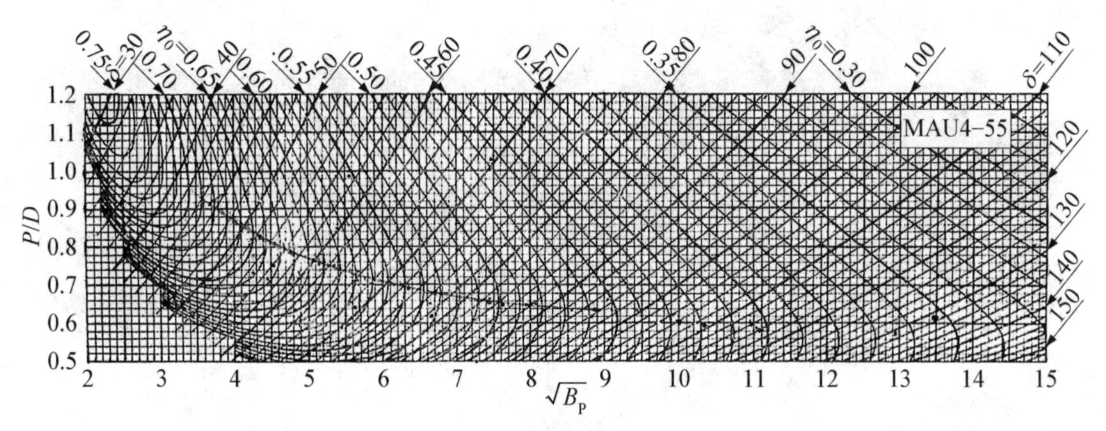


图6-12　MAU4-55设计图谱

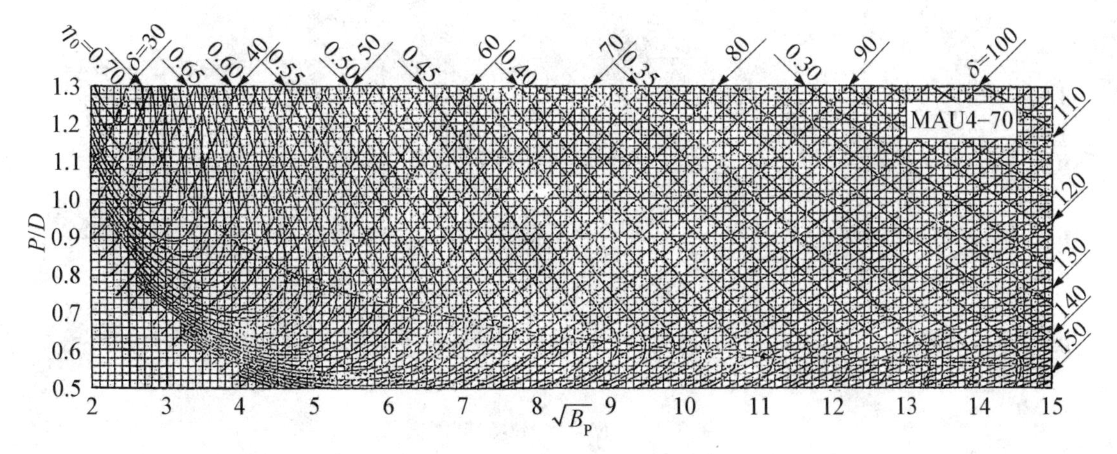


图6-13　MAU4-70设计图谱

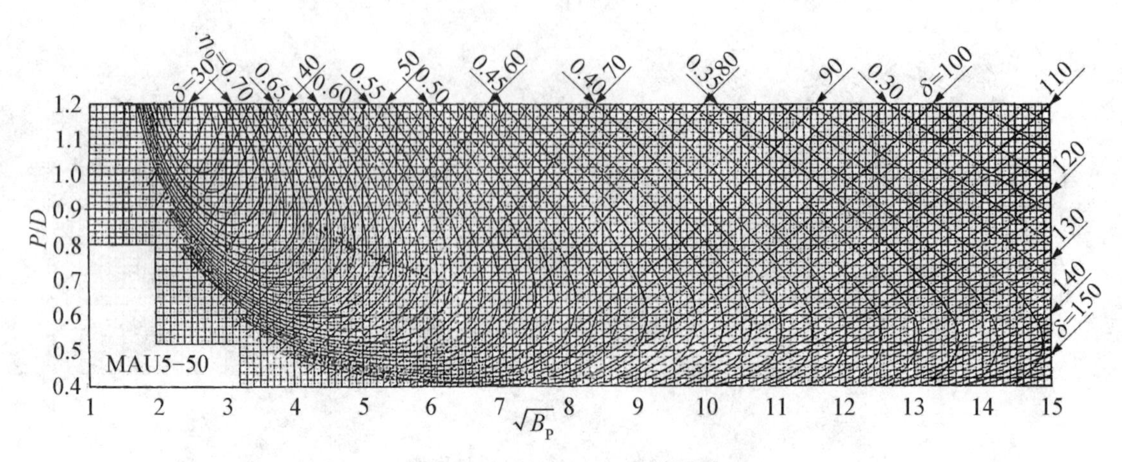


图 6-14　MAU5-50 设计图谱

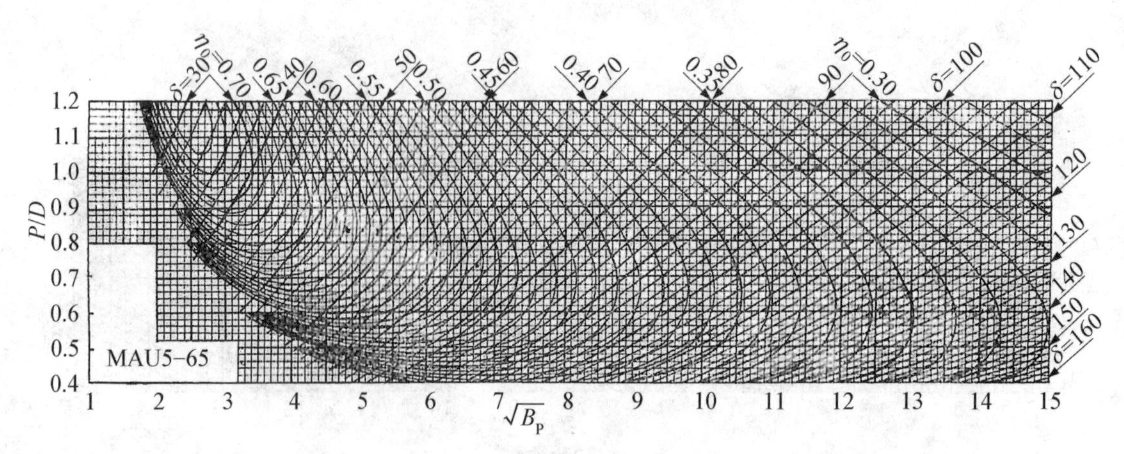


图 6-15　MAU5-65 设计图谱

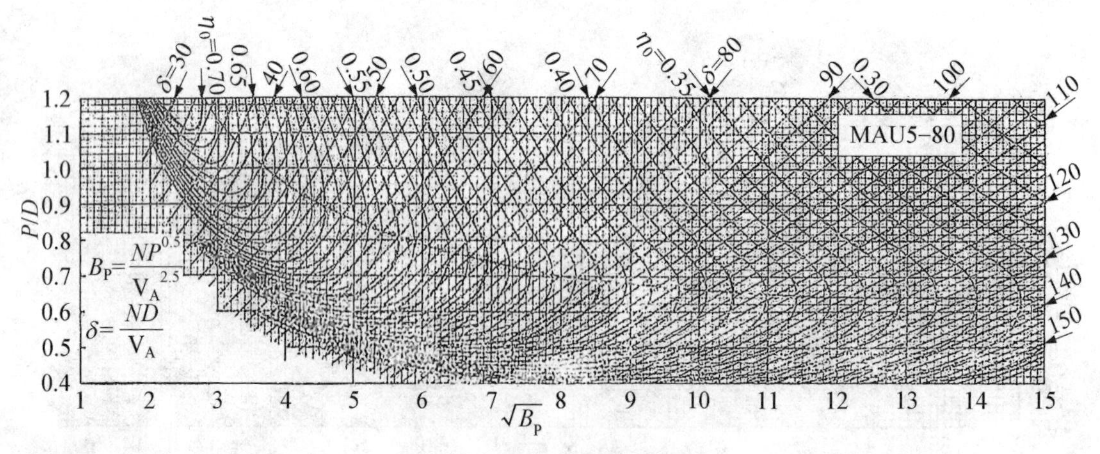


图 6-16　MAU5-80 设计图谱

### 6.3.2　螺旋桨设计图谱应用

在进行 AU 型螺旋桨设计时，应先确定伴流分数 $\omega$、推力减额分数 $t$、相对旋转效率 $\eta_R$ 及轴系效率 $\eta_s$，然后可应用 $\sqrt{B_P}-\delta$ 图谱来解决螺旋桨相关设计问题。

1. 螺旋桨初步设计

(1) 已知船速 $V$、有效马力曲线，根据选定的螺旋桨直径 $D$，确定螺旋桨的最佳转速 $N$、螺旋桨效率 $\eta_0$、螺距比 $P/D$ 和主机马力 $P_S$。

首先需选定螺旋桨的叶数和盘面比。例如选用 MAU 型、四叶、盘面比为 0.55 的螺旋桨，则可用 MAU4－55 的 $\sqrt{B_P}-\delta$ 图谱(见图 6－12)；其次假定一组转速 $N$，利用式(6－29)和式(6－30)来计算 $B_p$ 和 $\delta$，具体步骤可按表 6－11 的形式进行。

$$B_P=\frac{NP_D^{0.5}}{V_A^{2.5}} \tag{6-29}$$

$$\delta=\frac{ND}{V_A}=\frac{30.86}{J} \tag{6-30}$$

式中，$N$ 为螺旋桨转速，rpm；$P_D$ 为螺旋桨敞水收到马力，hp；$V_A$ 为螺旋桨进速，kn；$D$ 为螺旋桨直径，m。

表 6－11　初步设计确定最佳转速的计算

| 序号 | 名　称 | 单位 | 数　据 | | | |
|---|---|---|---|---|---|---|
| 1 | 螺旋桨直径 $D$(给定) | m | | | | |
| 2 | $\eta_H=(1-t)/(1-\omega)$ | | | | | |
| 3 | $V_A=V(1-\omega)$ | kn | | | | |
| 4 | $P_E$(给定) | | | | | |
| 5 | 假定一组转速 $N$ | rpm | $N_1$ | $N_2$ | $N_3$ | $N_4$ |
| 6 | 直径系数　$\delta=\dfrac{ND}{V_A}$ | | $\delta_1$ | $\delta_2$ | $\delta_3$ | $\delta_4$ |
| 7 | 查 MAU4－55 图谱，由 $\delta$ 等值线与最佳效率曲线的交点得到：<br>$P/D$；$\eta_0$；$\sqrt{B_P}$ | | $(P/D)_1$<br>$\eta_{01}$<br>$\sqrt{B_{P1}}$ | $(P/D)_2$<br>$\eta_{02}$<br>$\sqrt{B_{P2}}$ | $(P/D)_3$<br>$\eta_{03}$<br>$\sqrt{B_{P3}}$ | $(P/D)_4$<br>$\eta_{04}$<br>$\sqrt{B_{P4}}$ |
| 8 | $P_D=\dfrac{B_P^2V_A^5}{N^2}$ | | $P_{D1}$ | $P_{D2}$ | $P_{D3}$ | $P_{D4}$ |
| 9 | 主机马力　$P_S=\dfrac{P_D}{\eta_S\cdot\eta_R}$ | | $P_{s1}$ | $P_{s2}$ | $P_{s3}$ | $P_{s4}$ |
| 10 | 计算螺旋桨能克服的有效马力<br>$P_{TE}=P_D\cdot\eta_0\cdot\eta_H$ | | $P_{TE1}$ | $P_{TE2}$ | $P_{TE3}$ | $P_{TE4}$ |

将表 6-11 的计算结果，以转速 $N$ 为横坐标，并以 $P_S$、$P_{TE}$、$P/D$、$\eta_0$ 分别为纵坐标做图（见图 6-17），然后根据已知船速 $V$ 时的有效马力 $P_E$ 值做水平线与 $P_{TE}$ 曲线相交，此交点为所求螺旋桨的转速 $N$、要求的主机马力 $P_S$ 及螺旋桨的螺距比 $P/D$、敞水效率 $\eta_0$ 等。

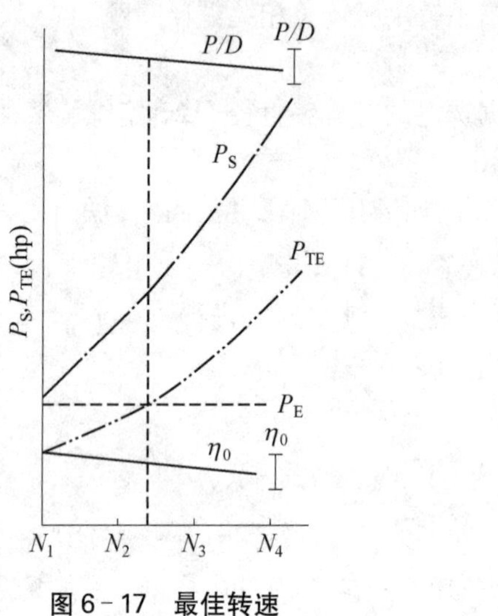


图 6-17　最佳转速

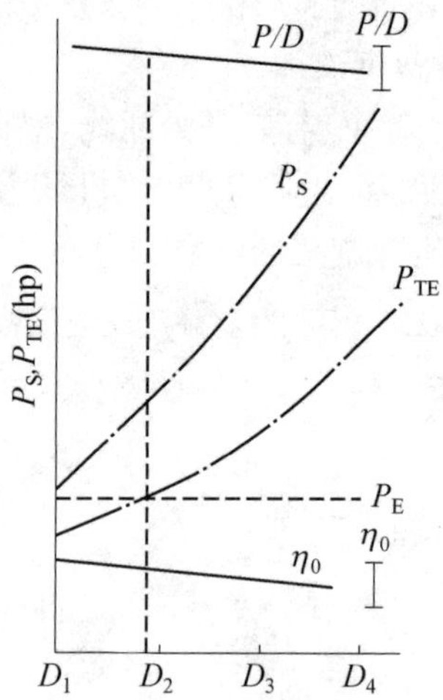

图 6-18　最佳直径

(2) 已知船速 $V$，有效马力 $P_E$，根据给定的转速 $N$，确定螺旋桨效率最佳的直径 $D$、螺距比 $P/D$ 及主机马力 $P_S$。

同样在选定螺旋桨型式、叶数和盘面比（例如 MAU4-55）后，此时需假设一组螺旋桨直径，并按表 6-12 的步骤进行计算，同样可以得到如图 6-18 所示的相关曲线图，并求得螺旋桨直径 $D$、需要的主机功率 $P_s$ 及螺旋桨的螺距比 $P/D$、敞水效率 $\eta_0$ 等。

表 6-12　初步设计确定最佳直径的计算

| 序号 | 名　称 | 单位 | 数　据 | | | |
|---|---|---|---|---|---|---|
| 1 | 螺旋桨转速 $N$（给定） | rpm | | | | |
| 2 | $\eta_H=(1-t)/(1-\omega)$ | | | | | |
| 3 | $V_A=V(1-\omega)$ | kn | | | | |
| 4 | $P_E$（给定） | | | | | |
| 5 | 假定一组直径 $D$ | m | $D_1$ | $D_2$ | $D_3$ | $D_4$ |
| 6 | 直径系数　$\delta=\dfrac{ND}{V_A}$ | | $\delta_1$ | $\delta_2$ | $\delta_3$ | $\delta_4$ |
| 7 | 查 MAU4-55 图谱，由 $\delta$ 等值线与最佳效率曲线的交点得到：<br>$P/D$；$\eta_0$；$\sqrt{B_P}$ | | $(P/D)_1$<br>$\eta_{01}$<br>$\sqrt{B_{P1}}$ | $(P/D)_2$<br>$\eta_{02}$<br>$\sqrt{B_{P2}}$ | $(P/D)_3$<br>$\eta_{03}$<br>$\sqrt{B_{P3}}$ | $(P/D)_4$<br>$\eta_{04}$<br>$\sqrt{B_{P4}}$ |
| 8 | $P_D=\dfrac{B_P^2V_A^5}{N^2}$ | | $P_{D1}$ | $P_{D2}$ | $P_{D3}$ | $P_{D4}$ |

（续表）

| 序号 | 名　　称 | 单位 | 数　　据 | | | |
|---|---|---|---|---|---|---|
| 9 | 主机马力　$P_s = \dfrac{P_D}{\eta_S \cdot \eta_R}$ | | $P_{s1}$ | $P_{s2}$ | $P_{s3}$ | $P_{s4}$ |
| 10 | 有效推马力 $P_{TE} = P_D \cdot \eta_0 \cdot \eta_H$ | | $P_{TE1}$ | $P_{TE2}$ | $P_{TE3}$ | $P_{TE4}$ |

2. 螺旋桨终结设计

已知主机马力 $P_S$、转速 $N$ 和有效马力曲线，确定所能达到的航速 $V$ 及螺旋桨的相关参数。对于这类设计问题，在选定螺旋桨型式、叶数后，通常先假定若干个船速，并利用不同的盘面比（MAU4－40、MAU4－55、MAU4－70）分别进行计算，再经过空泡校核后，最终确定螺旋桨的相关参数和所能达到的航速。

通常，螺旋桨终结设计方法可参考6.4螺旋桨图谱设计案例。

## 6.4　螺旋桨图谱设计案例

### 6.4.1　设计船概述

设计船采用双桨推进，桨型为MAU型，叶数为4，要求按图谱设计方法来确定螺旋桨的主要要素，并预报航速。

设计船的有效功率具体如表6－13所示。

表6－13　设计船有效功率

| 航速/kn | 8 | 9 | 10 | 11 |
|---|---|---|---|---|
| 有效功率/kW | 145.94 | 265.13 | 439.57 | 726.33 |

### 6.4.2　推进性能计算

1. 计算参数

本船为双机双桨，其计算参数如下：

| | |
|---|---|
| 单机持续功率 | $P = 250\ \text{kW} = 340\ \text{hp}$ |
| 转速 | $n = 2\,000\ \text{rpm}$ |
| 螺旋桨收到功率 | $P_D = 313.34\ \text{hp}$ |
| 齿轮箱速比 | 4.61∶1 |
| 螺旋桨转速 | $N = 433.84\ \text{rpm}$ |
| 伴流系数 | $\omega = 0.31$ |
| 推力减额系数 | $t = 0.25\omega + 0.14 \approx 0.22$ |
| 船身效率 | $\eta_h = 1.13$ |

相对旋转效率　　　　$\eta_r=1.0$
轴系效率　　　　0.96
齿轮箱效率　　　　0.96

2. 有效推功率计算

利用 MAU 桨设计图谱进行有效推功率计算，其结果如表 6－14 所示。

表 6－14　有效推功率计算表

| 假定航速 $V$/kn | | 8 | 9 | 10 | 11 |
|---|---|---|---|---|---|
| $V_A=V(1-\omega)$(kn) | | 5.52 | 6.21 | 6.90 | 7.59 |
| $V_A^{2.5}$ | | 71.59 | 96.10 | 125.06 | 158.71 |
| $B_P=\dfrac{N\cdot P_D^{1/2}}{V_A^{2.5}}$ | | 107.27 | 79.91 | 61.41 | 48.39 |
| $\sqrt{Bp}$ | | 10.36 | 8.94 | 7.84 | 6.96 |
| MAU4－40 | $\eta_0$ | 0.435 | 0.474 | 0.508 | 0.54 |
| | $\delta$ | 111.5 | 99 | 89 | 80.5 |
| | $P/D$ | 0.556 | 0.573 | 0.595 | 0.623 |
| | $2P_{TE}$(hp/kW) | 308.16/226.50 | 335.79/246.81 | 359.88/264.51 | 382.55/281.17 |
| MAU4－55 | $\eta_0$ | 0.419 | 0.456 | 0.49 | 0.522 |
| | $\delta$ | 109.8 | 97.6 | 87.3 | 79 |
| | $P/D$ | 0.589 | 0.611 | 0.638 | 0.668 |
| | $2P_{TE}$ | 296.83/218.17 | 323.04/237.43 | 347.13/255.14 | 369.80/271.80 |
| MAU4－70 | $\eta_0$ | 0.408 | 0.444 | 0.475 | 0.505 |
| | $\delta$ | 109 | 96.6 | 86.5 | 78 |
| | $P/D$ | 0.592 | 0.614 | 0.641 | 0.673 |
| | $2P_{TE}$ | 289.04/212.45 | 314.54/231.19 | 336.50/247.33 | 357.75/263.68 |

根据相关图谱查得的 $\eta_0$、$\delta$、$P/D$ 可以绘出对速度 $V$ 的曲线(见图 6－19)，并得到有效功率与有效推功率的曲线之交点，进而可获得不同盘面比所对应的航速及螺旋桨最佳要素 $P/D$、$\delta$、$\eta_0$，如表 6－15 所示。

表 6－15　MAU 四叶桨性能及要素表

| MAU | $V_{max}$/(kn) | $P/D$ | $\delta$ | $D$(m) | $\eta_0$ |
|---|---|---|---|---|---|
| 4－40 | 8.84 | 0.570 | 100.88 | 1.418 | 0.468 |
| 4－55 | 8.75 | 0.605 | 100.52 | 1.399 | 0.447 |
| 4－70 | 8.69 | 0.607 | 100.21 | 1.385 | 0.433 |

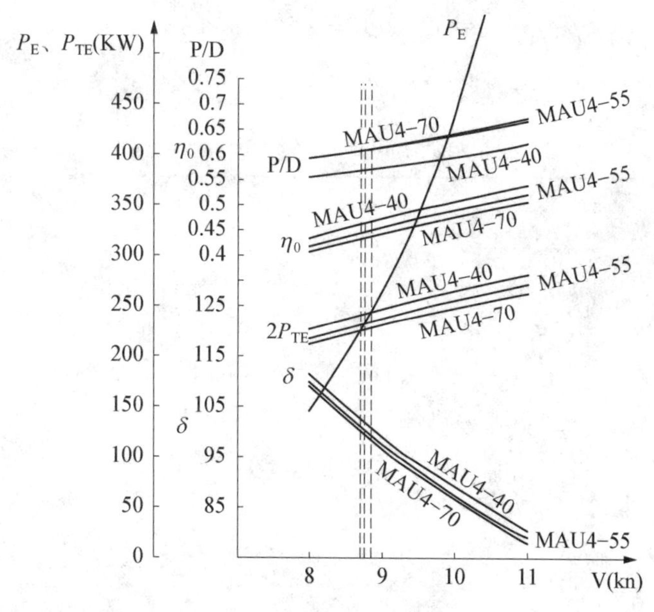


图 6-19　阻力推进性能曲线图

### 6.4.3　螺旋桨要素确定

1. 空泡校核

按柏利尔空泡限界线中商船上限线(见图 6-20),计算不发生空泡之最小展开面积比(见表 6-16)。

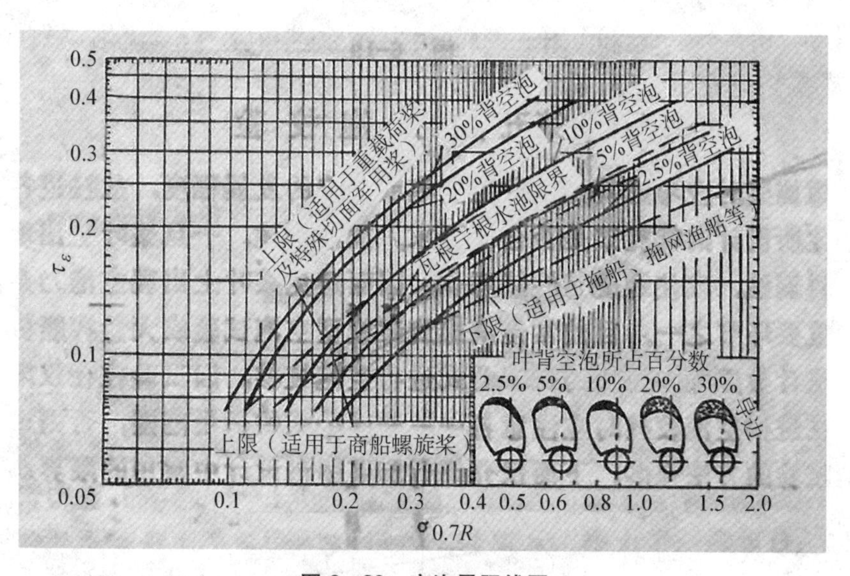


图 6-20　空泡界限线图

桨轴浸深 $h_s = 0.6\,\mathrm{m}$

计算水温 $t = 15℃$，$p_v = 173.76\,\mathrm{kgf/m^2}$，$\rho = 104.6\,\mathrm{kg \cdot s^2/m^4}$

$$p_0 - p_v = p_a + \gamma h_s - p_v = 10\,330 + 1\,025 \times 0.6 - 173.76$$
$$= 10\,771.24\ \text{kgf/m}^2$$

表 6-16 MAU 四叶桨空泡校核计算

| 序号 | 项目 | 单位 | MAU4-40 | MAU4-55 | MAU4-70 |
|---|---|---|---|---|---|
| 1 | $V_{max}$ | kn | 8.84 | 8.75 | 8.69 |
| 2 | $V_A = 0.5144V_{max}(1-\omega)$ | m/s | 3.14 | 3.11 | 3.08 |
| 3 | $\left(0.7\pi\dfrac{ND}{60}\right)^2$ | $(\text{m/s})^2$ | 508.12 | 494.28 | 484.52 |
| 4 | $V_{0.7R}^2 = V_A^2 + (3)$ | $(\text{m/s})^2$ | 517.96 | 503.92 | 494.03 |
| 5 | $\sigma_{0.7R} = (p_0 - p_v)/\dfrac{1}{2}\rho V_{0.7R}^2$ | | 0.398 | 0.409 | 0.417 |
| 6 | $\tau_c$(查图) | | 0.154 | 0.157 | 0.160 |
| 7 | $T = P_D\eta_0 \cdot 75/V_A$ | kgf | 3 505.26 | 3 382.41 | 3 299.10 |
| 8 | $A_P = T/\dfrac{1}{2}\rho V_{0.7R}^2 \cdot \tau_c$ | $\text{m}^2$ | 0.840 | 0.817 | 0.798 |
| 9 | $A_E = A_P/(1.067 - 0.229P/D)$ | $\text{m}^2$ | 0.897 | 0.880 | 0.860 |
| 10 | $A_E/A_o = A_E/\dfrac{\pi}{4}D^2$ | | 0.568 | 0.573 | 0.571 |

2. 螺旋桨要素

根据表 6-16 计算结果，利用图 6-21 可得到不发生空泡的最小盘面比所对应的最佳螺旋桨要素及航速预报。

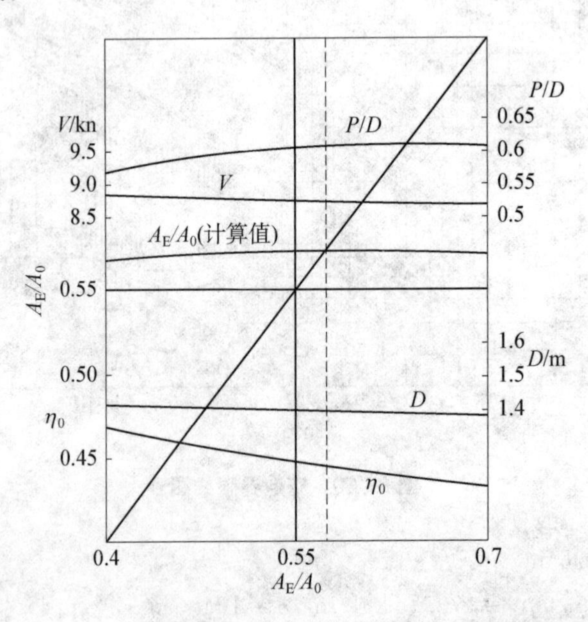


图 6-21 最小盘面比示意图

盘面比　　$A_E/A_0=0.573$

直径　　$D=1.397\,\mathrm{m}$

螺距比　　$P/D=0.607$

敞水效率　　$\eta_0=0.445$

航速　　$V=8.74\,\mathrm{kn}$

根据所确定的螺旋桨要素，参考 MAU 四叶桨轮廓及叶切面坐标值，即可设绘出如图 6-22 所示的螺旋桨图。

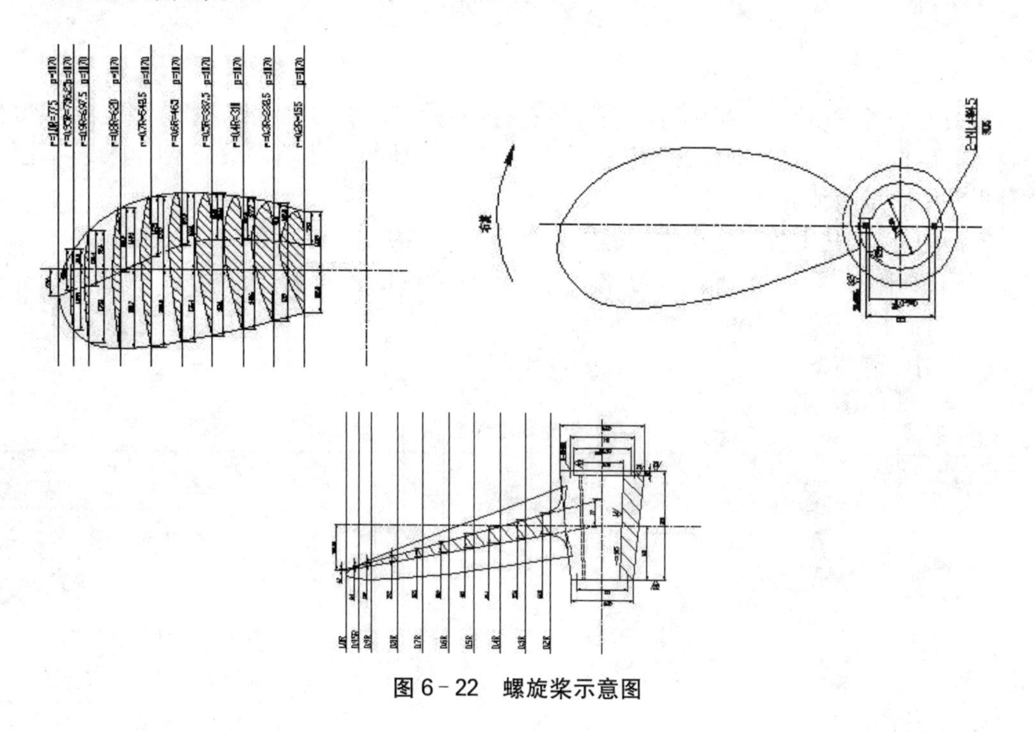

图 6-22　螺旋桨示意图

# 第7章 散货船总体设计

散货船是指专门运输散装货物的船。除少量矿砂专用船之外，散货船所装运的货物有谷物、煤、矿石、木材、卷筒钢板、废钢铁、重货等，有时也兼装集装箱。根据不同航线，运输的货种以其中一至两种货物为主。

不同的货种，其积载因数和休止角往往不一样，有时甚至同一种货因产地或包装方式不同而不同，具体如表7-1所示。习惯上对装重货为主的散货船，可取积载因数为1.4～1.5 $m^3/t$；而对装轻货为主的船舶，可取2.0～2.2 $m^3/t$。谷物的休止角通常为35°～37°，但干燥谷物则可取30°～31°。

表7-1 主要货物积载因数和休止角参数

| 货物种类 | 型式 | 积载因数/($m^3/t$) | 休止角 | 备注 |
| --- | --- | --- | --- | --- |
| 铁矿石 | 散 | 0.33～0.42 | 35°～45° | 一般在此范围 |
| 水泥 | 散 | 0.67～0.78 | 不定 | 休止角随混入空气而定 |
| 盐 | 散 | 0.98～1.11 | 45° | 低级品，块状，水分3% |
| 煤 | 散 | 1.17～1.34 | 30°～45° | 随产品及含水量而异 |
| | | 1.39～1.48 | | 煤粉 |
| 砂 | 散 | 0.56～0.64 | 31°～40° | |
| 小麦 | 散 | 1.22～1.34 | —— | 标准值1.34 $m^3/t$ |
| 玉米 | 散 | 1.34～1.39 | —— | 标准值1.40 $m^3/t$ |

因航线和航行区域不同，通常散货船可以分成以下几类：

(1) 20万吨以上的超大型散货船，主要装运矿砂。

(2) 13万吨～17万吨的好望角型散货船，是在苏伊士运河通航受阻时，为适应长航程、大载量的需求，由绕好望角航行的散货船发展而来的。

(3) 6.4万吨～7.3万吨的巴拿马型散货船，其标准型的吃水为12.5 m，其载重量通常仅为6万多吨；在船长、船宽不变的条件下，将船舶吃水增加到13.7～14.0 m，其载重量可增加到7.3万吨。

(4) 4万吨～4.8万吨的灵便型散货船，其结构吃水可达到11.7～12.0 m。

(5) 2.7万吨～3.4万吨大湖型散货船，此船型因通过圣劳伦斯航道时船宽受到很大限制，而且进入五大湖吃水不大于7.92 m，并有部分船东提出载重量要大于2万吨，因此该船

型船长较长，$L/B$ 很大。

此外，在散货船发展过程中，船型受到港口和航道水深的制约，出现了浅吃水肥大型船和超浅吃水肥大型船（$B/T$ 在 4.0 以上）。这种船型与常规型船舶相比，在吃水受到制约的情况下，同样的船长能极大地提高载重量，所以经济性较好。但需要指出的是，如果吃水不受到限制，那么浅吃水肥大型或超浅吃水肥大型船舶的经济性是比不上常规型船舶的。

除了上述几种散货船以外，还有自卸散货船和大舱口散货船。自卸散货船货舱底部做成漏斗状，且在其下部设有卸货用的皮带输送装置，适用于无码头卸货设施的航线。大舱口散货船的特征是货舱开口大，其开口宽度在 70%船宽以上，甚至达到 80%船宽以上，且大部分是箱形舱，舱容利用率高，货物装卸特别方便，载货品种广泛，适应性强。

## 7.1　船型特征与总布置特点

### 7.1.1　船型特征

载运大宗货物的散货船大多是低速船，所以船体都比较丰满，且多为单桨推进。通常，现代散货船船型特征如下：

(1) 船型较为丰满。散货船通常设有较长的平行中体和球首和球尾，其典型横剖线如图 7-1 所示。

(2) 货舱剖面特点。散货船的货舱通常是单甲板（较大开口）、单舷、双层底，且设有顶边舱和底边舱，如图 7-2 所示。该货舱型式能减少装卸时的平舱和清舱工作量，且能防止货物的横向流动。对于装载重货的散货船，通常采用较高的双层底和较宽的舷舱，其货舱剖面如图 7-3 所示。

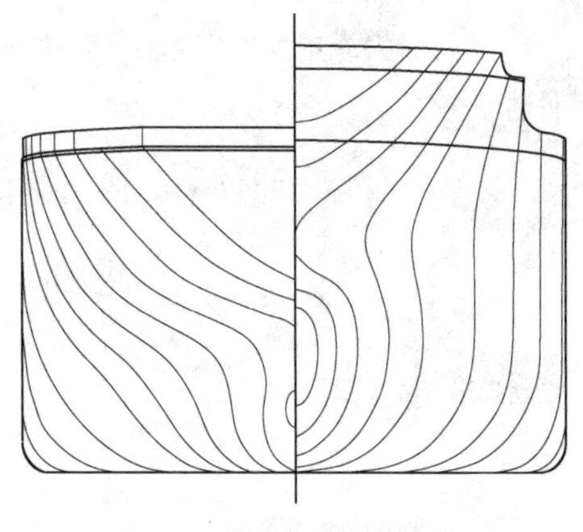

图 7-1　散货船典型横剖线图

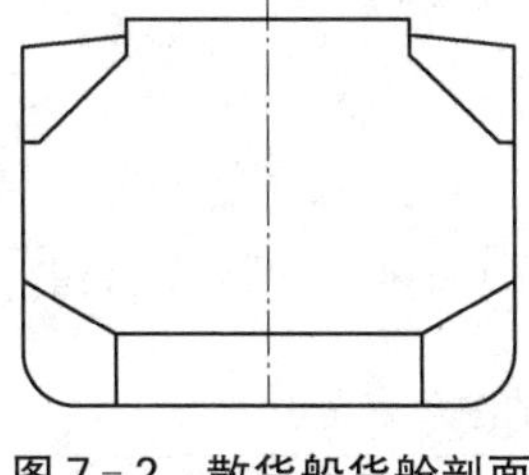

图 7-2　散货船货舱剖面

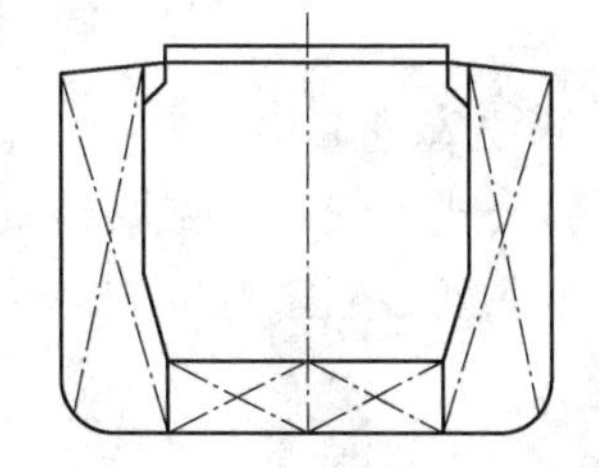

图 7-3　重货船货舱剖面

### 7.1.2　总布置特点

散货船总布置具有如下特点：

(1) 主船体通常包含首舱、货舱、机舱和尾舱，其中货舱占据较长区域，并根据装载需要分隔成数个独立舱室。

(2) 机舱和上层建筑位置。散货船基本采用尾机型，上层建筑布置在机舱上部，设有首尾楼。对于超大型散货船，通常不设首楼和尾楼。

(3) 压载舱布置特点。对于散货船，货舱区域双层底、底边舱均作为压载舱用。需要时顶边舱或部分也可作为压载舱用。此外，为保证尾部螺旋桨和首部侧推装置有足够的浸深，首尾尖舱也用作压载舱，用于调节合适的浮态。

(4) 舾装设备设置特点。对于散货船，除设有锚泊、系泊、消防和救生等舾装设备外，还必须设置舱盖设备。因船大小不同，舱盖启闭形式和要求也存在差异。对于中小型散货船，其舱盖通常采用纵向折叠启闭方式；对于大型及超大型散货船，其舱盖启闭型式一般采用横向滑动式。此外，对于有些中小型散货船，还需配备一定的装卸货设备，甚至采用自动卸货设备，包括重力喂料斗、皮带输运机等设施。

## 7.2 总体设计的整体规划

### 7.2.1 主要要素

散货船为载重型船舶，其载重量系数 $\eta_{DW}$、主尺度及船型系数可利用一些经验公式进行计算。

$$\eta_{DW}=0.7666+0.1304\times\left(\frac{DW}{10^5}\right)-0.0775\times\left(\frac{DW}{10^5}\right)^2+0.1294\times\left(\frac{DW}{10^5}\right)^3-0.1441\times\left(\frac{DW}{10^5}\right)^4+0.0469\times\left(\frac{DW}{10^5}\right)^5 \tag{7-1}$$

$$L_{PP}=8.545\times DW^{0.2918} \tag{7-2}$$

$$B=0.0734\times L_{PP}^{1.1371} \tag{7-3}$$

$$T=0.0441\times L_{PP}^{1.051} \tag{7-4}$$

$$C_b=(0.98\sim1.02)\times\eta_{DW} \tag{7-5}$$

以上计算式中，DW 为载重量，t。

利用上述经验公式可确定在主要要素优化时的一个初始组合方案。目前散货船主尺度及系数通常是根据系列型船来选取的。表 7-2 给出了不同类型散货船的主尺度范围。

表 7-2 不同类型散货船的主尺度范围

| 散货船类型 | 垂线间长 $L_{PP}$/m | 型宽 $B$/m | 型深 $D$/m | 设计吃水 $T_D$/m | 结构吃水 $T_S$/m |
|---|---|---|---|---|---|
| 好望角型：15 万吨～17 万吨 | 270～280 | 43～45 | 23.8～24.6 | 16.6～17.0 | 17.4～17.8 |
| 13 万吨～15 万吨 | 260～270 | 41～43 | 22.3～24.0 | 16.3～17.0 | 17.2～17.5 |
| 巴拿马型：7 万吨级 | 213～217 | 32.2 | 18.7～19.2 | 12.5 | 13.6～14.0 |
| 6 万吨级 | | | 18.0～18.3 | 12.0～12.5 | 13.0～13.2 |

（续表）

| 散货船类型 | 垂线间长 $L_{PP}$/m | 型宽 $B$/m | 型深 $D$/m | 设计吃水 $T_D$/m | 结构吃水 $T_S$/m |
|---|---|---|---|---|---|
| 灵便型：4.0万吨～4.8万吨 | 175～185 | 31～32.2 | 16.2～16.6 | 10.6～10.8 | 11.5～12.0 |
| 大湖型：3.4万吨级 | 190～200 | 23.2～23.5 | 14.8～15.0 | 7.92① | 10.5～10.7 |
| 2.7万吨级 | 178～183 | 22.86～23.1 | 14.2～14.4 | 7.92① | 9.8～10.2 |
| 沿海型：3.5万吨浅吃水① | 175～185 | 32.2 | 15～15.4 | 9.5 | 10.0 |
| 3万吨～4万吨级 | 170～185 | 27～31 | 14.3～15.4 | 9.5～9.8 | 10～11.5 |
| 2万吨～3万吨级 | 160～176 | 24～27 | 13.6～14.3 | 9.0～9.5 | 9.5～9.8 |
| 1万吨～2万吨级 | 124～154 | 21～22 | 12～13.4 | 8.0～8.5 | 8.5～9.0 |

注：① 此设计吃水为进入大湖的吃水。

此外，散货船的方形系数大多在0.8以上，且较多集中在0.815～0.84之间，个别的则达到0.86。方形系数较大的散货船要注意风浪中的失速，尤其对$L/B$较小的船，还要特别注意船舶的航向稳定性。

### 7.2.2　货舱剖面形式

散货船货舱剖面的形状通常设有双层底、顶边舱和底边舱，其剖面形状见图7-4(a)所示。在图7-4(a)中：$c=0.6\sim1.2\,\text{m}$，$f=0.7\sim0.8\,\text{m}$，$\alpha\not<30^\circ$，$h=b+(4\sim8)\,\text{m}$，$\beta=35^\circ\sim50^\circ$，$b$为货舱口宽度（一般小于0.7倍船宽$B$）。

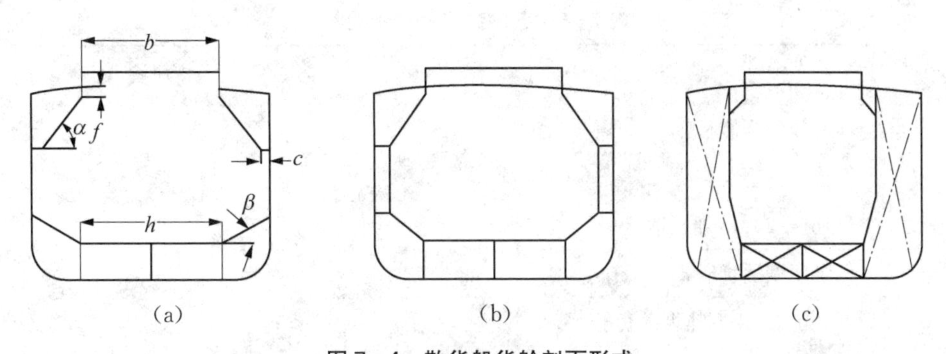


**图7-4　散货船货舱剖面形式**

(a)常规型散货船；(b)双壳体散货船；(c)矿砂船

图7-4(b)的货舱剖面形式是在图7-4(a)的基础上增设了舷侧的内舷板，从而形成了一个完整的双舷结构（舷舱宽度常可参照双层底高度选取）。该双舷结构增加了船体的强度和刚度，对破舱稳性也有利，同时舷侧平整便于涂装和减少腐蚀，且便于装卸，但对货舱舱容有一定的损失，也增加了一些船体钢料。该双舷结构导致造价较高，但可通过营运和减少维修在经济上得到补偿。

图7-4(c)是矿砂船的货舱剖面形式。因矿砂密度大，所需舱容小，所以双层底高度和边舱尺寸都很大，进而可避免货物重心过低、初稳性过高、横摇周期过短。

大舱口散货船的货舱剖面是舱口宽度与货舱宽度相等的双壳体型式，如图7-5所示。

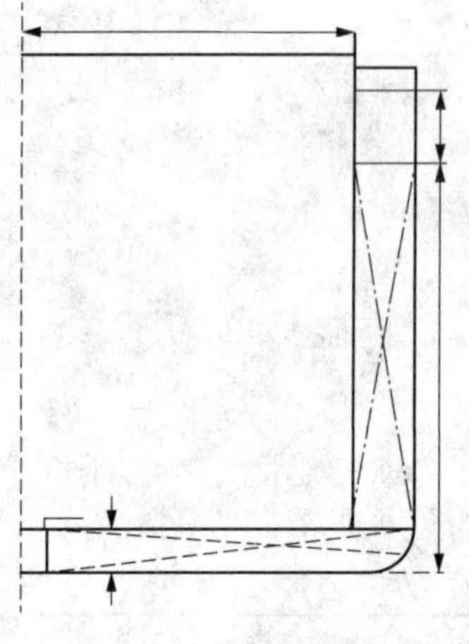

图 7-5　大舱口散货船剖面型式

其货舱间的横舱壁一般也是双层舱壁箱型结构，间距为 1.0～1.2 m，从而增加刚度以减小变形。该船型货船往往也考虑装载集装箱，所以也有称之为集散货船。

### 7.2.3　主船体划分与压载布置

1. 舱室划分

散货船的货舱设计包括货舱长度的确定、货舱数的选择和货舱划分。通常，散货船货舱设计时要考虑货物的妥善贮放，防止船舶产生过大的纵倾、横倾，防止产生过大的倾侧力矩；货物能合理配载以防止船体结构承受过大的弯矩和剪力。

1）货舱长度

货舱长度估算公式为

$$L_C = L_{PP} - L_A - L_F - L_M - L_{CF} - L_{MA} \tag{7-6}$$

式中，相关长度如图 2-3 所示，单位为 m。

通常 $L_C$ 为垂线间长的 0.73～0.77 倍。

2）货舱数

对于散货船，货舱数多，货物装卸点增加，可减少装卸时间，但会增加货舱的清舱工作量，且使货舱不宜装大件或长件。货舱数目一般按船长来确定，每舱长度一般不超过 30 m。货舱数目的选择可参考表 7-3。

表 7-3　各种散货船的货舱数

| 船　　型 | 货舱数 |
|---|---|
| 好望角型散货船 | 9 |
| 巴拿马型散货船 | 7 |
| 185～200 m 船长散货船 | 6 |
| 灵便型散货船 | 5 |
| 2 万吨～4 万吨级散货船 | 5 |
| 1 万吨～1 万吨级散货船 | 4 |
| 万吨级小型散货船 | 2～3 |

经常装运谷物、煤炭的散货船一般以均匀舱长布置形式为宜。大湖型散货船因受船宽限制，装载的谷物其积载因数的范围又较大，为减小各种装载情况下的谷物倾侧力矩，可以取中间舱为短舱。对于谷物兼运矿砂的散货船，为了不使装矿砂时重心过低、初稳性过大，可采用长、短舱结合的布置方式。若采用隔舱装载的方式，必须注意舱的布置型式对总纵强度的影响，还要注意装矿货舱的局部强度问题。

2. 压载布置

散货船大多是单向运输。为了改善回程空放性能，常需设置较多的压载水舱。压载航

行时应使首吃水达到 $0.025L_{pp}\sim0.03L_{pp}$、尾吃水达到 $0.04L_{pp}\sim0.045L_{pp}$，并浸没螺旋桨。通常压载水量为散货船载重量的30%～50%。也可按所要求的首、尾吃水得出平均吃水，然后按式(7－7)求得压载航行时的排水量，再得到其所需的压载水量。

$$T_B = T(\Delta_B/\Delta)^{C_b/C_w} \tag{7-7}$$

式中，$T$ 为散货船设计状态的吃水，m；$\Delta$ 为设计排水量，t；$C_b$ 为方形系数；$C_w$ 为水线面系数；$T_B$ 为压载吃水，m；$\Delta_B$ 压载排水量，t。

进行压载布置时应尽量利用首尾尖舱、顶边舱、底边舱和双层底舱作为压载舱，也有部分散货船将中部的货舱兼作压载舱。甚至少数散货船将中部的一个货舱设置两道纵舱壁，使其边舱作为压载舱。

需要注意的是，对于散货船来说，其压载航行时船舶所承受的弯矩通常比满载航行时大得多，所以如何减少船舶在压载状态时的弯矩是船舶总体设计时必须注意的问题。

### 7.2.4　型线与性能

1. 型线

散货船属低速运输船，其船体型线一般较为丰满，且大多设为球首和球尾。图7－6表示了散货船常见的几种横剖线形状，具体设计时应综合考虑与选择。

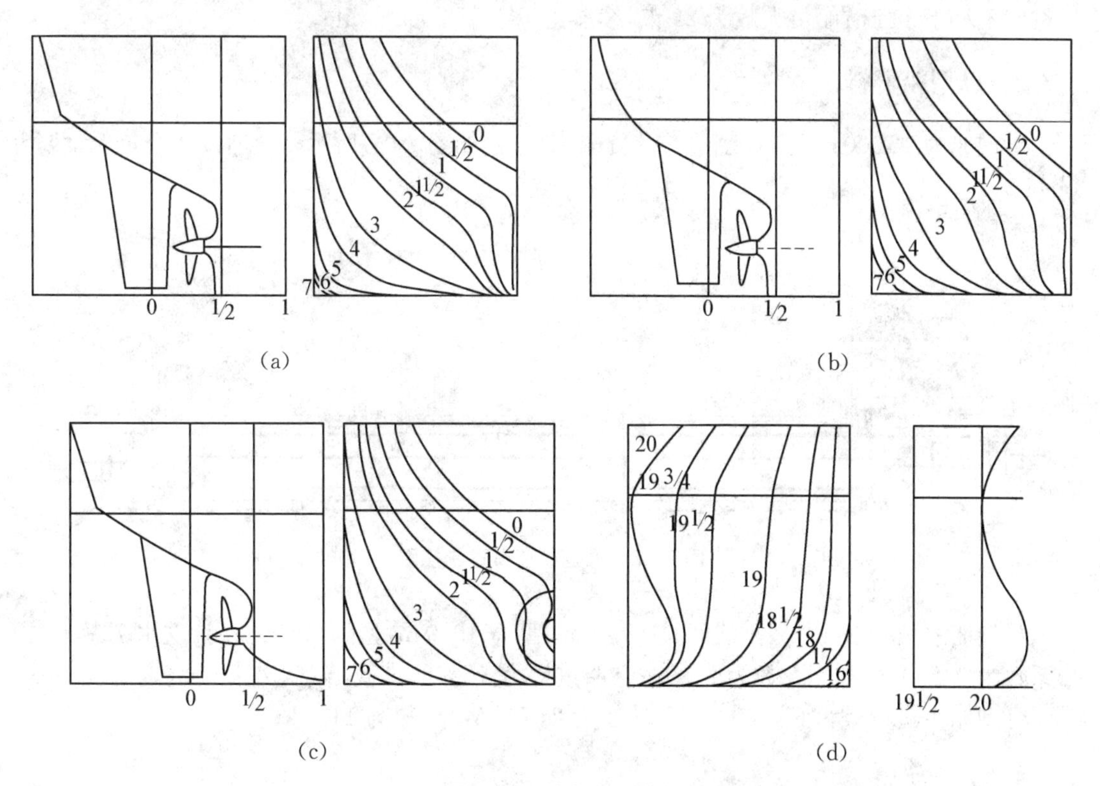


**图7－6　散货船型线**

(a)V形后体；(b)U形后体；(c)球尾；(d)球首

一般情况下，V形的阻力性能略好，U形的推进性能较佳。但对肥大型船，无论V形还是U形，其纵剖线变化都很剧烈，去流角都比较大，因而流体分离较早，易形成旋涡，使形状阻力增加，而且使螺旋桨所处流场恶化，船身效率降低。

球尾型线能改善尾流流场，提高船身效率，同时对减缓螺旋桨引起激振也有作用。

球首型线是将伸出的球首与具有缓和的舭部及短肩部的U形前体和顺地连接起来。对于肥大型低速船，球首的主要作用是改善首部流场，减少舭部和底部旋涡。

2. 航速

散货船通常航速大多较低。除了自卸散货船等专用船以外，30 000 t以上的散货船服务航速绝大多数在14.0 kn～14.5 kn，14 000 t～30 000 t的散货船航速以13.4 kn～13.8 kn居多。我国沿海航行的浅吃水的万吨级及其以下的小型散货船服务航速一般在12.5 kn以下。

## 7.3 总体设计案例

### 7.3.1 总体设计要求

设计船为近海航区，主要用于装载煤炭；货舱型式采用双底单舷且设底边舱和顶边舱，载货量为$W_C$=12 500 t，货物积载因数为$\mu_c$=1.1 m$^3$/t；设计船主机额定功率为2 830 kW，设计航速不小于11 kn；船员人数为22人，续航力不小于6 000 nmile。

### 7.3.2 母型船资料

母型船为12 000 t近海双底单舷散货船，总布置如图7-7所示。全船设3个货舱，载货量11 210 t。

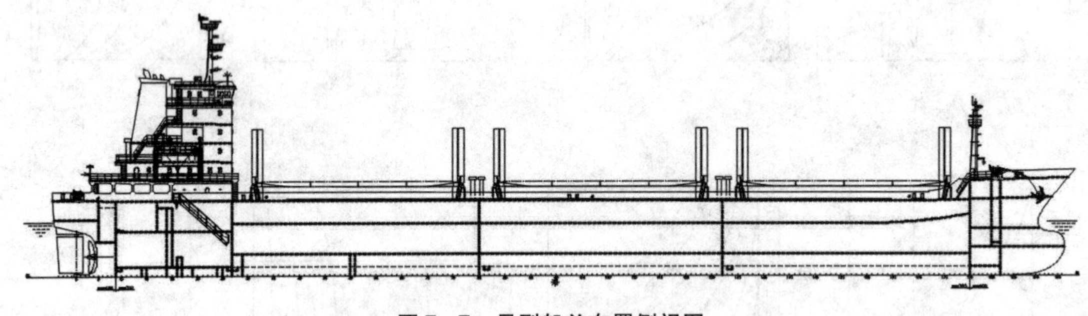

图7-7 母型船总布置侧视图

母型船总长139.12 m、垂线间长130.9 m、型宽19.0 m、型深9.8 m、设计吃水7.1 m、方形系数为0.839、中剖面系数为0.995；空船重量为3 520 t，满载出港工况重心高度为6.1 m。

母型船主机型号为6N330-EN，功率为2 574 kW，航速为11.5 kn。

### 7.3.3 方案构思

设计船在近海航行，可采用与母型船相似的单机、单桨以及球首船型。参照母型船，主船体可区划为首尖舱、尾尖舱、首尾部深舱、机舱和货舱，如图7-8所示。

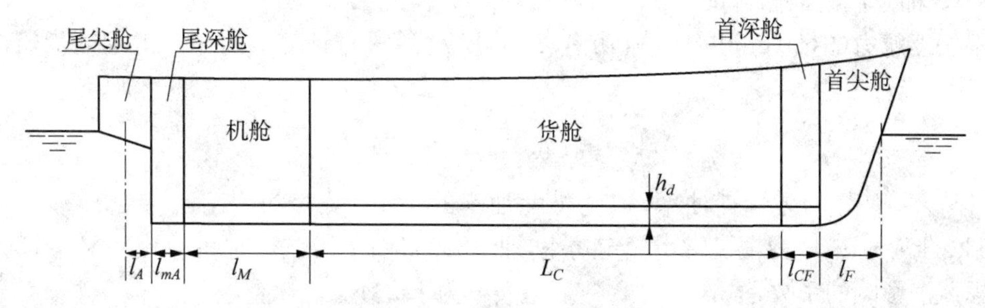


图7-8　货船主船体区划

按照《国内航行海船建造规范》(2022)相关要求，结合母型船实船资料，各舱室长度考虑如下：

(1) 首尖舱长度一般为(0.05～0.08)$L$；尾尖舱长度一般为(0.04～0.05)$L$；首尾深舱长度之和一般为(0.03～0.05)$L$。

(2) 机舱长度 $L_M$ 参照母型船选取(两船机型及航区相同)。

(3) 除首尾尖舱外，其他舱室的具体长度，还需考虑为设计船肋距的整数倍。结合"规范"并参照母型船，机舱与货舱肋距取为 0.7 m，其他舱均为 0.6 m。

对于散货船，满足载重量和舱容要求是确定主尺度时考虑的主要因素。根据设计要求，设计船为双底单舷，其货舱横断面型式如图 7-9 所示。

双层底高度参照"规范"相关要求确定；货舱口的宽度则参照"规范"对大开口的界定，其大小与装卸效率有一定关系；底边舱斜板和顶边舱斜板角度大小与所装货物的堆角有关。

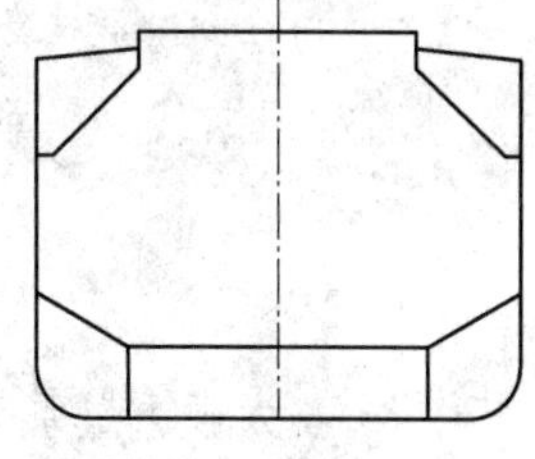

图7-9　设计船货舱截面示意图

### 7.3.4　初始排水量及主要要素确定

1. 估算载重量 DW

船舶载重量 DW 包含载货量、人员行李重量、船舶航行所带油水及备品重量等。

1) 人员及行李重量

人员重量按每人 75 kg 来计算，船员所携带行李重量按每人 45 kg 来计算，船员数量为 22 人，所以人员及行李重量为

$$W_{人员及行李} = (0.075 + 0.045) \times 22 = 2.64$$

2) 食品及淡水重量

$$自持力 = \frac{R}{V_s \times 24} = 22.92$$

其中，$R$ 为续航力，设计要求取为 6 050 nmile；$V_s$ 为航速，从设计要求可知取 11 kn。

$$食品及淡水总储备量\ W = 自持力(d) \times 人员数 \times 定量 = 77.65(t)$$

定量标准：食品定量按每人每天 4 kg 计算(通常按每人每天 2.5 ～ 4.5 kg 计算)；淡水定量按每人每天 150 kg 计算(通常海船取每人每天定量 100 ～ 200 kg 计算)。

3）燃油及润滑油储备量

根据续航力（6 050 nmile）、主机功率（2 830 kW）等进行计算。对于一般运输货船，燃油储备量为

$$W_F = g_0 Ptk \times 10^{-3} \approx 364.22$$

式中，$g_0$ 为一切燃油装置耗油率，取主机耗油率的 1.15～1.20 倍，$g_0 = 0.169 \times 1.15 = 0.195$ kg/kW·h；$P$ 为主机常用额定功率，取 2 830 kW；$t$ 为航行时间，$t = R/V_s = 550$ h；$k$ 为考虑风浪影响的系数，一般为 1.1～1.2，实取为 1.2。

润滑油储备量 $W_L$ 近似取燃油储备量的一个百分数，其重量为

$$W_L = \varepsilon W_F \approx 14.57$$

其中，$\varepsilon$ 为 0.02～0.05，主机功率大、航程远的船取小值，实取为 0.04。

4）备品及供应品重量

备品及供应品重量一般比较小，通常取为（0.5%～1%）LW。参照母型船空船重量 3 200 t，设计船备品及供应品重量取为 32 t。

综合上述分项计算结果，设计船的载重量为

$$\mathrm{DW} = 2.64 + 77.65 + 364.22 + 14.56 + 32 + 12\,500 = 12\,991.07$$

2. 初估排水量

通常根据载重量系数法进行排水量初步估算：

$$\Delta = \frac{\mathrm{DW}}{\eta_{\mathrm{DW}}}$$

其中，$\eta_{\mathrm{DW}}$ 为载重量系数，参考母型船选取。母型船的载重量系数为

$$\Delta_0 = 1.006 \times 1.025 \times 130.9 \times 19 \times 7.1 \times 0.839 \approx 15\,276.91$$

$$\eta_{\mathrm{DW}} = \frac{\mathrm{DW}_0}{\Delta_0} = \frac{15\,276.91 - 3\,520}{15\,276.91} = 0.77$$

因此，设计船初估的排水量 $\Delta$ 为 16 871.52 t。

3. 设计船主要要素的第一次近似值

1）垂线间长 $L_{\mathrm{PP}}$

（1）统计公式。

$$L_{\mathrm{PP}} = 0.545\mathrm{DW}^{0.2918} \approx 135.54\,(\mathrm{m})$$

其中，DW 为设计船载重量，t。

（2）母型船换算。

$$L_{\mathrm{PP}} = L_{\mathrm{PP0}}(\Delta/\Delta_0)^{1/3} \approx 135.33\,(\mathrm{m})$$

其中，$L_{\mathrm{PP}}$ 为设计船的垂线间长，m；$L_{\mathrm{PP0}}$ 为母型船的垂线间长，130.9 m。

实取垂线间长 $L_{\mathrm{PP}}$ 为 135.5 m。

2) 型宽 $B$ 和设计吃水 $T$

$$B=B_0(\Delta/\Delta_0)^{1/3}\approx 19.64(\mathrm{m})$$

其中,$B$ 为设计船的型宽,m; $B_0$ 为母型船的型宽,19.0 m。

$$T=T_0(\Delta/\Delta_0)^{1/3}\approx 7.34(\mathrm{m})$$

其中,$T$ 为设计船的设计吃水,m; $T_0$ 位母型船的设计吃水,7.1 m。实取设计船型宽为19.7 m,设计吃水为7.4 m。

3) 型深 $D$

$$D=\frac{T}{T_0}\times D_0\approx 10.13(\mathrm{m})$$

其中,$D$ 为设计船的型深,m; $D_0$ 为母型船的型深,9.8 m。实取设计船型深为10.2 m。

4) 方形系数 $C_b$

散货船方形系数:$C_b=1.091L_{PP}^{-0.1702}B^{0.1587}T^{0.0612}V_S^{-0.0317}\approx 0.810$

参考母型船的方形系数为 $C_{b0}=0.839$,且考虑加大方形系数对装载量有利,所以设计船方形系数暂取为0.825。

4. 排水量校核

空船重量一般分为钢料重量 $W_H$、舾装重量 $W_F$ 和机电设备重量 $W_M$。主要要素初步确定后,可利用适宜估算公式进行估算。

1) 钢料重量 $W_H$

根据散货船统计公式有:

$$W_H=3.9KL_{PP}^2B(C_b+0.7)\times 10^{-4}+1\,200\approx 3\,058.63(\mathrm{t})$$

其中,系数 $K=10.75-\left(\frac{300-L_{PP}}{100}\right)^{3/2}\approx 8.64$

2)舾装重量 $W_F$

根据统计公式有:

$$W_F=K_1L_{PP}B\approx 694.03(\mathrm{t})$$

其中,$K_1$ 为每平方米舾装重量,t/m$^2$,根据统计资料,取 $K=0.26$。

3) 机电设备重量 $W_M$

$$W_M=C_M(P_S/0.735\,5)^{1/2}\approx 347.37(\mathrm{t})$$

其中,$P_S$ 为主机功率,2 830 kW; $C_M$ 为系数,对中速主机,$C_M=5\sim 6$,实取为5.6。

4) 空船重量小计

综上,设计船第一次近似计算的空船重量为

$$\mathrm{LW}=W_H+W_F+W_M=4\,100.03(\mathrm{t})$$

5) 排水量校核结论

第一次近似计算的船舶总重量为

$$\Delta_1 = LW + DW \approx 17\,091.11(t)$$

第一次近似计算的排水量为

$$\Delta = \rho k L_{PP} B T C_b \approx 16\,804.01(t)$$

其中,$\rho$ 为水的质量密度,1.025 t/m$^3$;$k$ 为附体系数,可取 1.006。

设计船排水量较船舶总重量约小 287.10 t,误差为 1.7%,大于 0.5%,因而排水量不满足要求。

5. 容量校核

1) 装货所需要的容量

$$V_C = W_C \cdot \mu_c / k_c \approx 15\,456.99(m^3)$$

其中,$W_C$ 为载货量,12 500 t;$\mu_c$ 为货物的积载因数,1.15 m$^3$/t;$k_c$ 为容积折扣系数,取 0.93。

2) 所能提供的容量

$$V_{TC} = L_C A_C K_C = [L_{PP} - l_A - l_F - (l_{mA} + L_{CF}) - l_M] \cdot A_C \cdot K_C$$

其中,$l_M$ 为机舱长度,参照母型船取为 16.1 m(为 23 个肋距);$l_F$ 为首尖舱长度,按规范 $l_F = (0.05 \sim 0.08) L_{PP} = 6.8 \sim 10.8$ m,结合母型船,取首尖舱长度为 7.2 m;$l_A$ 为尾尖舱长度,按规范 $l_A = (0.04 \sim 0.05) L_{PP} = 5.5 \sim 6.8$ m,考虑结合母型船,实取尾尖舱长度 6 m;$l_{mA}$、$l_{CF}$ 分别为首部、尾部深舱长度,$l_{mA} + l_{CF} = (0.03 \sim 0.05) L_{PP} = 4.1 \sim 6.8$ m,考虑此处的肋距为 0.6 m,实取首尾深舱长度合计为 5.4 m(为 9 个肋距);$L_C$ 为货舱长度,按下式计算得:

$$L_C = L_{PP} - l_A - l_F - (l_{mA} + L_{CF}) - l_M = 100.8(m)$$

结合货舱区域肋距为 0.7 m,实取货舱长度为 100.8 m(144 个肋距)。

此外,$A_C$ 为船中货舱横断面有效载货面积,按下式计算得:

$$A_C \approx B(D - h_D) - A_1$$

其中,$A_1$ 为顶边舱、底边舱和双层底部分面积,m$^2$;$h_D$ 为双层底高度,根据规范要求,双层底高度不得小于 760 mm,且不小于下式计算值:$h_D = 25B + 42T + 300 = 1\,103.3$(mm),实取 1.2 m。

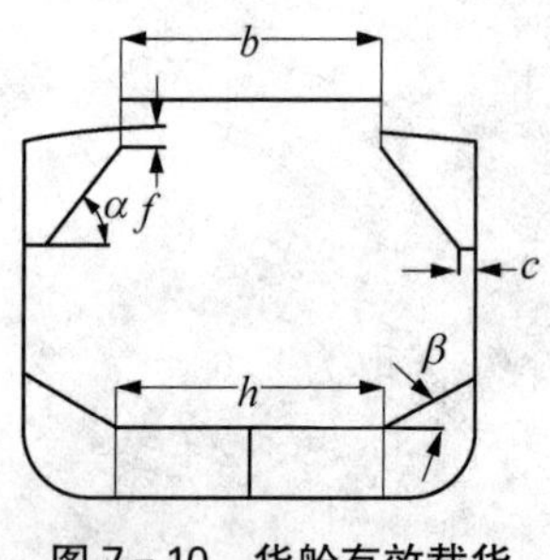


图 7-10 货舱有效载货横断面

根据设计船所载货种,参考相关资料,舱口宽度 $b$ 取 12 m,$c$ 和 $f$ 均取为 0.7 m,顶边舱倾角 $\alpha$ 取 35°,底边舱倾角 $\beta$ 取 43°,双层底水平宽度 $h$ 取 16 m,舭部半径 $R$ 为 1.3 m,如图 7-10 所示。经计算,货舱横断面有效载货面积 $A_C$ 为 159.9 m$^2$。

$K_C$ 为货舱型容积系数采用三段法,如图 7-11 所示,计算由式(7-10)来确定。在图 7-11 中,$L_P$ 为平行中体长度,m;$L_1$ 和 $L_2$ 分别为平行中体后部与前部的剩余货舱长度,m;$A_1$、$A_C$、$A_2$ 分别为货舱后端壁处、中体处、货舱前端壁处的货舱有效横断面积,m$^2$。

$$K_C = \frac{0.5(A_1 + A_C) \times L_1 + A_C L_P + 0.5(A_C + A_2) \times L_2}{L_C A_C}$$

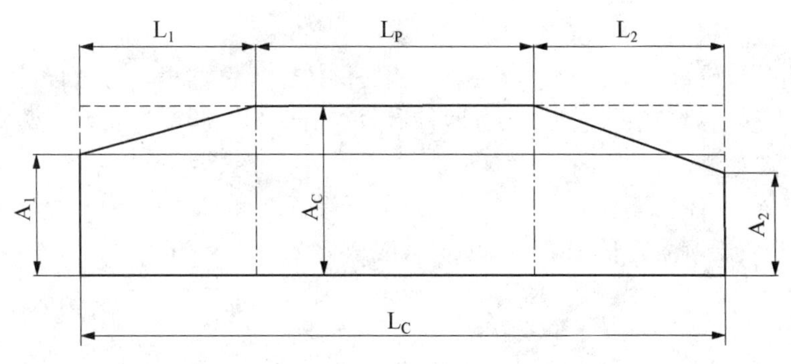


图7-11　三段法示意图

为计算方便起见，上述 $A_1$、$A_C$、$A_2$ 也可以分别用货舱后端壁处、中体处、货舱前端壁处船体轮廓相应的横剖面面积来替代。根据母型船总布置图、型线图、横剖线图，可算得 $K_C=0.92$。

所以 $V_{TC}=100.8\times159.9\times0.92\approx14\,828.49(m^3)$

3）货舱容量校核结论

经校核，设计船能提供的货舱容积小于货舱所需要的容积(少 528.50 $m^3$)，不满足要求。

6. 航速校核

采用海军系数法进行航速估算，海军系数法公式为

$$C=\frac{\Delta^{2/3}V^3}{P}$$

其中，$\Delta$ 为经排水量校核的设计排水量，17 091.11 t；$P$ 为主机额定功率，2 830 kW。

母型船相关数据：排水量 $\Delta_0$ 为 15 063.9 t，航速 $V_0$ 为 11.5 kn，主机功率 $P_0$ 为 2 574 kW，海军系数为

$$C_0=360.39$$

经计算，设计船航速 $V$ 为 11.54 kn，满足设计航速 11 kn 的要求。

7. 初稳性和横摇周期校核

1）初稳性高度为 $h=a_1T+a_2\frac{B^2}{T}-\xi D$

其中，$a_1=\frac{1}{3}\left(2.5-\frac{C_b}{C_w}\right)=0.522$；$C_w=\frac{1}{3}(1+2C_b)=0.883$；$a_2=\frac{1}{11.4}\cdot\frac{C_w^2}{C_b}=0.083$；$\xi$ 为重心高度系数，根据母型船，$\xi=6.1/9.8\approx0.62$。

$$h=0.522\times7.4+0.083\times\frac{19.7^2}{7.4}-0.62\times10.2\approx1.89(m)$$

2）横摇周期 $T_\theta=058f\sqrt{(B^2+4Z_g^2)/h}$

其中，$f$ 由 $B/T$ 查得为 1.01，$Z_g$ 为 6.32 m。

$$T_\theta=0.58\times1.01\times\sqrt{(19.7^2+4\times6.32^2)/1.89}\approx9.87(s)$$

设计船为散货船，其初稳性高度要求大于 0.15 m，横摇周期大于 9 s，满足相关要求。

8. 主要要素调整

根据上述初步校核结果，排水量略偏小，能提供的舱容也偏小。考虑设计船为低速运输船，此时可将方形系数和型深适当加大，即方形系数由0.825调整为0.84、型深由10.2 m调整为10.5 m。

经再次校核，设计船排水量为17 374.7 t(大于重量之和17 202.7 t)，设计船货舱容量为15 696.9 $m^3$(略大于所需容积15 456.99 $m^3$)，航速为11.5 kn，初稳性高基本不变，满足设计要求。

9. 主要要素小结

依据设计任务书，结合相关公式所确定的主要要素组合，经校核能满足排水量、容量、航速和初稳性高度的要求。

设计船的主要要素如下：

| | | |
|---|---|---|
| 垂线间长 | $L_{PP}$ | 137.6 m |
| 型宽 | $B$ | 19.7 m |
| 型深 | $D$ | 10.5 m |
| 设计吃水 | $T$ | 7.4 m |
| 方形系数 | $C_b$ | 0.84 |

### 7.3.5 型线设计

1. 棱形系数和浮心纵向位置确定

设计船采用母型改造法进行型线设计，因而需要对其棱形系数和浮心纵向位置给予确定。

1) 棱形系数

设计船中横横剖面采用图7-12所示型式，舭部半径取为1 300 mm，则中横剖面系数为$C_m=0.995$，设计船棱形系数为$C_P=C_b/C_m=0.844$。

2) 浮心纵向位置

依据图7-13，设计船浮心纵向位置$X_B$在舯前(0.75%～3.2%)$L_{PP}$较为合适。结合设计船重心纵向位置估算值(见表7-4)，$X_B$取为0.87%$L_{PP}$。

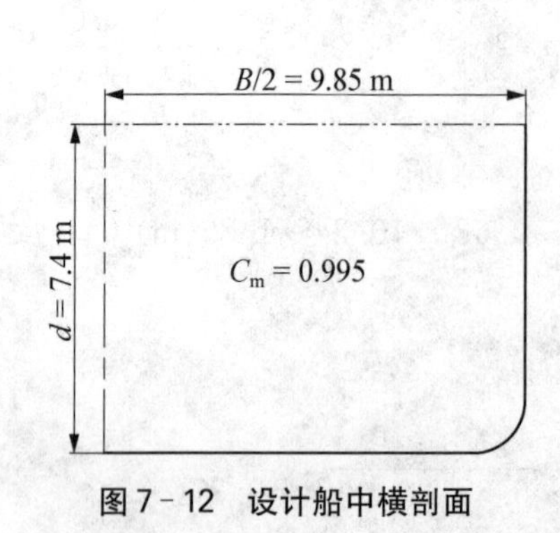


图7-12 设计船中横剖面

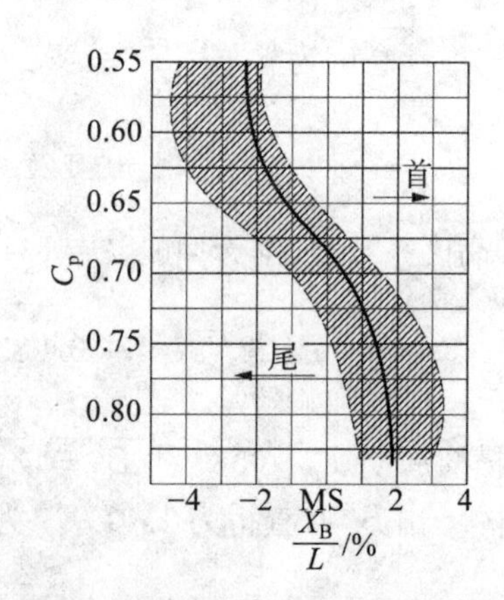


图7-13 较佳浮心纵向位置范围

表 7-4　重心纵向位置估算

| 项目 | 重量/t | 重心纵向坐标/m |
| --- | --- | --- |
| 空船重量 LW | 4196.5 | −11.25 |
| 船员及行李 | 2.64 | −51.36 |
| 淡水及食品 | 77.65 | −69.64 |
| 燃油 | 364.22 | −50.06 |
| 润滑油 | 14.56 | −57.03 |
| 备品及供应品 | 32 | −53.94 |
| 第一货舱(货物) | 3800 | −27.96 |
| 第二货舱(货物) | 4500 | 5.64 |
| 第三货舱(货物) | 4200 | 41.57 |
| 其他 | 187.12 | 1.18 |
| 总和 | 17374.7 | 1.175 |

需要说明的是，表 7-4 中各分项的重心纵向位置是在参考母型船总布置（见图 7-7）的基础上，结合设计船各舱室初步纵向区划而得。

2. 横剖面面积曲线改造

母型船横剖面面积曲线如图 7-14 所示，棱形系数 $C_{P0}$ 为 0.836，浮心纵向位置 $X_{BO}$ 为船中前 0.6%$L_{PP0}$。

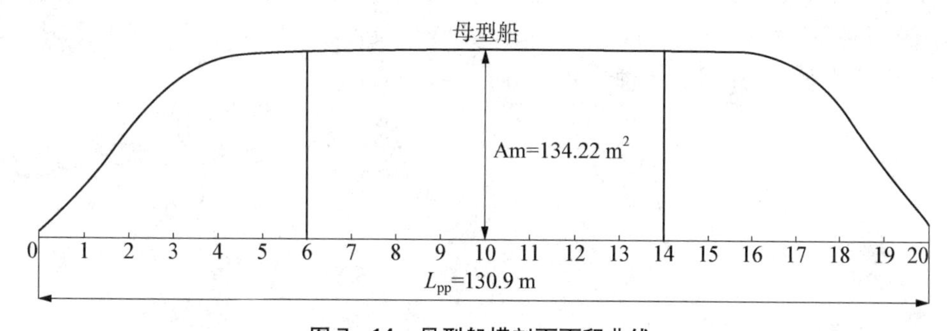


图 7-14　母型船横剖面面积曲线

将母型船横剖面面积曲线无因次化，采用 4.2.3 所述的增减法对棱形系数进行改造，可得到图 7-15 所示的横剖面面积曲线，其棱形系数调整为 $C_P=0.844$，浮心纵向位置仍为船中前 0.6%$L_{PP}$。

接着，采用 4.2.3 所述的迁移法对横剖面面积曲线的浮心纵向位置进行进一步改造。横剖面面积曲线下的面积形心竖向坐标为 $KB_0=\dfrac{C_p}{1+C_p}=0.457$，相对浮心纵向位置移动量

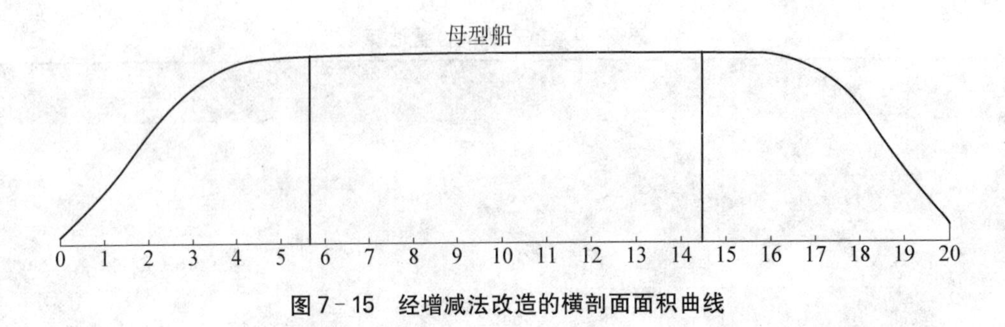


图 7-15　经增减法改造的横剖面面积曲线

为 $BB_0 = \delta x_b = 0.27\% \times 20 = 0.054$，迁移法形变函数系数为 $b = \dfrac{BB_0}{KB_0} = 0.12$。经迁移法改造后的横剖面面积曲线如图 7-16 所示，其棱形系数和相对浮心纵向位置均满足设计船相关要求。

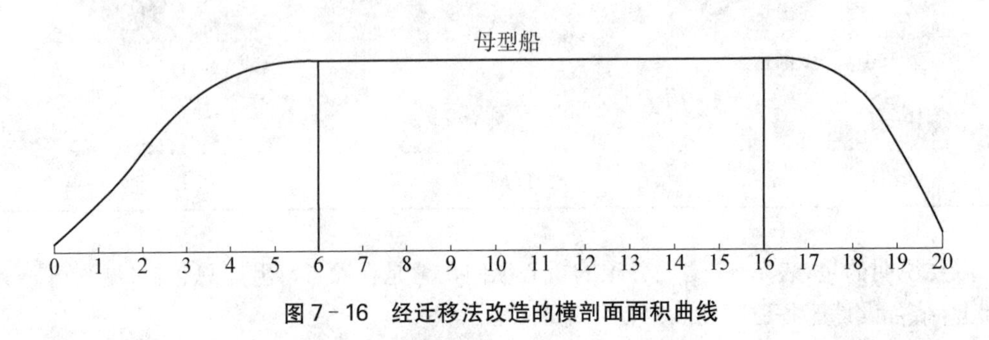


图 7-16　经迁移法改造的横剖面面积曲线

3. 型线生成

将母型船、设计船的无因次化横剖面面积曲线绘于一起，按照 4.4.2 所述相关方法，找出与设计船某站横剖面面积相同的母型船对应剖面的位置，进而从母型船水线半宽图上量取对应剖面位置各水线的半宽值，再乘以 $B/B_0$，作为设计船相应站的各水线半宽。如图 7-17 所示，母型船 2.7 号站对应设计船 3 号站横剖面位置。

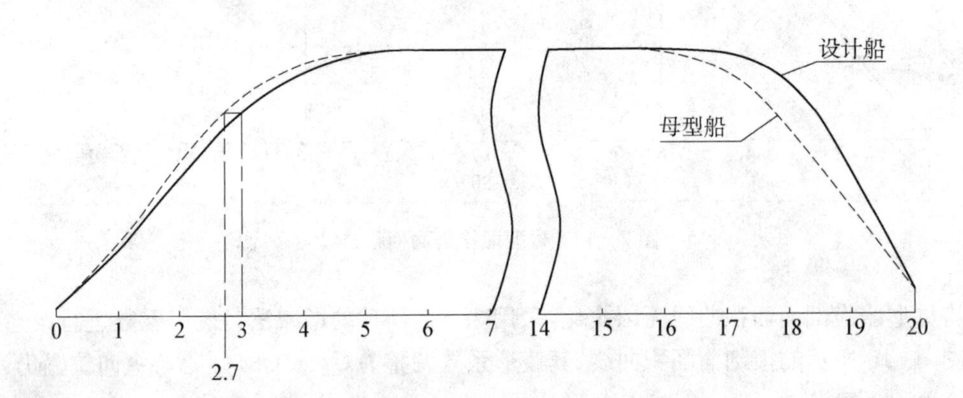


图 7-17　设计船与母型船剖面对应位置

利用水线半宽图量取各型值点的高度值，并乘以 $D/D_0$，得到设计船纵剖线图；再对照设计船与母型船的中横剖面线，利用设计船、母型船中横剖线对应水线半宽与其他各站

半宽成正比的关系，即 $y_{ij}=y_{ij0}\dfrac{y_{mj}}{y_{mj0}}$，得到设计船横剖线图。设计船最终型线图如图 7 - 18 所示。

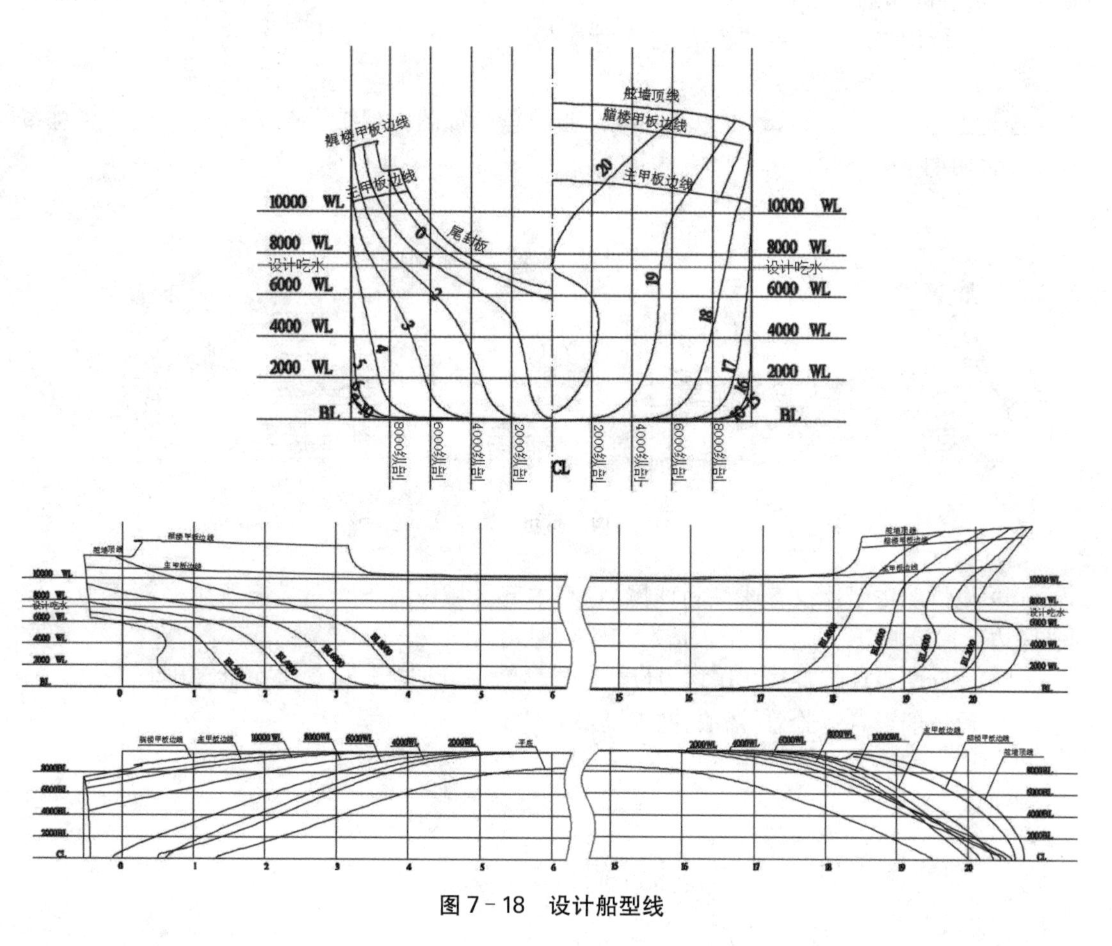


图 7 - 18　设计船型线

### 7.3.6　总布置设计

1. 设计考虑方面

散货船总布置设计时，一般主要考虑以下几方面：

(1) 散货船总布置特点。中小型散货船大多为尾机型，且首尾设有船楼，生活和工作舱室均集中布置在船尾部。

(2) 货舱布置与区划。中小型散货船货舱设置在船中部较长区域，且设有双层底(含底边舱)、顶边舱和较大的货舱口(配舱口盖)。

(3) 浮态与压载。散货船在满载工况和空载工况时，浮态变化较大，所以需设置较多的压载，并做到合理分布，以控制好空载压载时的静水弯矩值。

2. 设计方法与步骤

(1) 在掌握同类船和消化母型船总布置特点的基础上，结合设计船相关要求(包含规范要求)，进行方案构思(绘制总布置草图)，初步确定主船体的纵向舱室划分和货舱典型横剖面型式。

(2) 结合设计船的型线图，对总布置草图进行完善，包括相关特征线进一步核实与确定、油水舱等的布局与细化。

(3) 进行相关舱室容量的核实、浮态计算与调整，并最终完成总布置图。

3. 总布置简要说明

经过上述设计步骤后，就可以得到设计船的总布置图。现结合图 7-19，就设计船总布置简要说明如下：

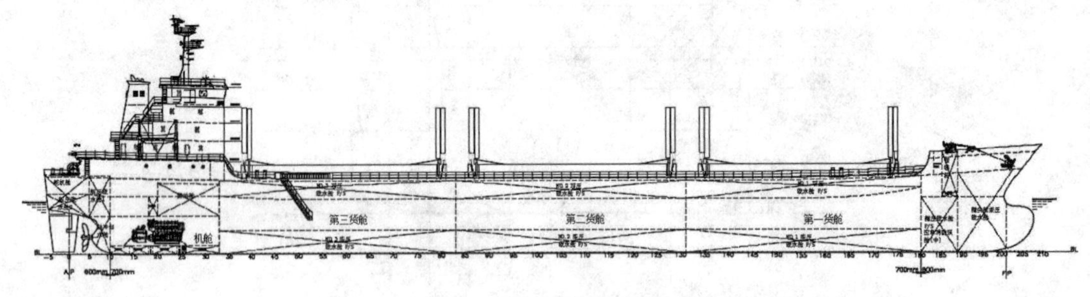


图 7-19　总布置侧视图

(1) 设计船主船体设有球首和球尾，且其中部区域设有 3 个货舱。货舱横剖面为双层底(底边舱)、单舷、顶边舱、单甲板(较大开口)型式。

(2) 设计船设计有首楼和尾楼，且尾部上层建筑共设 5 层，包含工作舱室和生活舱室。

(3) 设计船设置货舱盖、锚泊、舵等设备。

# 第 8 章 集装箱船总体设计

集装箱船是指把普通货物装进集装箱，并以其作为运输单元的货运船舶。其优点是实现了“门”到“门”的货物运输，且提高了装卸效率，减轻了劳动强度，防止了运输途中的货损、货差等。

集装箱船通常指专门用以装运集装箱的船舶，即所谓的全集装箱船。集装箱船舱内和甲板上均可堆放集装箱。对于大中型集装箱船，货舱内通常设有格栅式货架，或装有垂直导轨。

集装箱船自 20 世纪 60 年代起源至 90 年代，经历了单船一次装载由千箱到万箱的发展过程。到目前为止，我国已自主研发设计建造了全球装箱量超 24 000 TEU 的集装箱船。图 8－1 是为法国达飞海运集团建造的 23 000 TEU 双燃料集装箱船。

图 8－1 23 000 TEU 双燃料集装箱船

## 8.1 船型特征与总布置特点

### 8.1.1 船型特征

集装箱船通常是定航线、定班期航行，且对航行性能及总强度有较高的要求。因此，集装箱船的船型一般具有以下特征：

（1）载箱量多。集装箱船在舱内和甲板上均会装载尽可能多的集装箱，增加甲板面积可以增加甲板的载箱数，水上部分在首、尾处均会加大外飘。有些大型集装箱船，其尾部的甲板宽度甚至取与船宽相同,故而有"全宽船尾"之称。此外,集装箱船上层建筑长度短、层数多,以保证甲板上可以装载较多的集装箱。

(2) 货舱开口大、货舱方整。集装箱船货舱口宽度一般达到船宽的80%左右,有些船甚至达85%左右。集装箱船货舱尺寸需配合箱尺寸而规格化,以提高货舱的利用率。通常,货舱口长度以能吊装40 ft集装箱(或2只20 ft集装箱)为好。货舱口宽度以集装箱宽度的整数倍为基础。此外,为尽量增加舱内载箱数,货舱尽可能方正。

(3) 航速高、主机功率大。集装箱船一般为定期、定航线运输,且大多为单机单桨或双机双桨。为保证其准点率,其主机储备功率也较大。对于大型集装箱船,其服务航速一般达22 kn以上;中型集装箱船的服务航速一般在18 kn以上;300 TEU以上小型集装箱船的服务航速一般也在15 kn以上。

(4) 稳性要求高。甲板上堆装集装箱会引起船舶重心升高,船舶侧向受风面积增大,对船舶稳性不利。通常集装箱船的初稳性高度要求不小于0.3 m,实际航行时初稳性高度取为0.02~0.04的船宽,以满足在港内装卸集装箱时,卸空或装满舷侧1~2个格栅内的货箱后,船的横倾角应不大于5°,船舶航行时其横摇周期不小于13 s。

(5) 型线较为瘦削。集装箱船属中高速货船,通常采用较瘦的船体线型,并设置球鼻艏,考虑首部砰击及防止甲板上浪。船首部常采用V形横剖线并配以较大的水线面系数。

(6) 强度要求高。集装箱船货舱口大,其纵向强度、扭转强度和横向强度矛盾较为突出。因此把集装箱船货舱区域设计成双底双舷(即双壳)型式,且在舷顶设置抗扭箱,并一般在货舱口间留有横向甲板条。

### 8.1.2 总布置特点

集装箱船有用于装载特定的货物单元——集装箱,且对载箱数有一定的要求。因此,集装箱船总布置通常具有以下特点:

(1) 机舱和上层建筑位置。对于中小型集装箱船,大多采用尾机型,且上层建筑布置在机舱上部。对于大型船通常采用中尾机型的(此时机舱后面还设置一个货舱),此时上层建筑可以集中布置在机舱上部,也有将部分建筑布置在船中前部。对于超大型集装箱船,机舱仍在船的中尾部,但上层建筑布置成两岛式。此外,集装箱船通常设置首楼,且在其甲板上加设挡浪装置。

(2) 集装箱布置。集装箱布置涉及舱内和甲板上两部分,而且均以行数、列数和层数来表示装箱方案。通常舱内和甲板上的行数相同;舱内的列数一般小于等于甲板上的列数。对于大中型集装箱船,其舱内集装箱的层数可达9层左右,而甲板上一般为4~6层;对于超大型集装箱船,其装箱层数多大25层左右。此外,集装箱船冷藏货舱的位置一般邻近机舱。甲板4层以上的集装箱通常安放空箱。

(3) 压载舱布置。对于集装箱船,货舱区域双层底和两舷深舱一般均作为压载舱用,但边舱中的一对压载舱往往作平衡舱用(通常各装50%的压载水)。此外,为保证尾部螺旋桨和首部侧推装置有足够的浸深,首尾尖舱也用作压载舱,以调节合适的浮态。

(4) 舾装设备设置。对于集装箱船,其锚泊、系泊、消防和救生等设备的设置与普通货舱基本相同。考虑到装载集装箱的特殊性,其货舱盖采用吊移式,甚至有些中小型集装箱船还配备货物起吊设施。此外,考虑集装箱的固定,舱内需设相应的装箱导轨或格栅,甲板上设置一定的绑扎设施。

## 8.2　总体设计的整体规划

### 8.2.1　载箱数与载重量

1. 载箱数

集装箱船通常不以载重量DW作为主要衡量指标，而是以装载20 ft集装箱(TEU)的载箱数 $N_c$ 来表示其装载能力。

载箱数由集装箱布置的行数、列数及层数而定。通常以20 ft集装箱沿船长($x$ 轴)方向布置称之为行，沿船宽($y$ 轴)方向布置称之为列，沿型深($z$ 轴)方向布置称之为层。需要注意的是，1只40 ft标准箱(FEU)可换装2只20 ft标准箱(TEU)。

集装箱船总载箱数 $N_c$ 是舱内载箱数 $N_h$ 和甲板上载箱数 $N_d$ 之和，即 $N_c=N_h+N_d$。随着集装箱船绑扎技术的不断提高，甲板上载箱数越来越多，$N_d$ 占 $N_c$ 的比例也越来越大。对于中小型集装箱船，其 $N_c$ 与 $N_d$ 的统计关系曲线如图8-2所示。

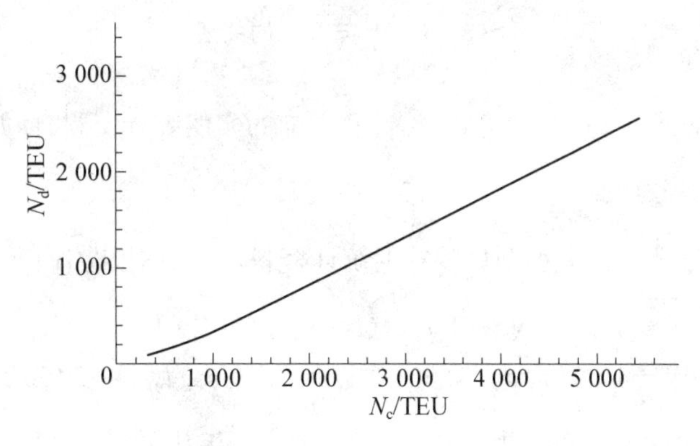


图8-2　$N_c$ 与 $N_d$ 的统计关系

舱内载箱量 $N_h$ 与舱内集装箱行数 $b_H$、列数 $r_H$ 和层数 $t_H$ 之间的关系见下式：

$$b_H \cdot r_H \cdot t_H = 1.445N_h - 62 \tag{8-1}$$

根据表8-1中 $N_h$ 与 $r_H \cdot t_H$ 之间的关系，利用式(8-1)可算出 $b_H$ 的值。

表8-1　$N_h$ 与 $r_H \cdot t_H$ 之间的关系

| $N_h$ | 120～250 | 250～350 | 350～500 | 500～900 | 900～1 500 | 1 500～2 000 | 巴拿马型 | 超巴拿马型 |
|---|---|---|---|---|---|---|---|---|
| $r_H \cdot t_H$ | 5×3 | 6×4 | 7×5 | 8×6 | 9×7 | 10×7 | 11×8或7或10×7或8 | 13×9或8或12×8或9 |

2. 载重量

集装箱船载重量除包括集装箱、船员及备品、燃油、润滑油和淡水等重量外，还包括一定的压载水重量。大多数情况下，为保证稳性和尾部吃水，集装箱船即使是满载出港工况，压载水也是必不可少的。

集装箱船的主尺度及船型系数的选择与确定不以载重量为主要考虑因素，同等载箱数的集装箱船，因航线、货种及航速不同而载重量也会有较大差别。据统计，对于中小型集装箱船，载箱数 $N_c$ 与载重量 DW 之间的关系如图 8-3 所示。

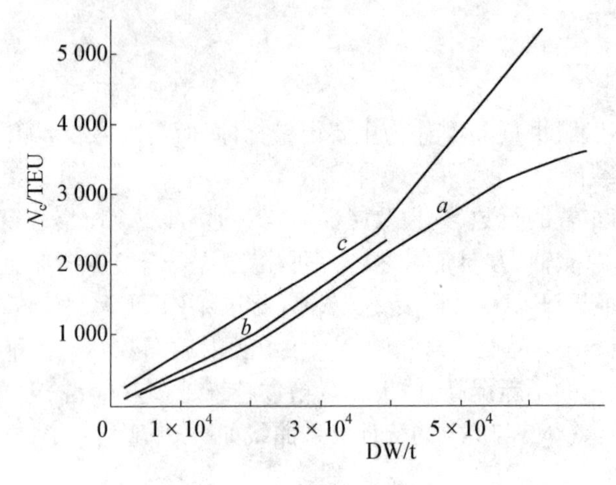


图 8-3　$N_c$ 与 DW 的关系

在图 8-3 中，曲线 $a$ 为 20 世纪 80 年代及以前的实船统计资料，回归关系为

$$\mathrm{DW}=0.163\,6N_c^3\times10^{-5}-0.918\,6N_c^2\times10^{-2}+30.1N_c-54.4 \tag{8-2}$$

在图 8-3 中，曲线 $b$ 为中小型集装箱船统计资料，可用作粗略计算，回归关系为

$$\begin{aligned}&\mathrm{DW}=19.696N_c-304 \quad (N_c\leqslant 1\,000\ \mathrm{TEU})\\&\mathrm{DW}=13.75N_c+6\,250 \quad (1\,000\ \mathrm{TEU}\leqslant N_c\leqslant 2\,150\ \mathrm{TEU})\end{aligned} \tag{8-3}$$

在图 8-3 中，曲线 $c$ 为 20 世纪 80 年代末至 90 年代初的实船统计资料，可回归表示为

$$\begin{aligned}&\mathrm{DW}=16N_c-2\,000 \quad (N_c\leqslant 2\,500\ \mathrm{TEU})\\&\mathrm{DW}=8N_c+18\,000 \quad (N_c>2\,500\ \mathrm{TEU})\end{aligned} \tag{8-4}$$

### 8.2.2　空船重量

根据集装箱船船型特征和布置特点，其空船重量可结合所采用高强度钢的比例多少，采用以下初估方法进行估算。

1. 按立方数估算

立方数 CN 是船舶船长 $L$、型宽 $B$、型深 $D$ 三者的乘积，则空船重量 LW 为

$$\mathrm{LW}=k\cdot L\cdot B\cdot D=k\cdot \mathrm{CN} \tag{8-5}$$

式中，系数 $k$ 可按表 8-2 结合 CN 查得。需要注意的是，对经结构设计优化的集装箱船及较多地采用高强度钢的集装箱船而言，$k$ 值稍偏大。

表8-2 系数 $k$

| CN | 10 000 | 20 000 | 30 000 | 50 000 | 80 000 | 110 000 | 140 000 | 170 000 | 200 000 | ≥200 000 |
|---|---|---|---|---|---|---|---|---|---|---|
| $k$ | 0.175 | 0.165 | 0.155 | 0.145 | 0.135 | 0.130 | 0.125 | 0.120 | 0.115 | 0.110 |

2. 按分项重量估算

空船重量可分成船体钢料重量、舾装重量和机电设备重量三项，即

$$\mathrm{LW}=W_{\mathrm{H}}+W_{\mathrm{F}}+W_{\mathrm{M}} \tag{8-6}$$

利用实船资料进行统计分析，可得如下估算式：

$$W_{\mathrm{H}}=111\times\left(\frac{\mathrm{CN}}{1\,000}\right)^{0.9}\times\left(0.675+\frac{C_{\mathrm{b}}}{2}\right)\times\left[0.005\,85\times\left(\frac{L}{D}-0.83\right)^{1.8}+0.939\right] \tag{8-7}$$

$$W_{\mathrm{F}}=33\times\left(\frac{\mathrm{CN}}{1\,000}\right)-0.008\,4\times\left(\frac{C_{\mathrm{b}}}{2}\right)^{2}-106 \tag{8-8}$$

$$W_{\mathrm{M}}=213k_{1}\left(\frac{P_{\mathrm{B}}}{735.5}\right)^{0.5} \tag{8-9}$$

式中，$P_{\mathrm{B}}$ 为主机功率，kW；$k_1$ 为修正系数，低速柴油机的单桨船 $k_1$ 取 1.0，双桨船取 1.15。

式(8-7)～式(8-9)比较适用于 LW 在 7 000～20 000 t 之间的集装箱船。对 LW 大于 20 000 t 者，估算结果偏小为 10%，对 LW 小于 7 000 t 者，估算结果偏大为 10%。

### 8.2.3 主要要素

集装箱船的主要要素除了可按 3.3.1 相关公式估算外，更多地应从布置地位和实船资料统计方面着手与考虑。

1. 布置单元货舱

集装箱船的主尺度取决于集装箱的布置情况，其主尺度选择的优劣与单元货舱布置得是否合理、紧凑有关。因此，在集装箱船总体设计时必须先进行单元货舱设计，并确定集装箱间的纵、横间隙。

一般情况下，集装箱船一个货舱沿纵向布置两个货舱口，每个货舱布置 4 行 20 ft 集装箱或者 2 行 40 ft 集装箱(见图 8-4)。在图 8-4 中，间隙 $a$ 和货舱长度 $L_{\mathrm{C}}$ 可分别按式(8-10)和式(8-11)计算：

$$a=(8s\text{ 或 }9s-12.192)/2 \tag{8-10}$$

式中，$s$ 为肋距，m。

货舱长为

$$L_{\mathrm{C}}=16s(\text{或 }18s)+b_1+b \tag{8-11}$$

式中，$b_1$、$b$ 一般均可取为 2 个肋距 $s$，更多情况取为 1 000～1 400 mm。

集装箱间的横向间隙 $d$ 是一个很重要数值，它会影响船宽的大小或者舷舱的宽度。$d$ 的大小取决于导轨架或格栅的型式，其值一般在 50～150 mm 范围之内。集装箱与纵舱壁或舱口纵桁的间隙 $c$(或 $c_1$)大于 $d$，其大小取决于角隅、导轨架以及货舱盖的型式。

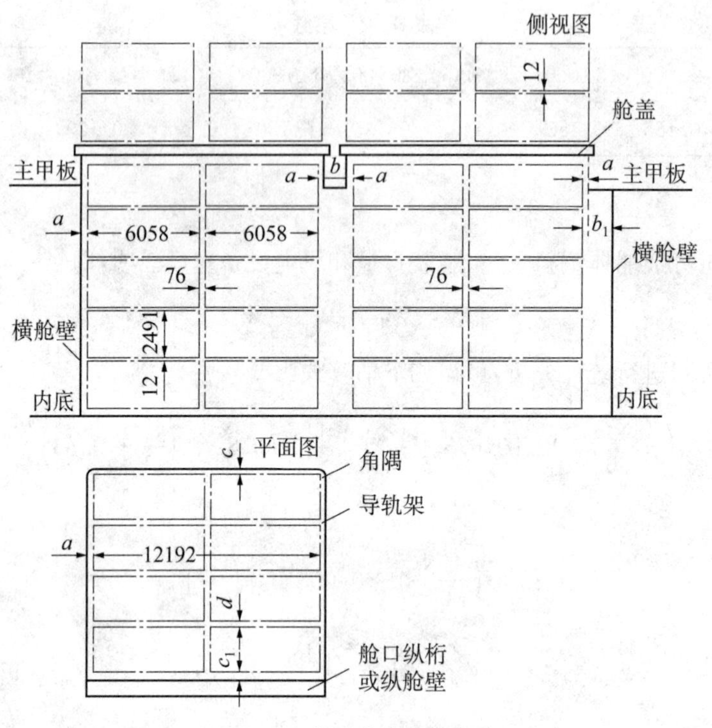


图 8-4 典型单元货舱布置

2. 确定船长 $L_{pp}$

船长可按甲板上所装载集装箱的行数 $b_D$ 来确定,即

$$L_{pp}=L_A+L_S+b_D\times L_D+L_C+L_F+L_i \tag{8-12}$$

式中,$L_A$ 为尾垂线以后系泊所需长度,m;$L_S$ 为上层建筑(甲板室)长度,m; $L_D$ 为每行集装箱所需长度(8~9 个肋距),m; $L_C$ 为中心克令吊所需长度,m; $L_F$ 为首垂线以前锚泊所需长度,m; $L_i$ 为纵向必要的间隙总和,m。

对于中小型集装箱船,$L_{pp}$ 与 $N_c$ 之间的统计关系如图 8-5 所示。

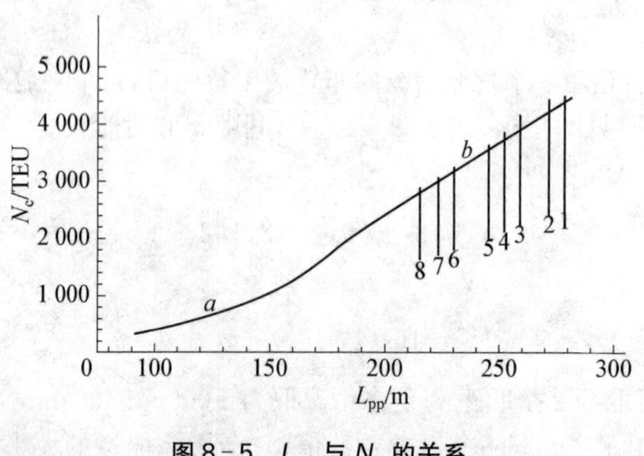


图 8-5 $L_{pp}$ 与 $N_c$ 的关系

需要说明的是,对于 2500 TEU 以下的集装箱船,由于型宽 $B$ 和型深 $D$ 有较大变化,$L_{pp}$

与 $N_c$ 之间的关系根据 20 世纪 90 年代初统计资料呈曲线 $a$，回归关系式为

$$L_{pp}=47+0.16N_c-0.725N_c^2\times10^{-4}+0.135N_c^3\times10^{-7} \tag{8-13}$$

对于(2 500～4 400 )TEU 集装箱船，型宽 $B$ 因受巴拿马运河的限制为 32.20 m，船长 $L_{PP}$ 分布集中在 8 个数值。图 8－5 中的曲线 $b$ 表示集装箱船载箱数 $N_c$ 与垂线间长 $L_{pp}$ 间的关系，归纳关系式为

$$L_{pp}=208+\frac{N_c-2\,600}{25} \tag{8-14}$$

3. *确定船宽 $B$*

1）按列数考虑

船宽的确定取决于甲板上或舱内装载的集装箱的列数，即 $r_D$ 或 $r_H$，并需考虑船舶满足稳性的要求。

(1) 由甲板集装箱列数来确定船宽：

$$B\geqslant B_C\times r_D+(r_D-1)C_C \tag{8-15}$$

式中，$B_C$ 为集装箱宽度，通常取标准箱宽 2.438 m；$r_D$ 为甲板上集装箱列数；$C_C$ 为集装箱列与列的间隙，考虑到紧固件的操作和标准，通常为 0.025 m、0.038 m 或 0.080 m。

(2) 由舱内集装箱列数确定船宽：

$$B\geqslant\frac{[B_C\times r_H+(r_H+n+1)G_C+nG_D]}{K} \tag{8-16}$$

式中，$r_H$ 为舱内集装箱列数；$B_C$ 为集装箱宽度，通常取 2.438 m；$n$ 为货舱口纵桁数；$G_C$ 为货舱内集装箱列与列的间隙，其间隙为便于安装导轨，通常取为 0.1～0.21 m；$G_D$ 为舱口纵桁的面板宽度，通常取为 0.5～0.8 m；$K$ 为舱口开口系数，通常取为 0.8～0.85。

(3) 由统计资料来考虑船宽。根据实船资料，船宽 $B$ 和载箱数 $N_c$ 的关系如图 8－6 所示(超巴拿马型船除外)，并可以下式来估算。

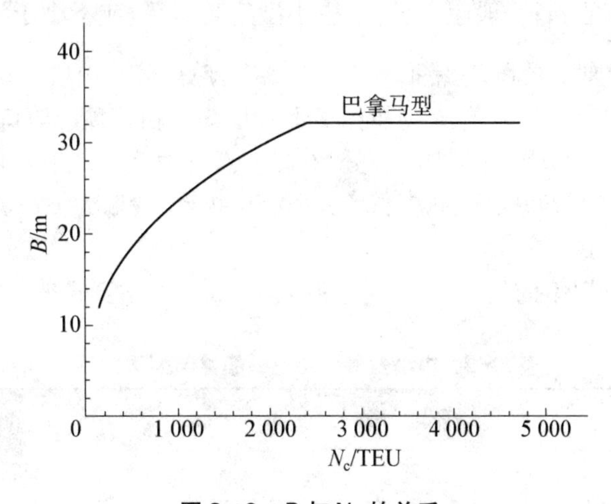


**图 8－6　$B$ 与 $N_c$ 的关系**

$$B = 2.1N_c^{0.35} \quad (N_c < 2\,440\ \text{TEU}) \tag{8-17}$$

需要说明的是，对于超巴拿马型集装箱船，其船宽变化是不连续的，通常需按1只集装箱约2.5 m变化，即船宽分别约为37.5 m、40 m、42.5 m和45 m。船宽为45 m的集装箱船载箱量可达8 000 TEU级。

2）按层数考虑

集装箱堆装总层数$t_c$是影响稳性的主要考虑因素。根据实船资料统计，集装箱总层数$t_c$与船宽$B$之间的关系如图8-7所示。

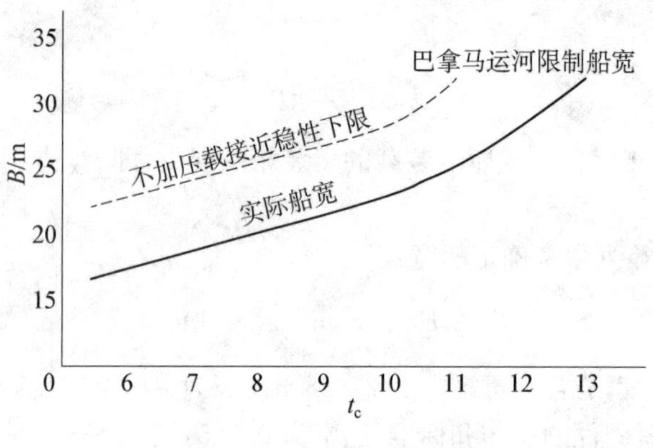


图8-7　$B$与$t_c$的关系

4. 确定型深$D$

1）按公式估算

型深主要取决于舱内集装箱的箱高和层数$t_H$，同时还须考虑双层底高度$h_D$、舱口围板高度$h_H$及甲板梁拱$f$等因素。此外，在吃水一定时，型深还须根据《载重线公约》要求保证船舶具有足够的干舷。

型深计算式可为

$$D \geqslant h_D + t + t_H \times h_C + e - (h_H + f) \tag{8-18}$$

式中，$h_D$为双层底高度，m；一般应大于$\dfrac{B}{16}$（中小型集装箱船）或不小于$\dfrac{28B + 205T^{1/2}}{1\,000}$；$t$为内底板与集装箱垫板厚度之和，通常取0.05 m；$t_H$为舱内集装箱层数；$h_C$为集装箱高度，最常用的是8.5 ft（2.591 m）集装箱；$e$为舱内最上一层集装箱箱顶与舱口盖下缘的间隙，至少为0.2～0.3 m；$h_H$为舱口围板在中心线处的高度，至少为0.6 m，其高度还应考虑到两舷集装箱下人员可以正常通行和操作的需要；$f$为甲板梁拱，一般取为$B/100$～$B/50$。

2）按统计资料考虑

① 在2 500 TEU以下的集装箱船，可参照表8-3中的估算式来确定型深。

表8-3　中小型集装箱船载箱量与型深关系

| 载箱数$N_c$ | 舱内层数$t_H$ | $D$的估算式 |
|---|---|---|
| ≤500 | 3 | $D = 0.4\ \text{m} + 3 \times h_C$ |
| 500～800 | 4 | $D = 0.45\ \text{m} + 4 \times h_C$ |

（续表）

| 载箱数 $N_c$ | 舱内层数 $t_H$ | $D$ 的估算式 |
|---|---|---|
| 800～1500 | 5 | $D=0.5\,\text{m}+5\times h_C$ |
| 1500～2500 | 6 | $D=0.55\,\text{m}+6\times h_C$ |

② 在2500 TEU以上的巴拿马型集装箱船的船宽受制于巴拿马运河（大多为32.20 m），载箱数的多少很大程度上取决于舱内集装箱的层数，舱内集装箱大多装7层或8层。例如，3500 TEU以上常取8层，极个别的船也有取9层的，但此时空箱载箱率较高。型深 $D$ 与舱内集装箱堆装层数 $t_H$ 的关系可如表8-4所示。

**表8-4　巴拿马型集装箱船型深初估值**

| 载箱数 $N_c$ | 2500 TEU级 | 3500 TEU级 | 4250 TEU级 |
|---|---|---|---|
| 舱内7层 | 18.8 m | 19.2 m | — |
| 舱内8层 | 21.2 m | 21.4 m | 21.6 m |

5. *确定吃水 $T$*

集装箱船总体设计时，若港口航道和泊位水深无限制，其设计吃水可按以下统计公式进行估算：

$$T=k\cdot \text{DW}^{1/3} \tag{8-19}$$

式中，$k$ 为系数，DW $\leqslant$ 10000 t时，$k=0.365$；DW $>$ 10000 t时，$k=0.36$；DW为设计工况时的载重量（含压载），t。

对大型集装箱船来说，吃水往往受制于港口的航道和泊位的水深。对于巴拿马型集装箱船，其设计吃水 $T$ 一般为12.5 m左右。

6. *选择方形系数 $C_b$*

集装箱船的航速较高，$Fr$ 一般在0.20～0.28之间，所以其方形系数的确定除需满足排水量和载箱布置要求外，还要考虑船舶阻力及推进的影响。选用较大的方形系数，可以增加舱内载箱数，但也使船舶阻力增大，也就意味着要保证航速必须相应增加主机功率。

相关研究结果表明：当 $C_b\geqslant 0.60$ 时，随着 $C_b$ 的增加，舱内集装箱增加的百分数将小于主机功率增加的百分数；反之，当 $C_b<0.60$ 时，随着 $C_b$ 的增加，舱内集装箱增加的百分数将大于主机功率增加的百分数。

在集装箱船总体设计时，其方形系数的确定通常是在满足航速要求的前提下，再考虑增加舱内载箱数的可行性。方形系数具体数量可按以下公式估算。

（1）兰末伦（Lammeren）计算公式：

$$C_b=1.137-2.1Fr \tag{8-20}$$

（2）上海船舶运输科学研究所估算公式：

$$C_b=1.11-2Fr \tag{8-21}$$

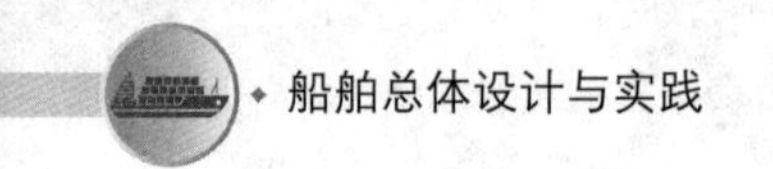

(3) 集装箱船回归公式：

$$C_b = 0.85 - Fr \tag{8-22}$$

$$C_b = 1.065 - 1.68Fr \pm 0.005 \tag{8-23}$$

式(8-20)～式(8-23)中，$Fr$ 的数值可按服务航速 $V_s$ 计算得到。

需要注意的是，据20世纪80年代末以来实船资料统计，大型集装箱船 $C_b$ 在0.60～0.67之间，小型集装箱船 $C_b$ 在0.68～0.74之间。

7. 其他船型系数的选择

集装箱船往往采用上宽下窄的横剖线形状，因而中剖面系数 $C_m$ 相对较小。在方形系数 $C_b$ 一定的情况下，棱形系数 $C_p$ 就会变大，从而有利于增加舱内载箱量，但对快速性不利。

集装箱船大多采用较大的水线面系数 $C_w$，以确保船舶稳性，但需与耐波性和快速性的要求相权衡。中小型集装箱船可采用瑞典船模试验池(SSPA)型线，其水线面系数可按式(8-24)进行计算。

$$C_w = -0.035 + 1.74C_b - 0.8C_b^2 \tag{8-24}$$

大型集装箱船的水线面系数 $C_w$ 建议不小于 $C_b$ 的1.28倍。

### 8.2.4 型线与稳性

1. 型线

集装箱船一般采用设有球首和球尾且较瘦的船体线型，首部常采用V形横剖线并配以较大的水线面系数。图8-8是较为典型的集装箱船横剖线。随着集装箱船的不断发展，其型线也发生了相应改变：

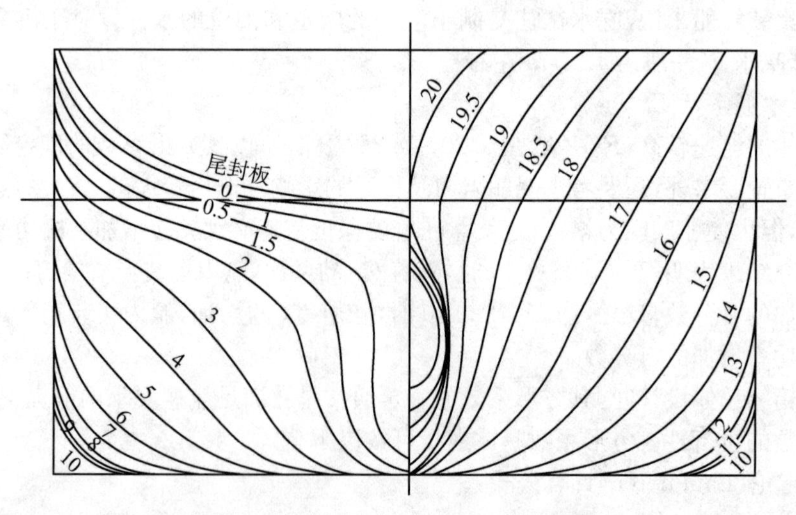


图8-8 4204 TEU集装箱船横剖线图

(1) 集装箱船横剖线绝大多数采用极V形(高稳心型线)。与传统的V形横剖线相比，使集装箱船平均箱重有大幅度提高，且阻力、推进性能仍然比较优良。

(2) 水线以上的首、尾横剖线都有较大外飘。大型集装箱船几乎全是全宽船尾(尾端甲板宽度与船舶型宽相同)型船。

(3) 球首(包括整流球首)在集装箱船上得到普遍应用。

(4) 大型集箱船中有一定数量的船采用不对称船尾,它具有一定的节能减振效果。

2. 稳性

对于集装箱船,平均箱重是一个非常重要的指标参数,但往往受制于载重量、稳性要求及集装箱布置。判别集装箱船稳性是否满足,估算的最简单办法是利用平均箱重来计算其初稳性高。集装箱船总体设计时,需采取措施力求提高平均箱重。

(1) 提高横稳心高度 $Z_M$。型线设计时主要用V形横剖线,增大 $C_w$。

(2) 降低重心高度 $Z_G$。重心高度的降低应包括空船重心、集装箱重心及压载水重心的降低。型线设计时,加大 $C_b$ 和 $C_p$ 可以增加舱内载箱数;采用尽量小的舱口盖厚度,使甲板集装箱重心有所降低;增加底部的压载水量,但不宜用增加双层底高度,以免提高了货物重心。

(3) 增加载重量。在船舶尺度确定的情况下,通过增大 $C_b$、减轻结构重量及增加吃水、减少燃油的消耗量等措施来提高载重量。

特别需要注意的是,平均箱重反映集装箱船的装载性能,同时对集装箱船的稳性有着重大的影响。总体设计时,应从布置、型线等方面综合给予协调考虑。

### 8.2.5 总布置

集装箱船的总布置主要考虑货舱、机舱、压载水舱的合理区划和集装箱、上层建筑等的恰当布置。

1. 货舱

集装箱船的货舱数目和长度与集装箱的排列方案有关,其货舱长度和宽度根据所载集装箱的行数和列数来确定。一般来讲,每个货舱纵向布置两个货舱口(单元货舱),每个单元货舱布置4行TEU(1CC)或2行FEU(1AA),其开口尺寸要求如图8-5所示。

此外,集装箱船的货舱长度有时还需考虑到抗沉性对分舱的要求。

2. 机舱

集装箱船的机舱大多位于尾部(尾机型船,如中小型集装箱船)或偏尾部(中尾机型船,如大型集装箱船),采用中速机的集装箱船大多数为尾机型船。采用低速二冲程柴油机的集装箱船既有用尾机型船,也有用中尾机型船。尾机型船的驾驶视线盲区要大于中尾机型船。

由于中速四冲程柴油机体积小,有利于机舱位置的缩小,所以在中小型集装箱船中被大量采用,其机舱长度约为 $15\%L_{pp}$,低速机尾机型船的机舱长度约为 $20\%L_{pp}$。中后机型船约为 $13\%L_{pp}$,但后货舱的下方设有轴隧空间。

3. 压载水舱

集装箱船货舱区域双层底内几乎全部用作压载水舱。为保证尾部螺旋桨及首部侧推器都有足够浸深,首、尾尖舱一般也做压载舱,用来调整船舶浮态。两舷深边舱也设为压载水舱,其中一对压载水舱通常各装50%压载水用来平衡船舶横倾。

压载水量的多少根据船型、续航力及航线上的风浪情况而定。对于集装箱船,其压载量一般为设计排水量的20%左右。但4 000 TEU级巴拿马型船受船宽限制,压载量应略有增加;而超巴拿马型集装箱船压载量可略为减少。

4. 上层建筑

集装箱船上层建筑通常有设于靠船尾部的单岛式建筑和分别位于船中前后的双岛式建筑。当然,集装箱船在船首通常还设有首楼。

为满足驾驶盲区的要求,尾机型集装箱船一般在船尾部设 6～8 层甲板室。大型集装箱船通常将整个居住舱连同驾驶室设于中前部,以求获得更大的载箱数和较小的盲区,但空船重量和造价会有所提高。

此外,考虑到集装箱船航速较高,往往首部容易上浪,所以一般均设有首楼,同时设置结构坚固的挡浪板,以保护集装箱免受波浪的正面冲击。

5. 其他

1) 双壳体型式

集装箱船双壳体型式一方面便于集装箱的布置和装卸,另一方面还可用作各种用途,如压载水舱、平衡水舱、燃油舱等。双层壳的舷顶舱(俗称抗扭箱)还可用作首尾间的通道或安放船舶管系、电缆等。

此外,为保证货舱内集装箱规则堆放,货舱区域的首、尾端常需设为阶梯形箱型平台型式。

2) 集装箱绑扎

通常甲板上装 3 层及 3 层以上的集装箱时需要进行绑扎。对于中小型集装箱船,40 ft 箱需两端绑扎,20 ft 的轻箱允许单端绑扎。为此,在集装箱端部需要预留 0.55～0.65 m 的绑扎用间隙。大型集装箱船一般在两货舱口之间,设有便于绑扎用的绑扎桥,操作人员可以方便地在绑扎桥上对集装箱进行绑扎。

3) 舱口盖

集装箱船的货舱口通常采用吊移式箱型舱口盖,所以一般可以不必考虑舱口盖在甲板上的收藏位置。但不论是开式板架型还是闭式箱型舱盖,每块的重量都必须控制在起货设备的起吊范围内。通常舱口盖长度方向以 2 行 20 ft 箱,宽度方向以 4 列或 5 列箱为宜。舱内箱超过 5 列的要分 2 块以上舱盖,相互间的水密性必须慎重考虑。中小型集装箱船的每块舱口盖也有设计成长度方向是 1 行箱,宽度方向为舱口全宽的。

## 8.3 总体设计案例

### 8.3.1 设计要求

本船航区为沿海,总载箱数要求不少于 600 TEU,平均箱重取 12.5 t/TEU。舱内集装箱采用导轨限位,甲板以上箱采用绑扎件固定。

本船续航力要求 1 600 nmile,船员数 20 人,主机功率 3 088 kW,航速不低于 13.2 kn。

### 8.3.2 母型船资料

母型船主要要素为:垂线间长 130 m,型宽 19.8 m,型深 10.25 m,设计吃水 7.37 m,方形系数为 0.759,空船重量 3 740 t,其中钢料重量为 1 980 t,舾装重量为 1 100 t。载重量 11 107 t

(平均箱重13.5 t/TEU),主机功率3 088 kW,航速13 kn,满载吃水时的重心高度7.6 m、重心纵向位置1.45 m。双层底高度为1.2 m,舱口围板高度为1.75 m。

母型船总载箱数688 TEU,舱内布置集装箱13行×6列×4层,舱内箱共计284 TEU,甲板上布置集装箱17行×8列×3层,甲板箱共计404箱。舱内外装箱列数和层数如图8-9所示。货舱区域肋距为0.7 m。

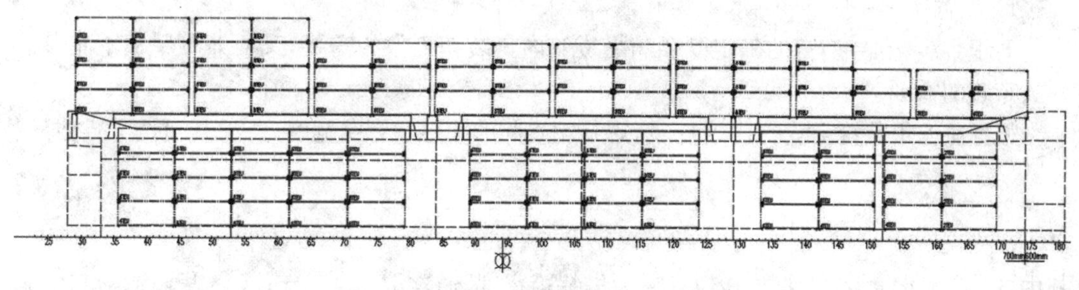

图8-9 母型船集装箱排列图

### 8.3.3 方案构思

参照表8-1,设计船总载箱数为600 TEU,属于中小型集装箱船。考虑到装载40 ft集装箱的需要,舱内布置14行6列4层集装箱,甲板上布置14行8列3层集装箱(局部4层),如图8-10所示。

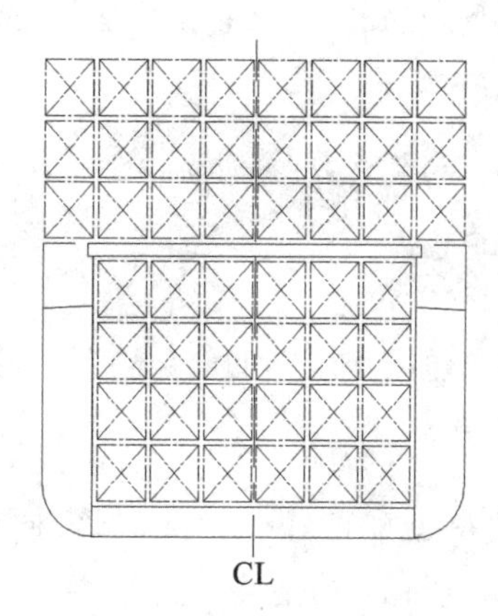


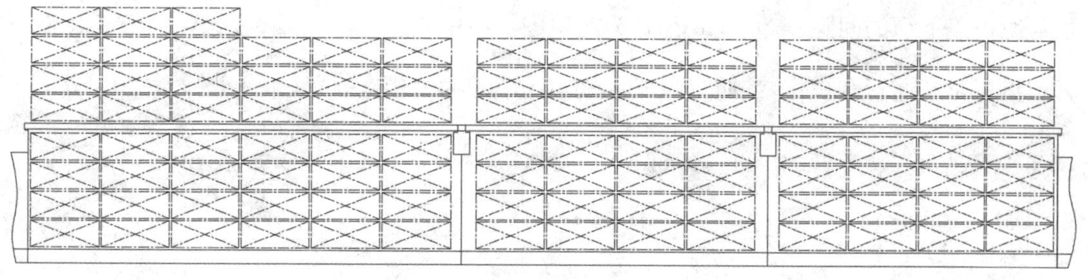

图8-10 集装箱排列方案示意图

### 8.3.4 主要要素确定

1. *确定主要要素初值*

集装箱船主要要素与其货舱区域集装箱的排列方案关系较大。本设计船的主要要素按照图 8-10 所示排列形式进行初步确定。

1）型宽

对于集装箱船，型宽的确定既要满足货舱内集装箱列数的需要，又要兼顾甲板上集装箱列数布置的需要。

根据舱内集装箱装载的列数 $r_H$，考虑货箱之间的间隙及舷舱宽度，型宽 $B$ 可按下式估算：

$$B \geqslant \frac{[B_C \times r_H + (r_H + n + 1)G_C + nG_D]}{K}$$

其中，$r_H$ 为舱内集装箱列数，6 列；$B_C$ 为集装箱宽度，通常取 2.438 m；$n$ 为货舱内舱口纵桁数，$n=0$；$G_C$ 为货舱内集装箱列与列的间隙，取 0.1 m；$G_D$ 为舱口纵桁的面板宽度，取 $G_D=0$；$K$ 为舱口宽度系数，取 0.8。

$$B \geqslant \frac{2.438 \times 6 + 7 \times 0.1}{0.8} \approx 19.16(\text{m})$$

根据甲板上集装箱排列列数，型宽 $B$ 应满足下式计算值：

$$B \geqslant B_C \times r_D + (r_D - 1)C_C$$

其中，$B_C$ 为集装箱宽度，标准箱宽 2.438 m；$r_D$ 为甲板上集装箱列数，8 列；$C_C$ 为集装箱列与列的间隙，取 0.025 m。

$$B \geqslant 2.438 \times 8 + 7 \times 0.025 \approx 19.68(\text{m})$$

综合考虑取型宽 $B$ 取为 19.7 m。

2）型深

集装箱船型深 $D$ 主要取决于舱内集装箱的层数，其值可按下式计算：

$$D \geqslant h_D + t + t_H \times h_C + e - (h_H + f)$$

其中，$h_D$ 为货舱双层底高，参照母型船取 1.2 m；$t$ 为内底板与集装箱垫板厚度之和，取 0.05 m；$t_H$ 为舱内集装箱层数，4 层；$h_C$ 为集装箱高度，取为 2.591 m；$e$ 为最高一层集装箱顶与舱口盖下缘的间隙，取 0.3 m；$h_H$ 为舱口围板在中心线处的高度，考虑到两舷集装箱下人员可以正常通行和操作，参照母型船取 1.75 m；$f$ 为甲板梁拱，一般小于 $\frac{B}{50}$，取 0.4 m。

$$D \geqslant 1.2 + 0.05 + 2.591 \times 4 + 0.3 - (1.75 + 0.4) \approx 9.76(\text{m})$$

型深 $D$ 取为 9.8 m。

3）船长

本船设三个货舱，其中第一货舱布置 6 行 20 ft 集装箱，第二、第三货舱均布置 4 行 20 ft 集装箱。沿长度方向上的每两个 20 ft 集装箱可换装一个 40 ft 箱，货舱长度可按 40 ft 箱长

12.192 m 计算，集装箱与导轨间的纵向间隙为 0.04 m，与货舱口的纵向间隙为 0.15 m。货舱开口间甲板条取 $2s=1.4$ m（参照母型船，设计船货舱区域肋距 $s$ 为 700 mm），且可作为甲板上集装箱的绑扎空间。

第一货舱：$l_1=12.192\times3+0.04\times3+0.15\times2+0.7\times1\approx37.7(\mathrm{m})$；

取货舱口长度为 37.1 m(53 个肋位，肋距 0.7 m)，加之甲板条宽度 1 个肋距，则第一货舱共需 54 个肋位，第一货舱长度为 37.8 m。

第二货舱：$l_2=(12.192+0.04)\times2+0.15\times2+2\times0.7\approx26.16(\mathrm{m})$；

取货舱口长度为 24.76 m(36 个肋位)，加上甲板条所需的 2 个肋位的宽度，则第二货舱共需 38 个肋位，舱长度均为 26.6 m。

第三货舱：$l_3=(12.192+0.04)\times2+0.15\times2+1\times0.7\approx25.46(\mathrm{m})$；

取货舱口长度为 24.76 m(36 个肋位)，加上甲板条所需的 1 个肋位的宽度，第三货舱共需 37 个肋位，货舱长度均为 25.9 m。

货舱区总长度为：$l=37.8+26.6+25.9=90.3(\mathrm{m})$。

由母型船主船体纵向区划相关资料可知，其垂线间长 130 m，货舱区域长度为 98.7 m，则首舱、机舱及尾舱等舱室的总长度为 31.3 m。据此，可初步推算出设计船的垂线间长为：

$$L_{\mathrm{pp}}=31.3+90.3=121.6(\mathrm{m})$$

垂线间长 $L_{\mathrm{PP}}$ 取为 121.6 m。

4) 吃水

设计船吃水按母型船换算，其计算值如下：

$$T=(T_0/D_0)\times D=(7.37\div10.25)\times9.8\approx7.05(\mathrm{m})$$

设计船吃水 $T$ 取为 7.05 m。

5) 方形系数 $C_{\mathrm{b}}$

设计船航速为 13 Kn，弗劳德数 $Fr$ 的计算公式为

$$Fr=\frac{V_s}{\sqrt{gL_{\mathrm{pp}}}}=\frac{13.5\times0.5144}{\sqrt{9.8\times121.6}}\approx0.201$$

利用上海船舶运输科学研究所给出的式(8-21)得出

$$C_b=1.11-2Fr=1.11-2\times0.201=0.707$$

考虑货舱装箱需要，设计船方形系数不宜过小。参照母型船方形系数 0.759，设计船方形系数 $C_{\mathrm{b}}$ 取为 0.75。

2. 排水量校核

1) 空船重量估算

(1) 船体钢料重量 $W_{\mathrm{h}}$。

参照母型船按照平方模数法进行换算，设计船钢料重量为

$$C_{\mathrm{h}}=\frac{W_{\mathrm{h0}}}{L_0(aB_0+bD_0)}=\frac{1980}{130\times(1\times19.8+2\times10.25)}\approx0.3779$$

$$W_{\mathrm{H}}=C_{\mathrm{h}}L(aB+bD)=0.3779\times121.6\times(1\times19.7+2\times9.8)\approx1806(\mathrm{t})$$

式中：$a$、$b$ 均为系数，根据船型特征来定，单层连续甲板，$a=1$；双层船壳，$b=2$

(2) 舾装设备重量 $W_F$。

参照母型船按照平方模数法进行换算得到钢料重量为

$$C_f=\frac{W_{F0}}{L_0(B_0+D_0)}=\frac{1100}{130\times(19.8+10.25)}\approx 0.2816$$

$$W_F=C_fL(B+D)=0.2815\times 121.6\times(19.7+9.8)\approx 1010(t)$$

(3) 机电设备重量 $W_M$。

$$W_M=169.14\times\left(\frac{P_S}{1000}\right)^{0.5}+370.3=169.14\times\left(\frac{3088}{1000}\right)^{0.5}+370.3\approx 668(t)$$

其中，$P_S$ 为设计船主机功率，3088 kW。

通过上述分项估算，设计船空船重量为

$$LW=W_H+W_F+W_M=1806+1010+668=3484(t)$$

2) 载重量估算

(1) 集装箱重量。

$$W_{TEU}=N_TP_C$$

其中，$P_C$ 为集装箱每箱平均计算重量，取为 12.5 t/TEU；$N_T$ 为总装箱数(TEU)。

$$舱内箱数：N_H=K_0XYZ=0.9\times 14\times 6\times 4=302\ TEU$$

其中，折减系数 $K_0$ 取为 0.9。

$$甲板货箱数：N_D=K_1XYZ=0.92\times(14\times 8\times 3)=309\ TEU$$

其中，折减系数 $K_1$ 取为 0.92。

所以总装箱数 $N_T$ 为

$$N_T=N_H+N_D=302+309=611\ TEU$$

估算载箱量大于 600 TEU，满足设计要求。

∴集装箱货物重量为：$W_{TEU}=611\times 12.5=7637.5(t)$

(2) 人员及行李重量。

设计船要求船员人数 20 人，按 75 kg/人计算，人员共重 1.5 t；船员行李按 50 kg/人计算，行李共重 1 t。

(3) 食品及淡水重量。

自持力：$\dfrac{R}{V_s\times 24}=\dfrac{1600}{13.2\times 24}\approx 5.05(d)$

食品储备量：$W_{食品}=5.05\times 4.5\times 20/1000\approx 0.45(t)$(食品定量按每人每天 4.5 kg 计算)

淡水储备量：$W_{淡水}=5.05\times 200\times 20/1000\approx 20.2(t)$(淡水定量按每人每天 200 kg 计算)

(4) 燃油重量。

$$W_F=t\cdot g\cdot P_S\cdot k\cdot 10^{-3}$$

其中，$t$ 为航行时间，$t=\dfrac{R}{V_s}=\dfrac{1\,600}{13.2}=121.2\,\mathrm{h}$；$G$ 为主机耗油率，取 169 g/(kW * h)；$P_S$ 为主机功率，取 3 088 kW；$K$ 为燃油储备系数，取为 1.2。

燃油重量：$W_F=121.2\times0.169\times3\,088\times1.2\times10^{-3}\approx75.9(\mathrm{t})$

(5) 润滑油重量。

润滑油重量可取燃油重量的 3%，故润滑油重量为 2.3 t。

(6) 压载水重量。

压载水舱主要布置于货舱区域双层底内，货舱区长 90.3 m，船宽 19.7 m，双层底高度 1.2 m，双层底区域舱容为

$$V_B=kk_cL_cBh_D=0.97\times0.85\times90.3\times19.7\times1.2\approx1\,760(\mathrm{m}^3)$$

设计船设计工况时压载水重量 $W_B$ 取为 1 700 t。

则有设计船载重量为

$$\mathrm{DW}=7\,637.5+1.5+1+0.45+20.2+75.9+2.3+1\,700=9\,438.9(\mathrm{t})$$

3) 排水量校核

考虑 4%LW 的排水量裕度后，设计船总重量为

$$\mathrm{LW}+\mathrm{DW}+4\%\mathrm{LW}=3\,484+9\,438.9+0.04\times3\,484\approx13\,062.3(\mathrm{t})$$

本船排水量：

$$\Delta=\rho kL_{pp}BTC_b=1.025\times1.006\times121.6\times19.7\times7.05\times0.75\approx13\,060.9(\mathrm{t})$$

相对误差为：$\dfrac{\left|\Delta-\sum W_i\right|}{\Delta}\times100\%=0.1\%<0.5\%$

结论：排水量校核满足要求。

3. 其他性能校核

1) 航速校核

采用海军系数法进行校核计算：

$$P=\frac{\Delta^{2/3}V^3}{C}$$

取设计船与母型船的海军系数相等，则有：

$$\frac{\Delta^{2/3}V^3}{P}=\frac{\Delta_0^{2/3}V_0^3}{P_0}$$

其中，$\Delta_0=14\,900\,\mathrm{t}$；$V_{s0}=13\,\mathrm{kn}$；$P=P_0=3\,088\,\mathrm{kW}$；$\Delta=13\,060.9\,\mathrm{t}$。

则有：$\dfrac{13\,060.9^{2/3}\times V_s^{\,3}}{3\,088}=\dfrac{14\,900^{2/3}\times13^3}{3\,088}$

$$V_s\approx13.4(\mathrm{kn})$$

结论：航速大于 13.2 kn，满足设计要求。

2) 初稳性校核

集装箱船多采用较大的水线面系数，利用式(8-24)可计算得到：

$$
\begin{aligned}
C_w &= -0.035+1.74C_b-0.8C_b^2 \\
&= -0.035+1.74\times 0.75-0.80\times 0.75^2 \\
&= 0.82
\end{aligned}
$$

初稳性高度按下式核算：

$$h = Z_B + r - Z_G$$

$$Z_B = a_1 T = 0.522\times 7.05 \approx 3.68(\mathrm{m})$$

其中，系数 $a_1 = \dfrac{C_w}{C_w + C_b} = \dfrac{0.82}{0.82+0.75} = 0.522$

$$r = a_2 \frac{B^2}{T} = 0.0786\times \frac{19.7^2}{7.05} \approx 4.33(\mathrm{m})$$

其中，系数 $a_2 = \dfrac{C_w^2}{11.4C_b} = \dfrac{0.82^2}{11.4\times 0.75} \approx 0.0786$

$$Z_G = \xi D = \frac{7.6}{10.25}\times 9.8 \approx 7.27(\mathrm{m})$$

初稳性高：$h = 3.68+4.33-7.27 = 0.74(\mathrm{m})$

横摇周期：$T_\phi = 0.58f\sqrt{\dfrac{B^2+4z_G^2}{h}} = 0.58\times 1\times \sqrt{\dfrac{19.7^2+4\times 7.27^2}{0.74}} \approx 16.5(\mathrm{s})$

初稳性高度 $h$ 大于 0.3 m，横摇周期大于 12 s，满足相关要求。

4. 主要要素小结

根据上述校核计算，设计船排水量、航速、初稳性高度及横摇周期均满足相关要求。设计船主要要素为：

| | | |
|---|---|---|
| 垂线间长 | $L_{PP}$ | 121.6 m |
| 型宽 | $B$ | 19.7 m |
| 型深 | $D$ | 9.8 m |
| 设计吃水 | $T$ | 7.05 m |
| 方形系数 | $C_b$ | 0.75 |

### 8.3.5 型线设计

中小型集装箱船的型线特征大多为带球首的前倾式首型、尾部为带球尾的方尾型、中部为平底圆舭直壁型式，且具有一定的平行总体长度。

设计船型线采用自行设绘法进行，其步骤：首先设绘特征参数符合设计船要求的横剖面面积曲线和设计水线；其次确定设计船的轮廓线；再次进行各站横剖线的设绘，同时计算并控制好排水体积、浮心纵向位置等参数；最后进行各水线和纵剖线的绘制以确保其光顺性。

1. 横剖面面积曲线设绘

横剖面面积曲线包含棱形系数、浮心纵向位置等形状特征参数。对于中低速船，其可采用梯形法来凑绘。

1）棱形系数

依据图 8-11 所示，设计船的方形系数为 $C_b = 0.75$ 时，棱形系数 $C_p$ 可取为 0.76。此

时，横剖面系数 $C_m$ 为0.99。

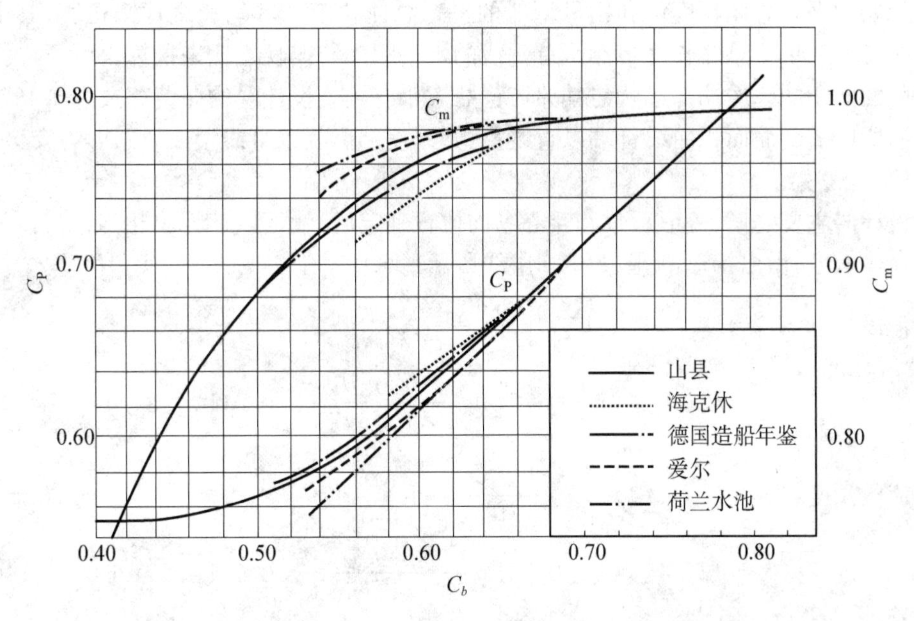


图8-11 $C_b$、$C_p$、$C_m$ 的关系

2）浮心纵向位置

根据棱形系数 $C_p$，由图8-12可查得，设计船较佳相对浮心纵向位置 $X_B/L_{pp}$ 在船中前(0.2%～2.3%)范围内。结合母型船设计工况的重心纵向位置1.45 m(1.11%$L_{PP0}$)，设计船的浮心纵向坐标取在船中前1.1%$L_{PP}$。

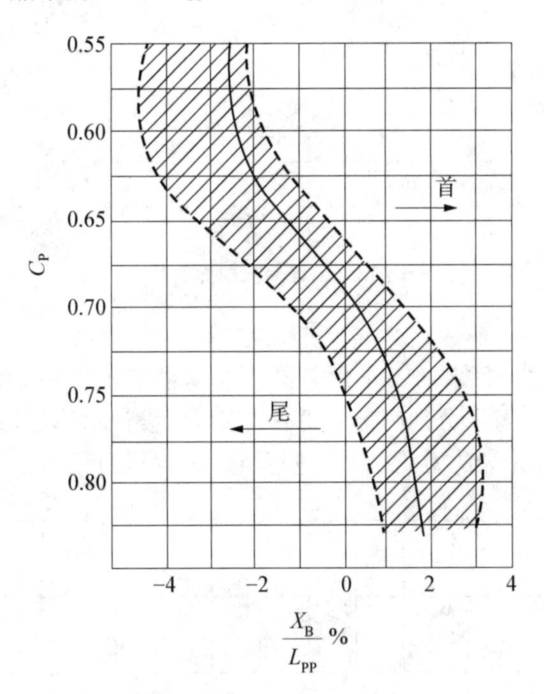


图8-12 较佳浮心纵向位置范围

3）其他特征形状及参数

设计船的平行总体长度可利用母型船的平行总体长度与其船长之比来估算，其中点位置可以按母型船平行总体长度中点距首垂线的水平距离与船长之比来推算。

横剖面面积曲线的端部形状与其弗劳德数大小有关。设计船的弗劳德数为0.197（属中低速船），所以横剖面面积曲线首端以直线型为好，尾端形状以直线型或微凹形为宜。

4）梯形法凑绘

在设计船主要要素、棱形系数和浮心纵向位置确定后，就可以计算出相当进流段长度和相当去流段长度，做出梯形（见图8－13虚线所示）。

去流段长度：$L'_{\mathrm{E}}=L_{\mathrm{pp}}\times(1-C_{\mathrm{p}})+\dfrac{6C_{\mathrm{p}}}{4C_{\mathrm{p}}-1}X_B$

$$=121.6\times(1-0.76)+\frac{6\times0.76}{4\times0.76-1}\times0.011\times121.6=32.17(\mathrm{m})$$

进流段长度：$L'_{\mathrm{R}}=L_{\mathrm{pp}}\times(1-C_{\mathrm{p}})-\dfrac{6C_{\mathrm{p}}}{4C_{\mathrm{p}}-1}X_{\mathrm{B}}$

$$=121.6\times(1-0.76)-\frac{6\times0.76}{4\times0.76-1}\times0.011\times121.6=26.19(\mathrm{m})$$

中横剖面面积：$A_{\mathrm{M}}=C_{\mathrm{m}}BT=0.99\times19.7\times7.05=137.50(\mathrm{m}^2)$

再结合上述所确定的平行中体长度及其位置、首尾端部形状，采用目测面积相等方法即可得到如图8－13中实线所示的设计船横剖面面积曲线。

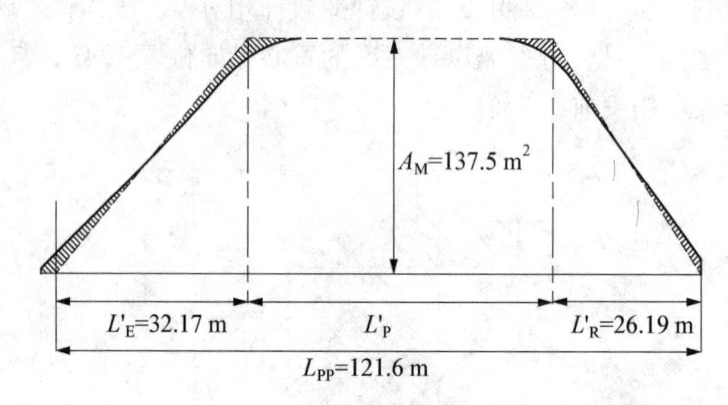


图8－13　设计船横剖面面积曲线

2. 设计水线考虑

设计水线形状由水线面系数$C_{\mathrm{w}}$、平行中段长度$l_{\mathrm{P}}$、半进流角$i_{\mathrm{E}}$、半去流角$i_{\mathrm{R}}$、漂心位置$X_{\mathrm{F}}$以及首尾端形状所决定。除了分别确定上述参数来设绘设计水线外，通常还可采用母型船各站的设计水线半宽，结合两船的型宽之比来进行换算，从而得到设计船的设计水线（见图8－14）。

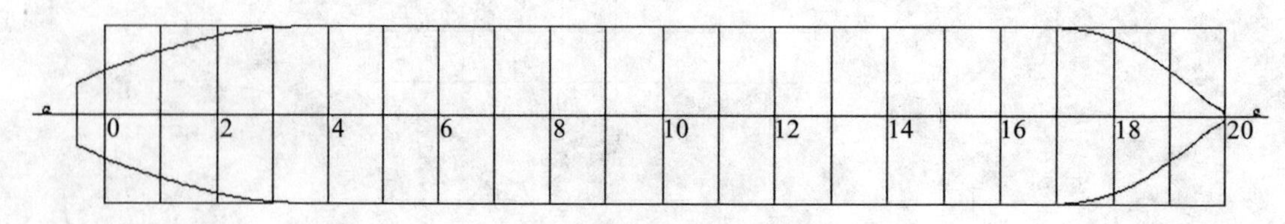


图8－14　设计船设计水线示意图

3. 轮廓线考虑

中低速集装箱船在首部轮廓设计水线以下设置球鼻艏，设计水线以上部分采用前倾型首；尾部轮廓采用具有宽而平坦的船底以及平直的尾部纵剖线的方尾。设计船首尾轮廓具体形状参照母型船进行比例换算后确定。

甲板边线的高度根据型深和首尾舷弧来确定，而其宽度则根据总布置的要求结合设计水线以上横剖线的形状来决定。设计船甲板线的型值同样按母型船进行比例换算。

中横剖线也反映了船舶的轮廓特征。参照母型船中横剖线形状特征，设计船中横剖线由船底水平线、舭部圆弧线和舷侧垂直线构成，见图 8-15，其中的舭部半径可按下式计算得到：

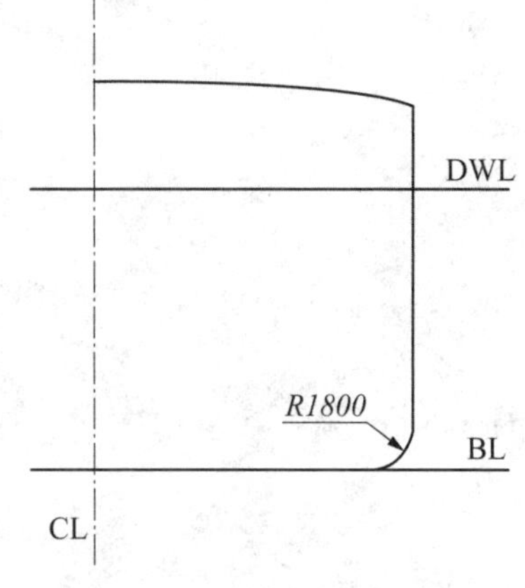


图 8-15 设计船中横剖线

$$R=\left[\frac{BT(1-C_m)}{0.43}\right]^{1/2}$$

4. 型线生成

依据横剖面面积曲线确定的各站处设计水线下的横剖面面积，设计水线各站半宽、甲板边线各站半宽和高度、轮廓线等提取的特征点，参照母型船型线就可以进行设计船系列横剖线的设绘。

需要注意的是，在绘制系列水线和纵剖线之前，应再复核排水体积和浮心纵向位置是否满足要求，否则需在光顺水线和纵剖线的同时，给予适当调整与控制，最终得到满足设计要求的型线图(见图 8-16)。

### 8.3.6 总布置设计

1. 设计考虑方面

中小型集装箱船总布置设计时，一般主要考虑以下几方面：

(1) 总布置特点。中小型集装箱船大多为尾机型，且船首设有船楼，同时船尾部设有较高的上层建筑，以保证驾驶视野的需要。

(2) 货舱布置与区划。中小型集装箱船货舱设置在船中部较长区域，且设有为大开口、双壳型式，以保证装载和总体强度的需要。

(3) 浮态与压载。集装箱船浮态变化较小，但在航行和装卸过程中一般均带有一定的压载量，以保证稳性和装卸作业的需要。

2. 设计方法与步骤

(1) 在掌握同类船和消化母型船总布置特点的基础上，结合载箱量要求进行装箱方案的考虑(包括舱内外箱数的分配)，初步确定主船体的纵向舱室划分和货舱典型横剖面型式(绘制总布置草图)。

(2) 结合设计船的型线图，对总布置草图进行完善，包括货舱端部载箱方案数量的修正、初稳性进一步核实等，并最终完成总布置图。

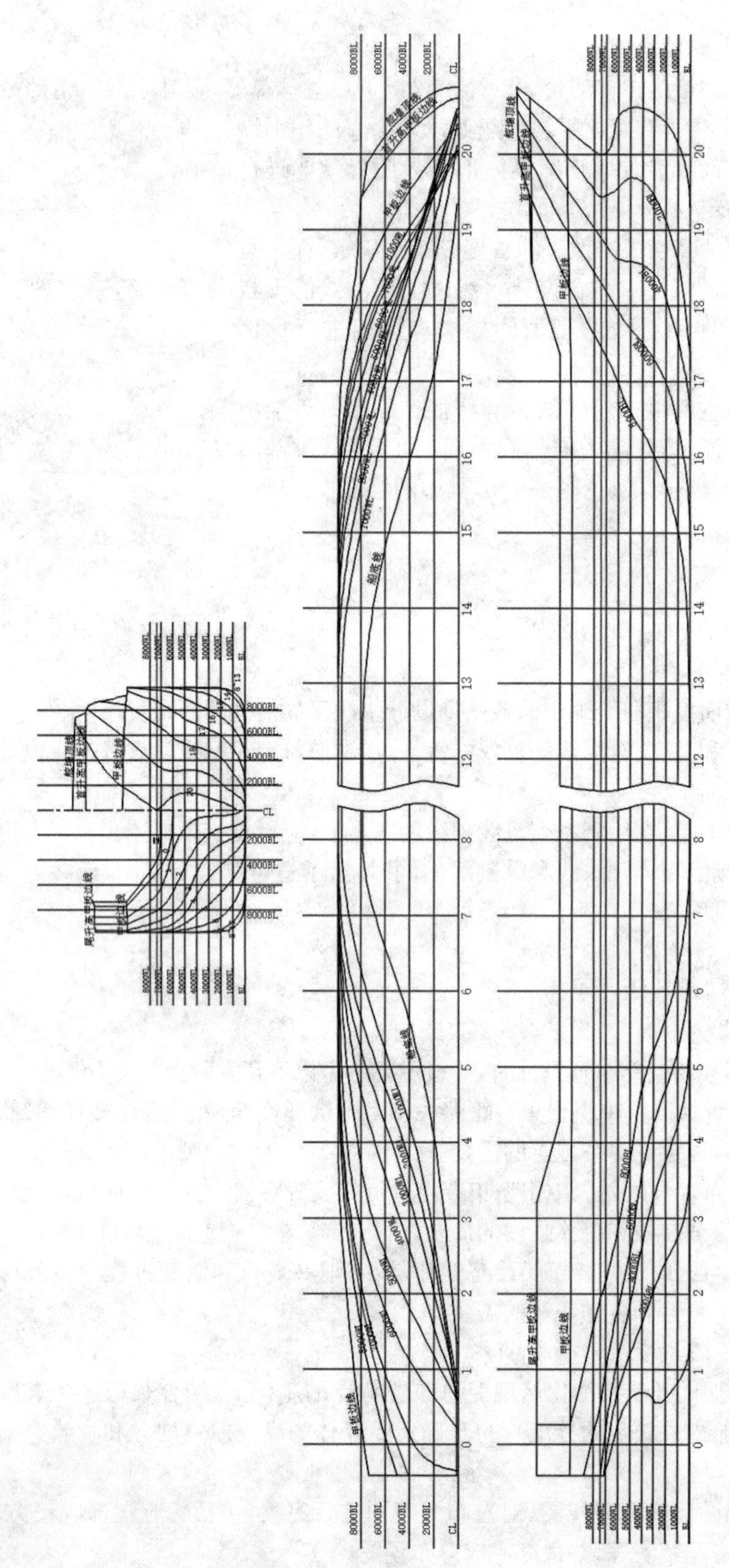

图 8-16 设计船型线图

3. 总布置简要说明

经过上述设计步骤后，就可以得到设计船的总布置图。现结合图 8－17，就设计船总布置简要说明如下：

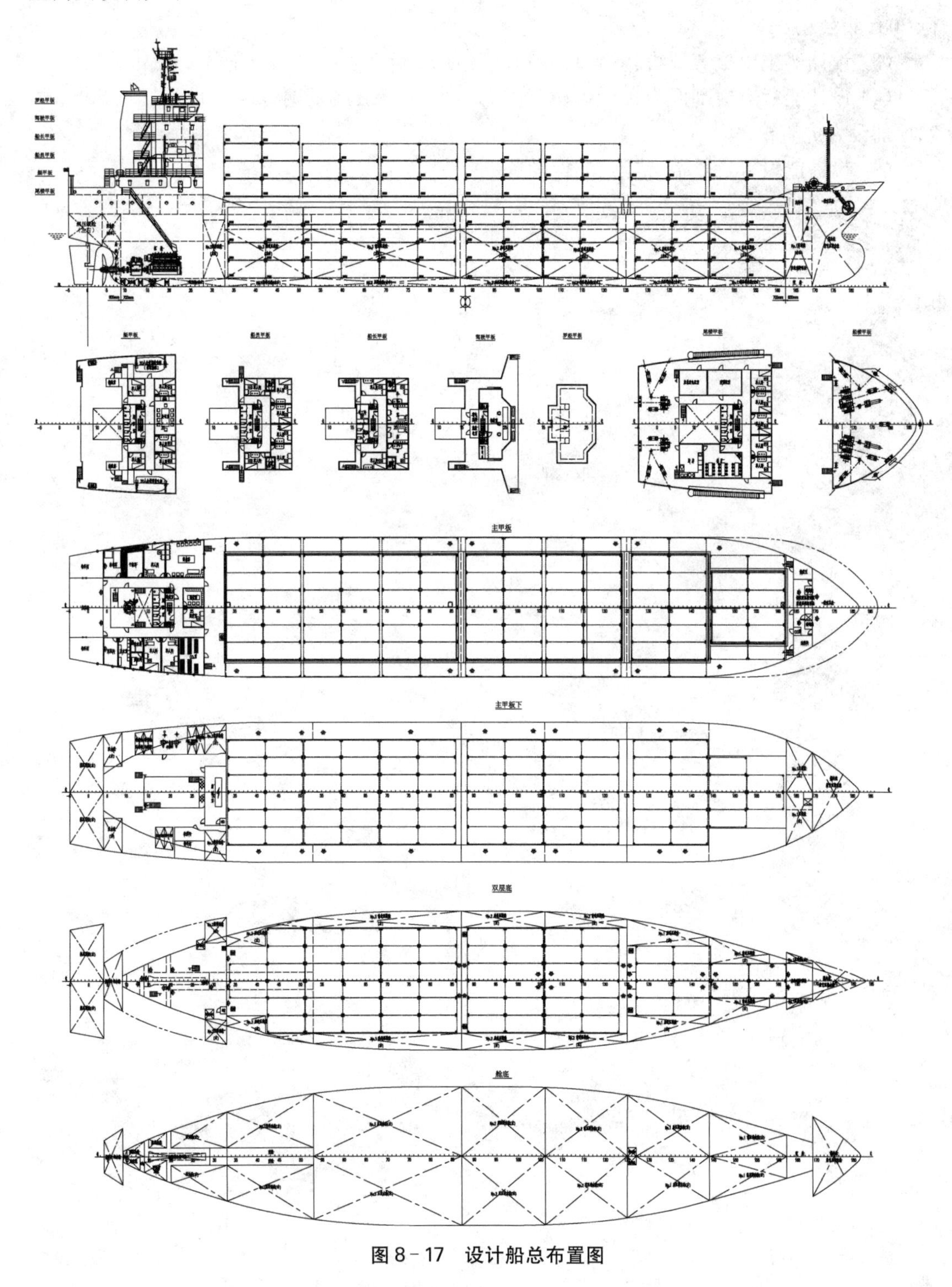

图 8－17　设计船总布置图

(1) 设计船设有首楼和尾楼，且尾部上层建筑共设 6 层，包含驾驶室、工作舱室和生活舱室。

(2) 设计船设有 3 个货舱，其中第一货舱布置 6 行 20 ft 集装箱，第二、第三货舱均布置 4 行 20 ft 集装箱。

(3) 设计船主甲板装载集装箱，其排量方案为 14 行、8 列、3 层(局部为 4 层和 2 层)。

(4) 设计船货舱横剖面为大开口、双壳型式，其中双层底及两舷深舱设为压载水舱，两舷顶部设为抗扭箱。

(5) 设计船设置货舱盖、锚泊、舵等设备。

# 第9章 圆舭型船艇总体设计

圆舭型船艇通常按船长或排水量的大小来表示，其航速也有中速、高速、超高速之分。本章就中高速(船长弗劳德数 $Fr$ 在 0.35～1.0 之间)排水型圆舭船艇的总体设计并结合工程案例给予简述。

## 9.1 船型特征与总布置特点

### 9.1.1 船型特征

一般来说，圆舭船型的主要几何特征是：船首呈微 U 或 V 形的横剖线，水线处进流角较小；中部船底设有底升角(10°～15°)和较大的圆舭半径(船宽的 30%左右)；尾部具有较小的舭部半径(船宽的 10%～13%)和底升角(1°～4°)，且尾封板处设计水线以下具有一定的浸水面积。

表 9-1 所列为国内外典型圆舭艇的主要要素及其设计点。

表 9-1 典型圆舭艇的主要要素及设计点

| 船模代号 | $C_\nabla$ | $L/B$ | $B/T$ | $C_b$ | $C_p$ | 设计点 $Fr$ |
| --- | --- | --- | --- | --- | --- | --- |
| 813413A | 3.37 | 5.60 | 4.17 | 0.41 | 0.61 | 0.38 |
| 84101 | 3.23 | 5.78 | 4.00 | 0.40 | 0.62 | 0.405 |
| 84701 | 3.77 | 6.09 | 3.67 | 0.44 | 0.657 | >0.70 |
| Nordströn 43-1 | 3.64 | 6.25 | 2.79 | 0.397 | 0.693 | >0.80 |
| CSSRC M8643 | 5.14 | 4.17 | 4.50 | 0.39 | 0.610 | <0.86 |
| SSPA 1213A | 2.92 | 6.23 | 3.50 | 0.40 | 0.68 | >0.80 |

图 9-1 是典型圆舭艇所对应的横剖线形状，其中 SSPA 为瑞典艇型，CSSRC 为中国船舶科学研究中心研发的圆舭艇型。

在高速排水型船艇的设计中，也常采用一种将尾部横剖线设计成折角的船型——圆舭折角船型，其阻力性能优良，耐波性能得到进一步改善，如图 9-2 所示。

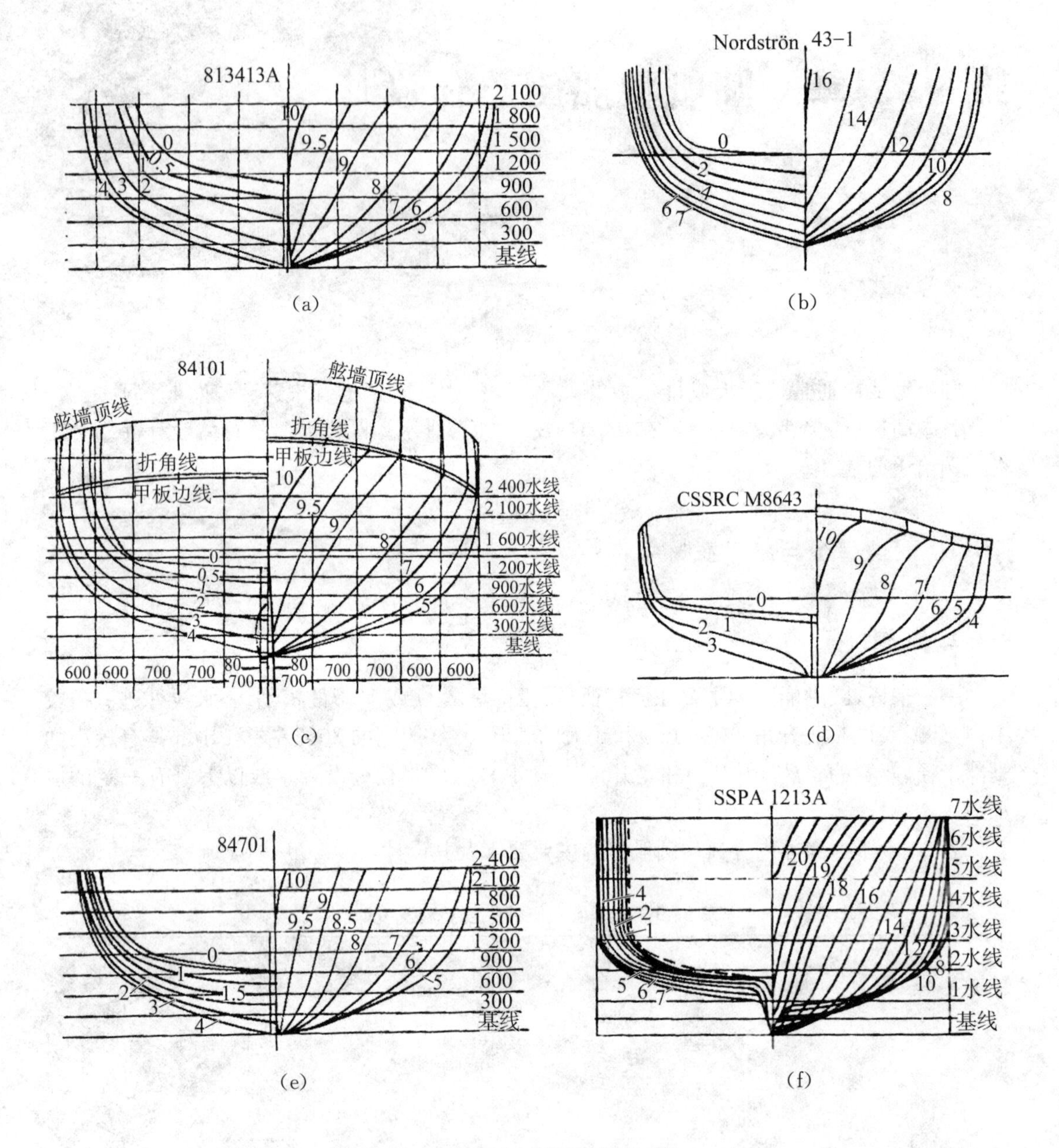


图 9－1　典型圆舭艇横剖线形状

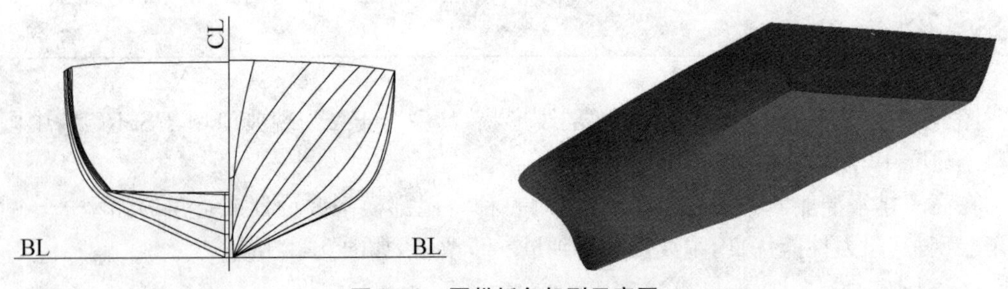


图 9－2　圆舭折角船型示意图

### 9.1.2　总布置特点

鉴于船艇的功能及使用要求，其舱室布置和外部造型与常见的运输货船和客船（游船）有较大的差别。对于圆舭型船艇，其主船体通常为单甲板，且从尾至首一般用于布置尾舱（舵机舱）、机舱、船员舱（工作间）和首舱；而上层建筑用于布置相关的工作舱室和生活舱室，其外部造型通常采用层次交错的阶梯形组合，即各甲板相互错开半层，如图9-3所示。

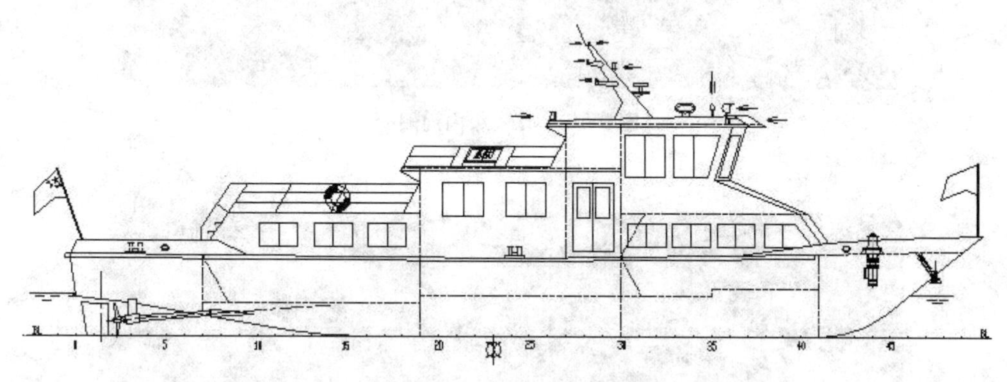

图9-3　船艇外部造型示意图

此外，考虑船艇主尺度相对较小和风浪中稳性的需要，其上层建筑会做成部分或全部封闭型式，且应尽可能保证内部各舱室的通达性和方便性、人员的安全性和舒适性、驾驶视野的开阔性。

针对船艇使用的不同水域和尺度大小，其布置及造型也有一些差别。例如，图9-4是20 m级的内河船艇，图9-5是40 m级的内河船艇，图9-6是60 m级的海上船艇。

图9-4　20 m级内河船艇

图 9-5　40 m 级内河船艇

图 9-6　60 m 级海上船艇

## 9.2　总体设计的整体规划

### 9.2.1　主要要素

1. 水线长和船长

对于圆舭型船艇来说，一般对快速性有较高的要求，因此在船长选择时，除了满足布置上的需要外，其阻力性能应摆在首要的位置加以考虑。船模试验表明，船艇的剩余阻力系数与排水量长度系数 $C_\nabla$ 和弗劳德数 $Fr$ 有图 9-7 所示关系，即存在着阻力系数较为平缓和峰值区域，因而在设计航速一定的情况下，因需选择合适的水线长，并控制好船艇的排水量。

从图 9-7 可以看出，通常情况下，船艇的 $Fr$ 小于 0.4 时对阻力较为有利，否则 $F_r$ 就需尽可能达到 0.6 以上。$Fr$ 在 0.5 左右应避免，这点在考虑水线长时应特别注意。

在水线长初步确定后，可进一步结合首尾轮廓线而得到船长。

2. 船宽和设计水线宽

船艇的宽度与布置、稳性关系较为密切。在船长初步确定的情况下，船宽 $B$ 也可以通过相关统计公式来估算。

海上航行船艇：当 $L > 25$ m 时，$B = 2.31 + 0.111L \times (1 \pm 6\%)$　(9-1)

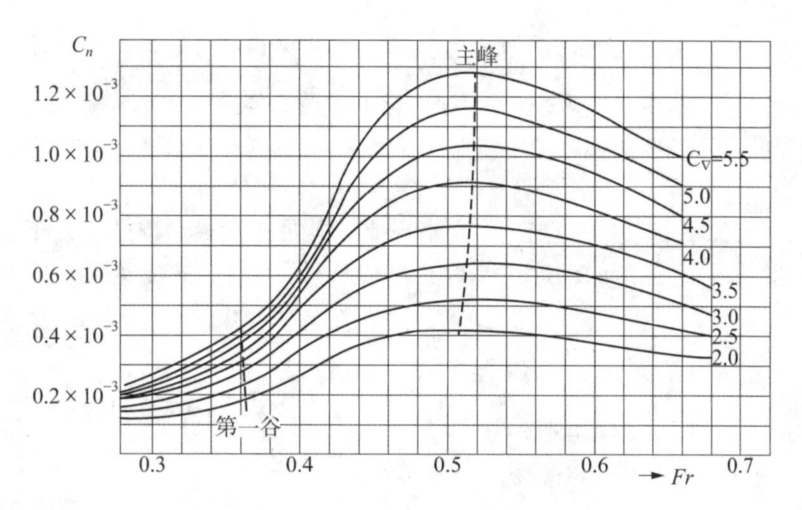


**图 9－7　圆舭型船艇剩余阻力系数**

当 $L\leqslant 25\,\text{m}$ 时，$B=0.88+0.167L\times(1\pm6\%)$　　(9－2)

内河航行船艇：$B=(0.65\sim0.76)L^{0.6}$　　(9－3)

就圆舭型艇来讲，在选取船宽 $B$ 时，也可参照图 9－8 来考虑。

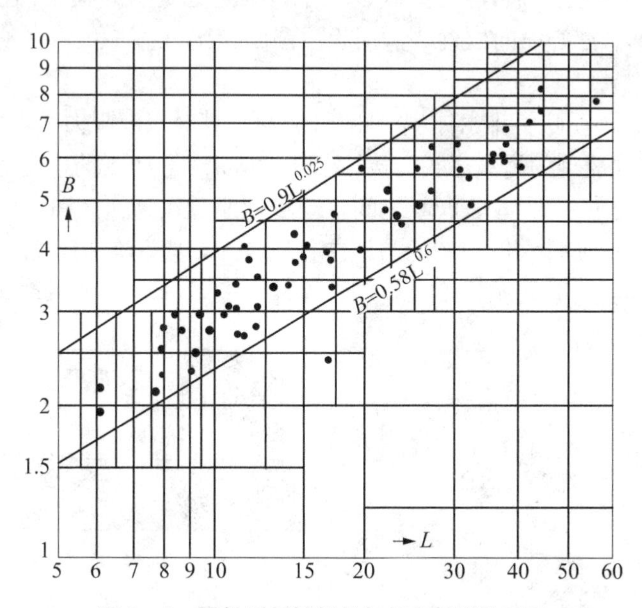


**图 9－8　圆舭型船艇船长与船宽对照关系图**

设计水线宽 $B_S$ 总是小于型宽 $B$，其数值大小应与排水量、中横剖面系数等结合起来考虑。根据实际船艇资料统计，$B_S/B$ 比值一般在 0.9～0.96。

3. 型深

对于船艇来说，其型深主要与舱室布置、干舷关系较大。在船长确定的情况下，型深可按下列统计公式来估算。

海上航行船艇：当 $L>25\,\text{m}$ 时，$D=1.65+0.05L\times(1\pm6\%)$　　(9－4)

$$当 L \leqslant 25\,\text{m} 时, D = 0.3 + 0.104L \times (1 \pm 6\%) \tag{9-5}$$

对于内河航行船艇，由于风浪较小，型深可较上式估算值适当减小。

此外，型深的大小还要兼顾舱室净空高度的需要，尤其对小型公务船艇应特别注意。

4. 吃水

在航行区域水深不受限制的情况下，吃水主要从满足排水量和推进装置布置等方面来综合确定。一般情况下，船艇的设计吃水 $T$ 也可按照下列统计公式或实船的宽度吃水比 $B/T$ 来估算。

$$当 L > 25\,\text{m} 时, T = 0.43 + 0.026L \times (1 \pm 12\%) \tag{9-6}$$

$$当 L \leqslant 25\,\text{m} 时, T = 0.11 + 0.039L \times (1 \pm 12\%) \tag{9-7}$$

5. 方形系数

对于船艇来讲，其方形系数一般是在棱形系数确定后再结合中横剖面系数(最大剖面系数)来选取。当然也可以先参照相近船艇来初选，但应注意其与排水量长度系数 $C_\nabla$ 的协调配合，以便对阻力有利。

### 9.2.2 横剖面面积曲线

在船艇主要要素确定以后，船艇型线设计中首要考虑的就是横剖面面积曲线及其特征参数，如棱形系数 $C_p$、浮心纵向位置 $X_B$、尾板浸湿面相比 $A_T/A_M$ 等。

1. 棱形系数

棱形系数 $C_p$ 大小反映了排水体积沿船长的分布，其对兴波阻力有着较大的影响。圆舭船艇的低速区与常规船型的高速区相衔接，在 $Fr=0.35\sim0.40$ 的速度范围内，圆舭船艇的 $C_p$ 值不宜过大，一般应在 0.56～0.60 之间。圆舭型船艇在高速区间时，由于在整个进流段都会激起波浪，因此应使排水体积较均匀地向首尾分布，建议 $C_p$ 值取 0.61～0.65。国内外高速圆舭快艇系列的 $C_p$ 值可见图 9-9。

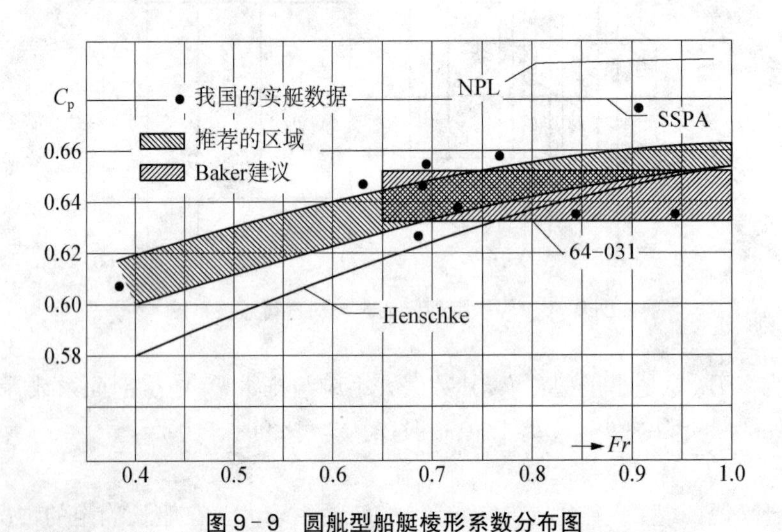


图 9-9 圆舭型船艇棱形系数分布图

根据实艇资料的统计，$C_p$ 与 $Fr$ 有如下的回归公式可供估算用。

$$C_p = 0.0676 Fr^{0.1474} \tag{9-8}$$

$$C_p = 0.5687 + 0.1538 Fr - 0.07 Fr^2 \tag{9-9}$$

2. 浮心纵向位置

浮心纵向位置表示排水体积在船艇前后部分布情况。对于圆舭型船艇，其浮心纵向位置 $X_B$ 一般均在船中后(通常以设计水线长中点为船中)，且随着 $Fr$ 的增大，距离船中越远。图 9-10 表示了实际船艇的浮心纵向位置分布情况，可供设计时参考。

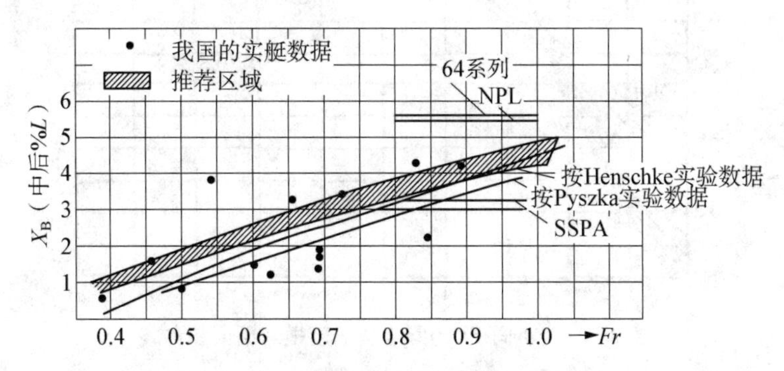


图 9-10　圆舭型船艇浮心纵向位置分布

同样，浮心纵向位置也可以按下列回归公式估算：

$$X_B = (2.219 - 12.351 Fr + 5.404 Fr^2)\% \times L_{WL} \tag{9-10}$$

3. 尾板浸湿面积比

圆舭型船艇棱形系数相对较大，且浮心纵向位置偏后，所以其尾端通常占据一定的排水量，也就是说其尾封处需要有一定的浸湿面积 $A_T$ 来保证，其大小用与最大横剖面积 $A_M$(由最大剖面系数 $C_m$ 来确定)的比值来表示。

一般来讲，低速段的圆舭型船艇，$A_T$ 通常接近于零，但随着 $Fr$ 的加大，$A_T$ 的增大会形成对阻力有利的艇尾“虚长度”。图 9-11 可供选择 $A_T$ 时参考。

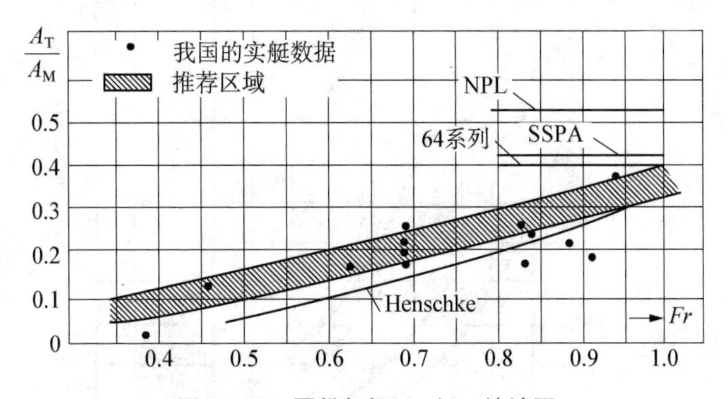


图 9-11　圆舭船艇 $A_T/A_M$ 统计图

当然，$A_T/A_M$ 也可用以下回归公式来确定。

$$A_T/A_M = -0.0857 + 0.3967 Fr + 0.1061 Fr^2 \tag{9-11}$$

4. 端部几何形状

对于圆舭船艇，其横剖面面积曲线的端部形状如图 9-12 所示。从图 9-12 可以看出，低速段圆舭船艇的横剖面面积曲线前端微凹，最大剖面在中部略后处，尾端 $A_T$ 为零或接近零；高速段圆舭船艇的面积曲线前端微凹或稍直，最大横剖面位置应在中后并随 $Fr$ 加大而渐后移（离首垂线最大不超过 $0.575L$），且在船尾处保持一定的 $A_T$。

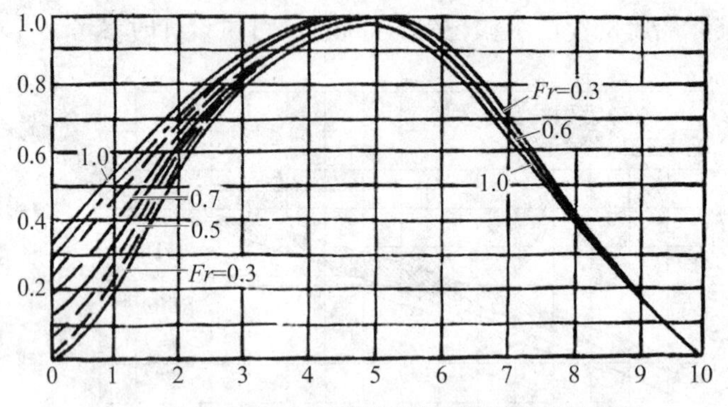


图 9-12 不同 $Fr$ 的圆舭型船艇横剖面面积曲线

需要说明的是，船艇的横剖面面积曲线尾端形状需与其推进操纵装置型式有较大关系，尤其是采用喷水推进操纵装置的尾部应专门考虑。

### 9.2.3 快速性

1. 排水量与有效功率

船舶的快速性与阻力和推进性能有直接的关系。对于圆舭型船艇，其阻力大小与船长和排水量关系最为密切。在总体设计时，为了较好地把控船艇的快速性，通常利用图 9-13 所示的有效功率与船长排水量系数的关系曲线，来进行排水量和装机功率的有效选择与确定。

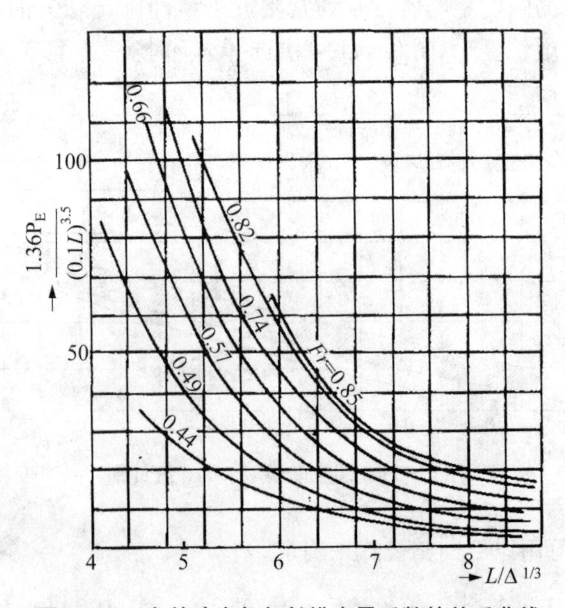


图 9-13 有效功率与船长排水量系数的关系曲线

2. 船艇阻力估算

船艇的阻力通常可以根据船模试验资料来换算，针对圆舭型艇可参考图9-14的图谱资料进行。

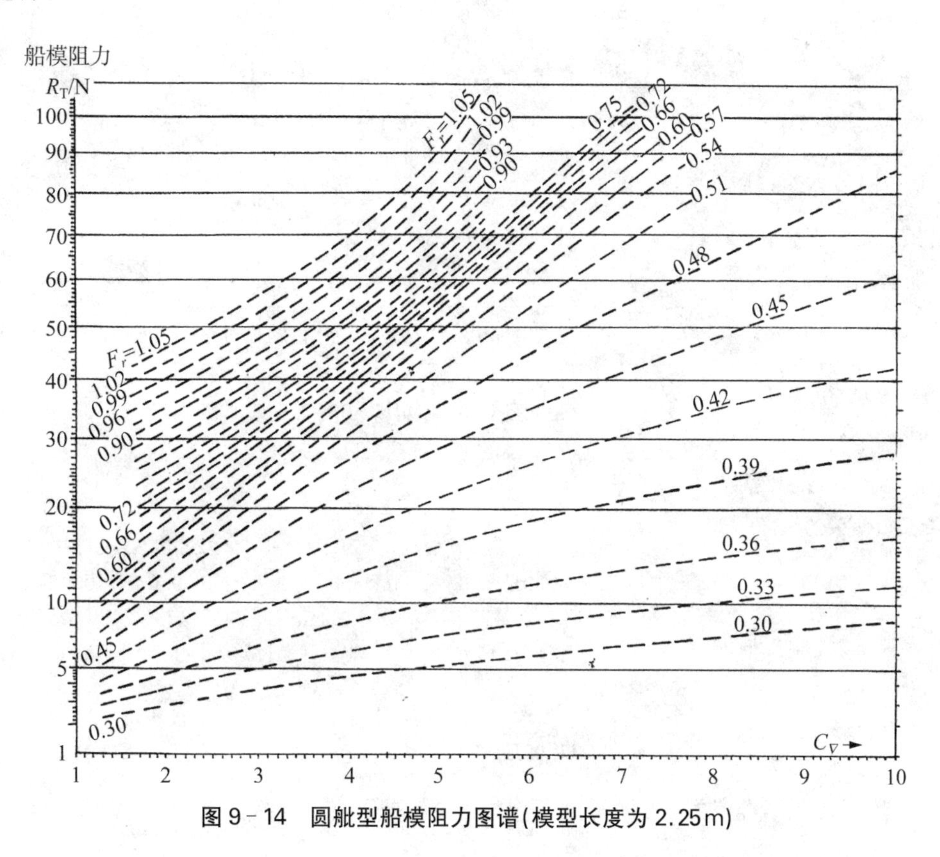


图9-14　圆舭型船模阻力图谱(模型长度为2.25 m)

当设计船艇相关数据确定后，就可以先计算船模的摩擦阻力系数，再利用上述试验图谱资料计算出船模的总阻力系数，即可得到船模的剩余阻力系数。具体计算可参照下述例题进行。

**示例：**某圆舭艇阻力计算

(1) 计算参数。

| | | |
|---|---|---|
| 水线长 | $L$ | 25.00 m |
| 排水体积 | $\nabla$ | 62.00 $m^3$ |
| 湿面积 | $S=2.75\sqrt{\nabla L}$ | 108.27 $m^2$ |
| 排水量长度系数 | $C_\nabla=\nabla/(0.1L)^3$ | 3.97 |

$$\rho=1\,000\ \mathrm{N\cdot s^2/m^4}$$
$$\upsilon=1.14\times10-6\ \mathrm{m^2/s}$$
$$S_m=S/\lambda^2=0.856\ \mathrm{m^2}$$
$$L_m=2.25\ \mathrm{m}$$

(2) 阻力计算。

圆舭型船艇阻力计算可参考表9-2进行。

表 9-2 圆舭型船艇阻力计算

| 序号 | 计算项目 | 单位 | 假定航速 | | | | |
|---|---|---|---|---|---|---|---|
| 1 | 航速($v$) | km/h | 26 | 27 | 28 | 29 | 30 |
| 2 | 航速($v$) | m/s | 7.22 | 7.5 | 7.78 | 8.06 | 8.33 |
| 3 | $Fr=v/\sqrt{gL}$ | | 0.461 | 0.479 | 0.497 | 0.515 | 0.532 |
| 4 | 船模阻力 $R_T$(由图 9-14 查得) | N | 23.3 | 26.2 | 28.7 | 31.3 | 32.1 |
| 5 | 船模 $v_m=Fr\sqrt{gL_m}$ | m/s | 2.16 | 2.25 | 2.33 | 2.42 | 2.5 |
| 6 | 船模 $C_T=\mathrm{RT}/0.5\rho v_m^2 S_m$ | | 1.17$E$−02 | 1.21$E$−02 | 1.24$E$−02 | 1.25$E$−02 | 1.20$E$−02 |
| 7 | 船模 $R_n=v_m L_m/1.14\times 10^{-6}$ | | 4.26$E$+06 | 4.44$E$+06 | 4.60$E$+06 | 4.78$E$+06 | 4.93$E$+06 |
| 8 | 船模 $C_F=0.075/(\log R_n-2)^2$ | | 3.50$E$−03 | 3.47$E$−03 | 3.45$E$−03 | 3.43$E$−03 | 3.41$E$−03 |
| 9 | $C_R=C_T-C_F$ | | 8.20$E$−03 | 8.63$E$−03 | 8.95$E$−03 | 9.07$E$−03 | 8.59$E$−03 |
| 10 | 实艇 $R_n=v\cdot L/1.14\times 10^{-6}$ | | 1.58$E$+08 | 1.64$E$+08 | 1.71$E$+08 | 1.77$E$+08 | 1.83$E$+08 |
| 11 | 实艇 $C_F=0.075/(\lg R_n-2)^2$ | | 1.95$E$−03 | 1.94$E$−03 | 1.93$E$−03 | 1.92$E$−03 | 1.91$E$−03 |
| 12 | 实艇 $C_T=C_R+C_F$ | | 1.02$E$−02 | 1.06$E$−02 | 1.09$E$−02 | 1.10$E$−02 | 1.05$E$−02 |
| 13 | 实艇 $R_T=C_T\cdot 0.5\rho v^2 S$ | N | 28784 | 32278 | 35716 | 38685 | 39442 |
| 14 | 实艇 $P_E=R_T\cdot v/1000$ | kW | 208 | 242 | 278 | 312 | 329 |
| 15 | 考虑附体后有效功率 $1.1P_E$ | kW | 229 | 266 | 306 | 343 | 362 |

需要说明的是,粗糙度补偿系数可取为 0,实际船艇的剩余阻力系数等同于船模剩余阻力系数,实际船艇附体阻力可取为其裸体阻力的 10%。

## 9.3 总体设计案例

### 9.3.1 设计要求

设计船为圆舭型内河公务船艇,其主体为钢质、甲板室为铝质,主要用于长江下游水政监察执法。设计船要求设置驾驶室(兼指挥室)、会议室(兼执法间)和必要的生活服务配套舱室,乘员为 12 人,船员配备为 3 人。

设计船采用双机双桨,船长 29 m 左右,吃水不大于 1.2 m,设计水线以上固定高度不超

过6.0 m，航速不小于23.5 km/h，续航力为500 km，装机功率为2×257 kW(NTA855)，连续航行时间不超过2 h，满足现行法规和规范对A级航区的相关要求。

### 9.3.2　船型资料

根据上述公务船艇设计要求，可以参照表9-3相关船型进行总体方案设计。

表9-3　内河圆舭船艇资料

| 名称及符号 | 单位 | 25 m船艇 | 27 m船艇 | 32 m船艇 |
|---|---|---|---|---|
| 船长 $L$ | m | 25.25 | 26.62 | 32.60 |
| 水线长 $L_{WL}$ | m | 23.00 | 25.00 | 30.00 |
| 型宽 $B$ | m | 5.20 | 5.60 | 6.30 |
| 水线宽 $B_S$ | m | 4.52 | 4.91 | 6.00 |
| 型深 $D$ | m | 2.00 | 2.00 | 2.65 |
| 吃水 $T$ | m | 1.10 | 1.15 | 1.60 |
| 方形系数 $C_b$ | | 0.414 | 0.436 | 0.432 |
| 水线面系数 $C_w$ | | 0.777 | 0.796 | 0.787 |
| 最大剖面位置 | | $-5.0\%L_{WL}$ | $-4.6\%L_{WL}$ | $-2.5\%L_{WL}$ |
| 浮心纵向位置 | | $-3.4\%L_{WL}$ | $-3.7\%L_{WL}$ | $-2.0\%L_{WL}$ |
| 航速 $V$ | km/h | 30 | 27 | 24 |
| 主机功率 $P$ | kW | 2×294 | 2×257 | 2×257 |
| 续航力 $R$ | km | 400 | 400 | 1000 |
| 材质 | | 钢/铝 | 钢铝 | 钢 |
| 空船重量LW | t | 39.5 | 54.9 | 110 |
| 空船重心高 $Z_{GL}$ | m | 1.90 | 1.91 | 2.85 |
| 满载重心高 $Z_G$ | m | 1.80 | 1.82 | 2.73 |
| 甲板室型式 | | 一层半凸形 | 一层半凸形 | 两层 |
| $L/B$ | | 4.86 | 4.75 | 5.17 |
| $B_S/B$ | | 0.87 | 0.88 | 0.95 |
| $T/D$ | | 0.55 | 0.58 | 0.60 |
| 海军系数 $C$ | | 596.87 | 596.94 | 670 |
| 弗劳德数 $Fr$ | | 0.555 | 0.479 | 0.389 |

### 9.3.3 方案构思

任何一种功能和使用要求相近的船舶都有它固定的船型特征和布置特点。公务船艇也不例外，除其主船体大多为圆舭型和折角型外，上层建筑形式与其尺度大小有一定的规律。通常，船长 25 m 左右的船艇应考虑舱室功能的需求和性能的保证，常采用一层半型式，即甲板室在半层的基础上，在中部再设一层；船长 30 m 以上艇往往采用二整层甲板室，如图 9-15 所示。

图 9-15　二层型式甲板室示意图

根据设计要求，本执法艇船长约为 29 m，且设计水线以上固定高度有限制要求，所以其甲板室采用一层半凸字型(见图 9-16)，设想上层为驾驶室(兼指挥室)，下层前部布置为会议室(兼执法间)、中部为服务舱室(服务间和洗手间)及上下梯道，后部为机舱。该方案能较好地做到以人为本，且保证优良的航海性能，同时满足水线以上固定高度的限制。

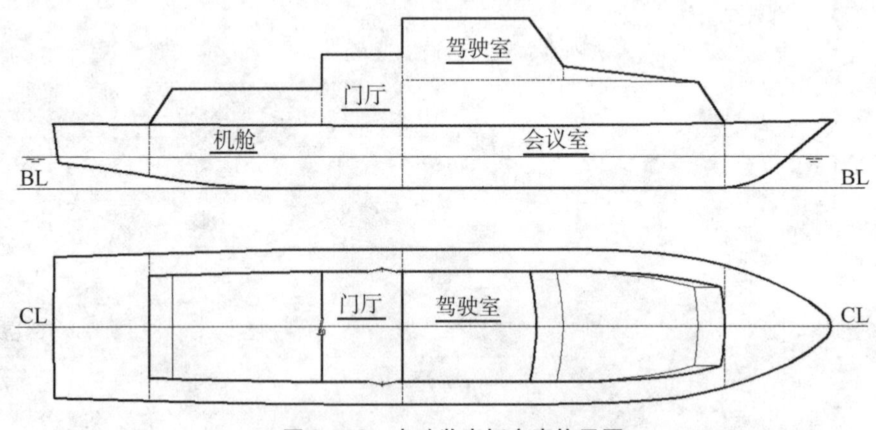


图 9-16　水政监察艇方案构思图

### 9.3.4 主要要素确定

1. 船长和水线长

圆舭船艇的船长主要从快速性，并结合船的布置要求来考虑。从图 9-7 可以看出，影

响快速性最重要的两个参数是排水体积长度系数 $C_\nabla$ 和弗劳德数 $Fr$，而且剩余阻力系数 $C_R$ 随 $C_\nabla$ 增加而急剧增加。事实上，对于中高速船艇，当其 $Fr>0.4$ 时，$C_R$ 随着 $Fr$ 的增加而急剧增加；当 $Fr=0.4\sim0.6$ 时，剩余阻力出现主峰区；当 $Fr>0.7$ 时，$C_R$ 的变化逐渐缓慢。所以，本艇的弗劳德数应控制在小于 0.4 或大于 0.7 较为合适，且应控制好空船重量，以减小排水量长度系数 $C_\nabla$。

根据弗劳德数 $Fr$ 与航速 $V$ 的关系式：

$$Fr=\frac{V}{\sqrt{gL}}$$

其中，$V=23.5\mathrm{km/h}=6.53\mathrm{m/s}$，$g=9.81\mathrm{m/s^2}$。由此可得水线长应大于27.1m或小于8.9m。

显然，从设计要求度考虑，设计船的水线长不小于 27.1 m 较为合适，但船长大时，摩擦阻力也会相应加大，且空船重量也重些，从而对船的阻力带来一定的不利影响。结合方案总布置考虑，本设计船水线长暂取为 27.4 m，相应船长约为 29.1 m。此时弗劳德数 $Fr$ 为 0.406，总阻力性能较好。

2. 船宽与水线宽

船宽 $B$ 主要从横稳性和布置上考虑。船宽小，则初稳性高度就小，对船舶安全不利；船宽 $B$ 过大会引起初稳性高度偏大而横摇周期偏小，造成摇摆剧烈。在船长 $L$ 和吃水 $T$ 一定的情况下，$L/B$ 大些对减小阻力有利。此外，对于一层半布置型式的公务船艇，船宽 $B$ 对主船体舱室和甲板室的布置均有较大的影响。例如，设计船动力装置为双机双桨时，船宽还必须考虑机舱检修空间的需求，如图 9-17 所示。

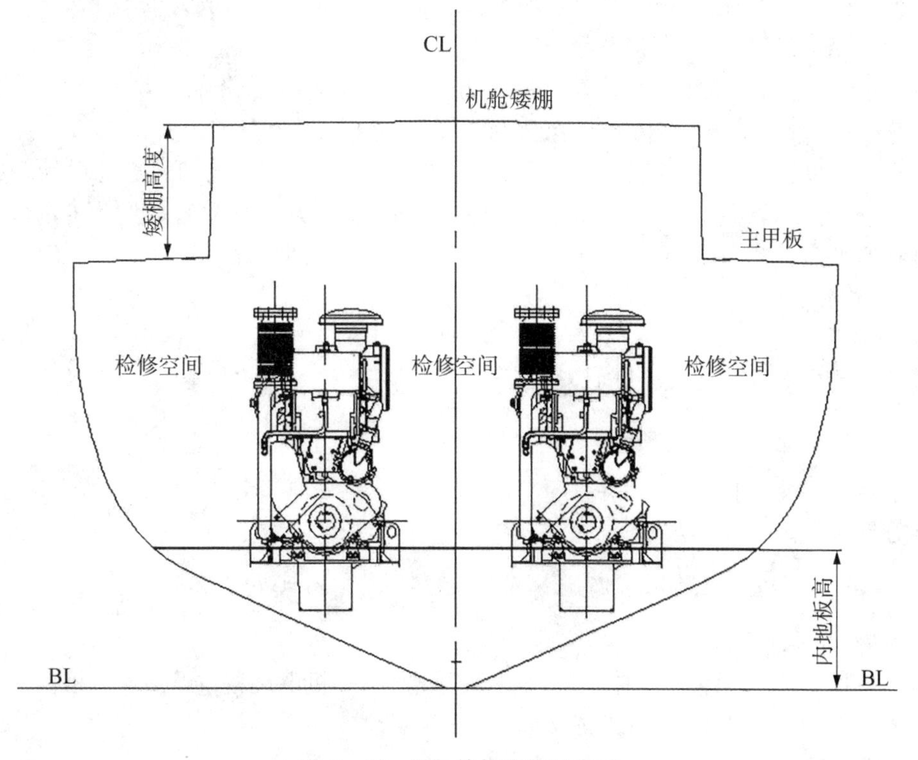


图 9-17　机舱检修空间示意图

对于内河船艇，在船长 $L$ 已经初步确定的情况下，型宽可按式(9－3)来估算，即船宽的范围在 4.91～5.74 m 之间。

由表 9－3 可知，长宽比 $L/B$ 在 4.8 左右较为适合，此时船宽约为 6.06 m。结合上述取值范围并兼顾有利于机舱横向布置，暂取船宽为 5.8 m。

设计水线宽可利用相近船型水线宽和型宽的比值推算得到。考虑设计船为钢铝结构，重心高度相对较低，故可取较小的水线宽，以进一步改善其阻力性能。

3. 型深

型深主要从布置方面考虑，并结合船艇的外部造型和干舷等方面综合考虑。但应注意型深增加会导致空船重心增高，从而影响船艇的稳性和横摇性能。

设计船采用一层半布置型式，即底层舱室的高度涉及型深和矮棚的高度。对于内河公务船艇，其矮棚高度一般为 1 m 左右，机舱内地板高度为 0.9 m 左右，如保证人员通行的毛高不小于 2.1 m，则型深应不小于 2.0 m。

4. 吃水

在航道条件不受限制的情况下，吃水主要从满足排水量和螺旋桨布置等方面来综合确定，同时兼顾干舷(即储备浮力)的要求。对于公务船螺旋桨的布置，通常采用桨轴角度的大小来满足相关要求。

根据实艇资料统计，设计船吃水可按式(9－6)来估算，即吃水范围在 1.04～1.33 m，平均吃水为 1.19 m。

由表 9.3 可知，内河公务船艇吃水型深比 $T/D$ 在 0.55～0.60 之间，在型深为 2.0 m 时，吃水 $T$ 的范围为 1.10～1.15 m。

结合设计船吃水限制条件(要求吃水不大于 1.2 m)，其吃水暂取为 1.15 m。

5. 方形系数

方形系数 $C_b$ 通常从浮力和快速性两个方面来考虑，对于公务船艇，一般可先用式(9－8)来估算棱形系数 $C_P$，再结合最大的剖面系数来确定 $C_b$。

由表 9.3 可知，内河公务船艇方形系数 $C_b$ 在 0.414～0.436 之间。考虑设计船弗劳德数 $Fr$ 相对较小，排水量对剩余阻力的影响相对较小，所以方形系数暂取约为 0.43，以便于浮性方程的平衡。

6. 排水量校核

1) 排水量计算

设计船的排水量 $\Delta$ 可按下式计算：

$$\Delta = kL_{WL}B_S TC_b$$

其中，$k$ 为系数，小型公务船取为 1.006；$L_{WL}$、$B_S$、$T$、$C_b$ 分别为水线长、水线宽、设计吃水和方形系数。

$$\Delta = 1.006 \times 27.4 \times 5.1 \times 1.15 \times 0.43 \approx 69.52(\text{t})$$

2) 空船重量计算

空船重量 LW＝船体钢铝重量 $W_H$＋舾装重量 $W_F$＋机电设备重量 $W_M$。根据已初步确定的主要要素和装机功率，可分别估算如下：

(1) 船体钢铝重量：

$$W_{\mathrm{H}}=C_{h}LBD(\mathrm{t})$$

其中，$C_h$ 为钢铝重量系数，对小型公务船取为 0.105；$L$、$B$、$D$ 分别为船长、型宽和型深。

$$W_{\mathrm{H}}=0.105\times 29.1\times 5.8\times 2.0\approx 35.44(\mathrm{t})$$

(2) 舾装重量：

$$W_{\mathrm{F}}=C_{\mathrm{f}}LBD(\mathrm{t})$$

其中，$C_{\mathrm{f}}$ 舾装重量系数，对小型公务船取为 0.04；$L$、$B$、$D$ 分别为船长、型宽和型深。

$$W_{F}=0.04\times 29.1\times 5.8\times 2.0\approx 13.50(\mathrm{t})$$

(3) 机电重量：

$$W_{M}=C_{m}P(\mathrm{t})$$

其中，$C_m$ 为机电重量系数，小型公务船取为 19 kg/kW；$P$ 为装机功率，2×257 kW。

$$W_{M}=19\times(2\times 257)\times 10^{-3}\approx 9.77(\mathrm{t})$$

(4) 排水量裕度：

在初步设计阶段，排水量裕度可取空船重量 LW 的 4%～6%。对于公务船，排水量裕度取为 LW 的 4%。

(5) 空船重量小计：

$$\mathrm{LW}=W_{H}+W_{F}+W_{M}+4\%\mathrm{LW}$$

所以，$\mathrm{LW}=\dfrac{1}{0.96}(W_{H}+W_{F}+W_{M})\approx 61.16(\mathrm{t})$

3) 载重量计算

对于公务船，其载重量可按下式进行计算：

$$\mathrm{DW}=W_{1}+W_{2}+W_{3}+W_{4}(\mathrm{t})$$

其中，$W_1$ 为人员重量，t；$W_2$ 为燃油及润滑油重量，t；$W_3$ 为淡水及食品重量，t；$W_4$ 为备品重量，t。

(1) 人员重量：

设计船乘员为 12 人，船员为 3 人，每人重量按 75 kg 计。考虑该公务船连续航行时间不超过 2 h，所以其随身携带的物品重量按每人 5 kg 计。

$$W_{1}=(12+3)\times(75+5)\times 10^{-3}=1.20(\mathrm{t})$$

(2) 燃油及润滑油重量：

燃油储备量根据续航力、主机功率、航速、油耗率等计算：

$$W_{1}=1.05g_{0}Ptk\times 10^{-3}(\mathrm{t})$$

其中，$g_0$ 为油耗率，可取主机油耗率的 1.2 倍，即 0.25 kg/(kW×h)；$P$ 为主机功率，2×257 kW；$t$ 为航行时间，等于续航力 R 与航速 V 之比，即 500÷23.5=21.28 h；$k$ 为风浪补偿系数，内河船取为1.1。

所以，$W_1 = 1.05 \times 0.25 \times (2 \times 257) \times 21.28 \times 1.1 \times 10^{-3} \approx 3.16(\mathrm{t})$

(3) 淡水及食品重量：

考虑设计船为内河公务船(仅设洗手间和服务间)，且每天均可停泊码头补给，所以淡水按每人30 kg、食品按每人5 kg储备。

$$W_3 = (12 + 3) \times (30 + 5) \times 10^{-3} \approx 0.53(\mathrm{t})$$

(4) 备品及供应品重量：

对于内河公务船，其备品和供应品按1%空船重量计。

$$W_4 = 1\%\mathrm{LW} \approx 0.61(\mathrm{t})$$

(5) 载重量小计：

$$DW = W_1 + W_2 + W_3 + W_4 = 1.2 + 3.16 + 0.53 + 0.61 = 5.5(\mathrm{t})$$

4) 排水量校核结果

(1) 排水量 $\Delta = 69.52\,\mathrm{t}$

(2) 空船重量 $\mathrm{LW} = 61.16\,\mathrm{t}$

(3) 载重量 $\mathrm{DW} = 5.5\,\mathrm{t}$

(4) 校核结果：$\dfrac{\Delta - (\mathrm{LW} + \mathrm{DW})}{\Delta} = \dfrac{69.52 - (61.16 + 5.5)}{69.52} \approx 4.1\%$，因为校核结果大于2%，所以还需要调整。

7. 航速校核

对于公务船，其航速可以根据海军系数法来估算。

$$V = \left(\frac{CP}{\Delta^{2/3}}\right)^{1/3}$$

其中，$C$ 为海军系数，取为590；$P$ 为装机功率，$2 \times 257\,\mathrm{kW}$；$\Delta$ 为排水量，取为69.52 t。

所以，$V = \left(\dfrac{590 \times 2 \times 257}{69.52^{2/3}}\right)^{1/3} \approx 26.18\,\mathrm{km/h}$，航速大于设计要求的23.5 km/h，故满足设计要求。

8. 初稳性高度校核

对于公务船，设计初期的初稳性高度 $h$ 可以按下式来估算：

$$h = a_1 T + a_2 B_S{}^2 / T - \xi D(\mathrm{m})$$

其中，$a_1$ 为系数，对于内河圆舭艇(横剖线UV适中)：

$$a_1 = \frac{1}{3}\left(2.5 - \frac{C_b}{C_w}\right) = \frac{1}{3}\left(2.5 - \frac{0.43}{0.78}\right) = 0.65;$$

$a_2$ 为系数，对于内河圆舭艇，$a_2 = (0.0106C_w + 0.0727C_b)/C_b = 0.092$；$\xi$ 为系数，取为0.92。

所以，$h = 0.65 \times 1.15 + 0.092 \times 5.1^2 / 1.15 - 0.92 \times 2 \approx 0.99\,\mathrm{m}$，大于0.2 m，满足

法规要求。

9. 主要要素调整

经过上述相关校核，仅排水量偏差较大。为此可将方形系数由0.43减小至0.42，此时排水量为67.9 t，即有：$\frac{\Delta-(LW+DW)}{\Delta}=\frac{67.9-(61.16+5.5)}{67.9}\approx1.8\%$，小于2%，满足校核要求。

排水量减小，对航速有利，但对初稳性高度影响不大，不再对其赘述。

10. 主要要素小结

| 船长 | $L$ | 29.10 m |
|---|---|---|
| 水线长 | $L_{wl}$ | 27.40 m |
| 型宽 | $B$ | 5.80 m |
| 水线宽 | $B_S$ | 5.10 m |
| 型深 | $D$ | 2.00 m |
| 设计吃水 | $T$ | 1.15 m |
| 方形系数 | $C_b$ | 0.42 |

### 9.3.5　型线设计

型线设计通常有自行设绘法和母型改造法两种方法。具体采用哪种方法视设计船与母型船的差异程度选用。本公务船艇型线设计采用自行设绘法。

1. 横剖面面积曲线的设绘

1）棱形系数与最大横剖面系数

对于公务船艇，棱形系数 $C_p$ 可采用下式来计算：

$$C_p=0.5687+0.1538Fr-0.07Fr^2$$

其中，$Fr$ 为弗劳德数，其值为0.40。

$$C_p=0.5687+0.1538\times0.40-0.07\times0.40^2\approx0.62$$

最大剖面系数 $C_m$ 可按下式求得：

$$C_m=\frac{C_b}{C_p}$$

其中，$C_b$ 为方形系数，其值为0.42。

$$C_m=\frac{0.42}{0.62}\approx0.677$$

2)浮心纵向坐标和最大剖面位置

浮心纵向坐标可以按下式来计算：

$$X_B=-(-2.219+12.351Fr-5.404Fr^2)\%\times L_{WL}(\mathrm{m})$$

其中，$Fr$ 为弗劳德数，其值为0.40；$L_{WL}$ 为设计水线长，其值为27.4 m。

$$X_B=-(-2.219+12.351\times0.40-5.404\times0.40^2)\times10^{-2}\times27.4\approx-0.52(\mathrm{m})$$

结合表 9.3 相关船型资料，本公务船浮心纵向位置取为 $-2.2\% L_{wl}$，即中后 0.60 m。

对于 $Fr$ 大于 0.3 的船舶，其最大剖面位置通常在船中后 2%～3% 的船长。本公务船参照表 9-3 中的 27 m 船艇，取为 $-4.6\% L_{WL}$。

3）尾浸水面积

尾浸水面积可以按下式来计算：

$$A_T = (-0.0857 + 0.3967Fr + 0.1061Fr^2)A_M$$

其中，$Fr$ 为弗劳德数，其值为 0.40；$A_M$ 为最大横剖面面积：

$$A_M = C_m B_S T = 0.677 \times 5.1 \times 1.15 \approx 3.97\ \text{m}^2$$

$$A_T = (-0.0857 + 0.3967 \times 0.40 + 0.1061 \times 0.40^2) \times 3.97 \approx 0.36(\text{m}^2)$$

4）端部几何形状

设计船 ($Fr = 0.40$) 横剖面面积曲线端部形状参照图 9-12 选取，即首端为微凹，尾端为凹形。

5）横剖面面积曲线

设计船横剖面面积曲线（见图 9-18 粗实线所示）按照三角形法进行凑绘，其各站所对应的设计水线以下的浸水面积如表 9-4 所示。经核算，此时排水体积为 67.2 m³，误差为 0.4%；浮心纵向坐标为 -0.59 m，误差为 1.7%。

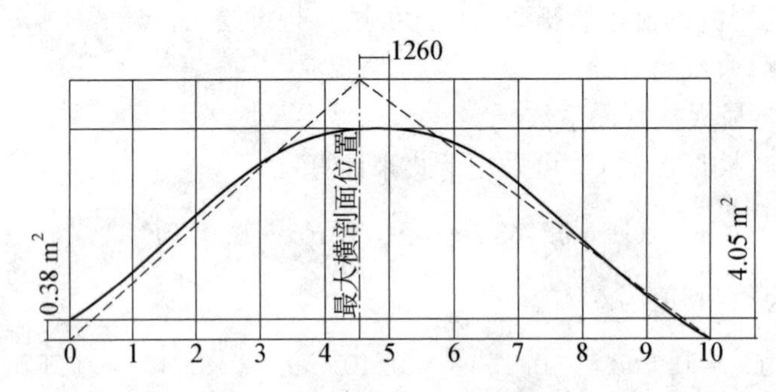


图 9-18　设计船横剖面面积曲线

表 9-4　设计船各站浸水面积

| 站号 | 0 | 1 | 2 | 3 | 4 | 最大剖面 |
| --- | --- | --- | --- | --- | --- | --- |
| 浸水面积/m² | 0.38 | 1.27 | 2.35 | 3.48 | 3.89 | 3.971 |
| 站号 | 5 | 6 | 7 | 8 | 9 | 10 |
| 浸水面积/m² | 3.97 | 3.71 | 2.92 | 1.83 | 0.94 | 0 |

2. 设计水线和最大横剖线

1）设计水线

设计水线包含水线面系数 $C_w$、漂心纵向坐标 $X_F$、平行中段长度及其位置、半进流角和去流角等形状特征参数。对于双机双桨公务船，设计水线尾封处宽度显得较为重要，其大小

与尾处封浸水面积以及对螺旋桨的覆盖区域有较大关系。

为了使设计问题简单化，本公务船设计水线直接由母型船的设计水线变换得到，其半宽值如表 9－5 所示。

**表 9－5　设计水线半宽值**

| 站号 | 0 | 1 | 2 | 3 | 4 | 最大宽度 |
|---|---|---|---|---|---|---|
| 半宽值/mm | 2 278 | 2 336 | 2 441 | 2 527 | 2 577 | 2 550 |
| 站号 | 5 | 6 | 7 | 8 | 9 | 10 |
| 半宽值/mm | 2 550 | 2 508 | 2 149 | 1 516 | 797 | 0 |

2）最大横剖线

对于圆舭船型，在船宽和水线宽、型深、最大横剖面系数已确定的情况下，其最大横剖线还涉及圆舭半径、舭部升高（或底升角）、龙骨墩半宽等要素。

本船最大横剖线及相关参数如图 9－19 所示。

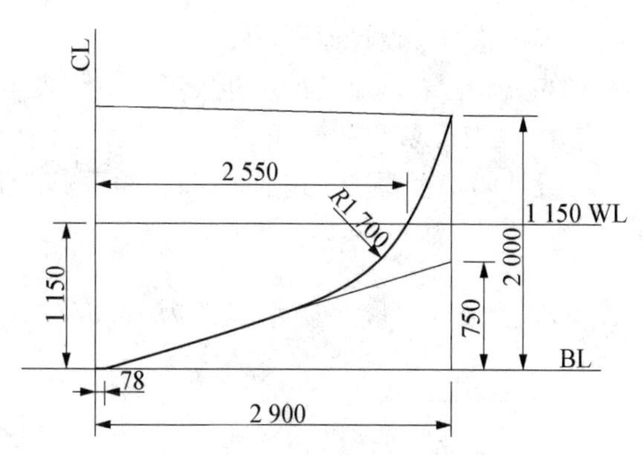


**图 9－19　最大横剖线及相关参数**

3. 型线的设绘

1）横剖线

依据设计船横剖面面积曲线、设计水线，结合方案构思图中的轮廓线，运用型线设计相关知识，就可以得到各站横剖线图，如图 9－20 所示。

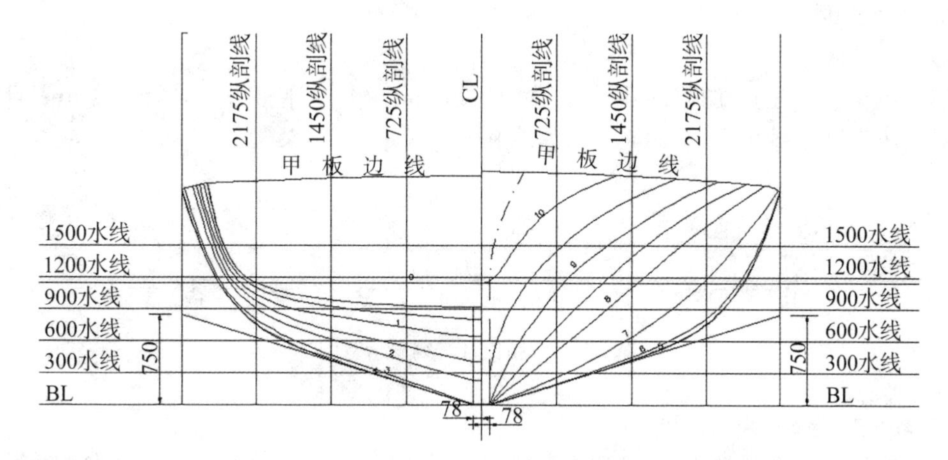


**图 9－20　各站横剖线图**

2）水线与纵剖线

依据各站横剖线和轮廓线，就可以插得系列水线和纵剖线，如图 9－21 所示。

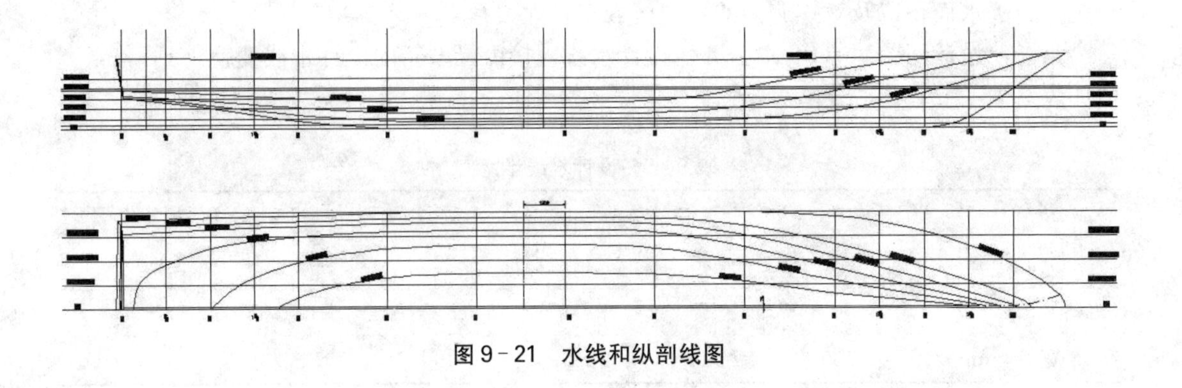

图 9-21 水线和纵剖线图

### 9.3.6 总布置设计

根据总布置设计原则，按照设计相关要求，依据相关规范和法规，在方案构思（见图 9-25）的基础上，着重对设计船开展了以下相关工作。

1. 规范和法规的选择

设计船是否要按高速船来设计，得看其最大航速与下式计算值的关系：

$$V \geqslant 3.7\ \nabla^{0.1667}$$

式中，$V$ 为设计船最大航速，其值为 23.5/3.6 ≈ 6.53 m/s；$\nabla$ 为设计船满载排水体积，其值为 67.5 m³

$$3.7\ \nabla^{0.1667} = 3.7 \times 67.5^{0.1667} \approx 7.47\,(\mathrm{m/s})$$

本公务船最大航速小于上述计算值，所以接下来设计船均采用《钢质内河船舶建造规范》和《公务船法定检验技术规则》进行设计。

2. 主船体纵向区划

1）肋距与肋位号

船长小于 50 m 的船舶，其肋距不得大于 600 mm。本设计船肋距取为 500 mm，且 0 号肋位对应于设计水线与尾封板的交点，如图 9-22 所示。

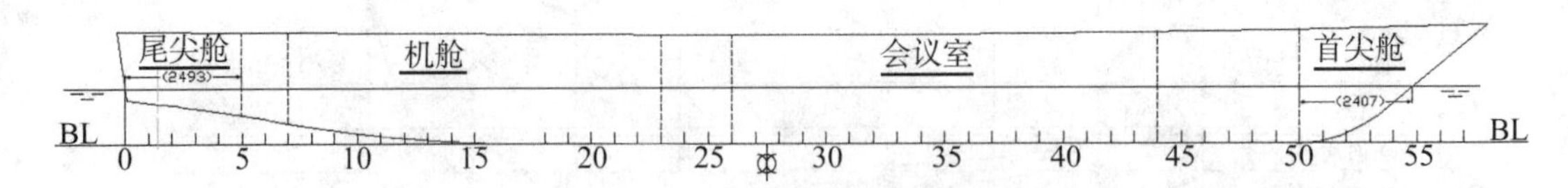


图 9-22 肋位及其编号示意图

2）首、尾尖舱长度

首尖舱长度应在（0.05～0.1）$L$ 之间（$L$ 为计算船长，26.71 m），即 1.34～2.68 m，且不大于 3 m；尾尖舱长度应不大于 0.1$L$。

本设计船首尖舱长度为 2.41 m（防撞舱壁在＃50 肋位），尾尖舱长度 2.49 m，均满足规范要求。

3）其他舱室长度

机舱长度应不大于下式计算值：

$$l=0.75\left(1-\frac{T}{D}\right)L(\mathrm{m})$$

其中，$T$ 为设计吃水，1.15 m；$D$ 为型深，2.0 m；$L$ 为计算船长，26.71 m。

所以，$l=0.75\times\left(1-\frac{1.15}{2.0}\right)\times 26.71\approx 8.51(\mathrm{m})$

从图 9－22 可知，机舱范围为＃7～＃23，长度为 8 m，满足要求。

对于强力甲板以下舱室，其长度应不大于下式计算值：

$$l=K_1D$$

其中，$K_1$ 为系数，$K_1=5.93-0.94\left(\frac{L}{B}\right)+0.164\left(\frac{L}{B}\right)^2$，且不大于6；$D$ 为型深，2.0 m；$B$ 为型宽，5.8 m。

所以，$K_1=5.93-0.94\times 4.605+0.164\times 4.605^2\approx 5.08$

$$l=5.08\times 2=10.16(\mathrm{m})$$

从图 9－22 可知，会议室范围为＃26～＃44，长度为 9 m，满足要求。

3. 垂向区划

本内河公务船外部造型为阶梯式（见图 9－23），中前部最高处为驾驶室，中后部次高处为门厅（用于布置走道及服务舱室），前部和后部均为矮棚（分别用于休息舱室和机舱的布置）。

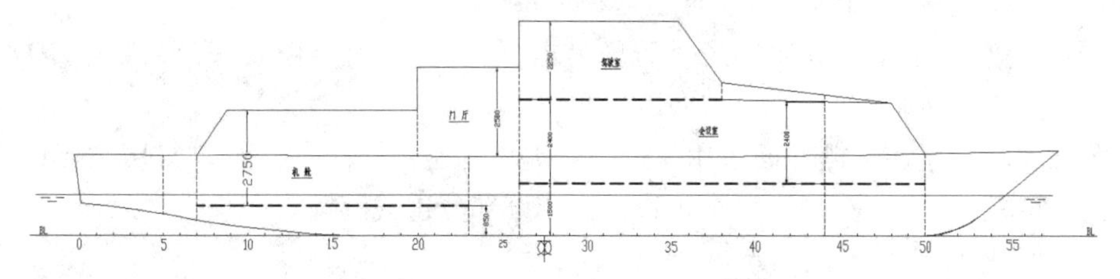

图 9－23　垂向区划示意图

从图 9－23 可以看出，全船工作舱室和服务配套舱室的净高（毛高 2.3 m）均大于法规所要求的“净高度不小于 1.9 m”的相关要求。

4. 舱室布置

根据设计要求，本公务船舱室主要有驾驶室、会议室、服务舱室、机舱以及油水舱。其具体舱室位置、舱室布置如图 9－24 所示。

5. 通道与出入口布置

设计船通道及出入口数量及大小按照法规相关要求设置，从图 9－24 可以看出，本公务船主通道为船中处左右贯通的横向通道，其宽度为 1 500 mm（法规要求净宽度不小于 900 mm）。经该主通道可以出入其他舱室，包括会议室、驾驶室、服务间、洗手间等处所。会议室设有左右 2 个宽度为 800 mm 的出入口（法规要求 2 个净宽度为 700 mm），并经会议室可以进入前部的休息间（各设 1 个净宽度不小于 700 mm 的移门）。驾驶室设有 1 个宽度为

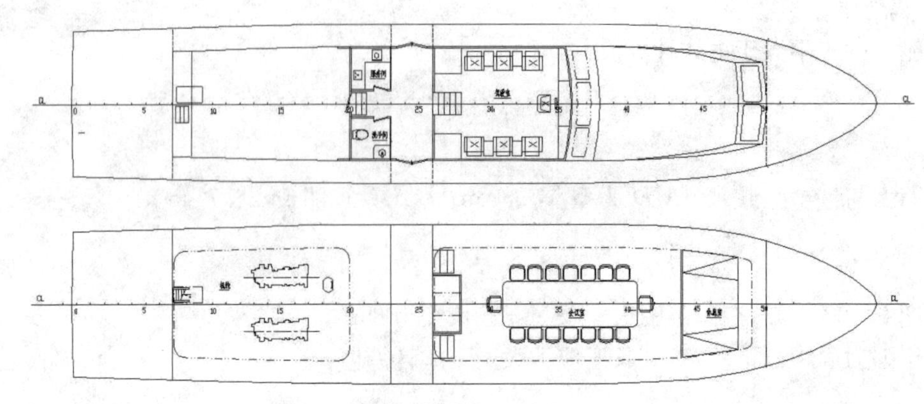

图 9-24　舱室布置图

800 mm 的出入口(法规要求 1 个净宽度为 700 mm)。服务间和洗手间也分别设有必需的出入口。

此外,机舱在其矮棚后端部设置 1 个正常出入口,首尾尖舱分别设舱盖设施,以便人员进出。

6. 舾装设备

1) 锚泊和系泊设备

锚泊和系泊设备根据规范所要求的舾装数来配置。本公务船配 1 只 75 kg 的霍尔锚,同时配 $\Phi$12.5 锚链(55 m),由 1 台电动起锚系缆绞盘收放;系船索为 2 根 $\Phi$20 的锦纶绳,长度均为每根 50 m;设 6 只带缆桩,规格为 C125; 4 只导缆孔,规格为 D160×110。

2) 门窗

从美观角度考虑,本公务船外门材质均为铝合金,其中主甲板双开门为铝质空腹门,机舱门为上翻式铝质风雨密门,内门均采用木质门。

本公务船驾驶室和矮棚迎面采用弧形夹胶玻璃固定窗。舱室两侧均采用黏接钢化玻璃幕墙型式,其中服务间、洗手间、工作间和机舱均设部分透气移窗。

3) 舱盖及栏杆

从重量控制和美观的角度考虑,本公务船舱盖采用铝质,其中首尖舱采用 450×600 mm 的长圆形盖,尾尖舱采用 800×1 200 mm 的矩形舱盖。主甲板栏杆采用厚壁不锈钢管,升高甲板栏杆为铝质管,其高度均为 900 mm(法规要求高度不小于 800 mm)。

7. 浮态及油水舱考虑

良好的浮态对船舶性能的保证至关重要。为此,在总布置设计时还必须对浮态进行计算和调整。浮态如何计算可参见 5.3.4,在这不再赘述。

对于公务船尤其是高速公务船艇,往往不设置专门的压载水系统,所以浮态需要调整时大多采用舱室位置的变动来解决,包括油水舱的位置。一般来讲,油水舱的布置还需要考虑其消耗后对浮态的影响要小。为此,本公务船的燃油舱布置在机舱前端(船中后),而清水柜则布置在会议室底部(船中前),从而保证油水舱公共纵向重心变化尽量小些。

8. 总布置图

在考虑上述各方面的基础上,就可以进一步设绘公务船的总布置,如图 9-25 所示。

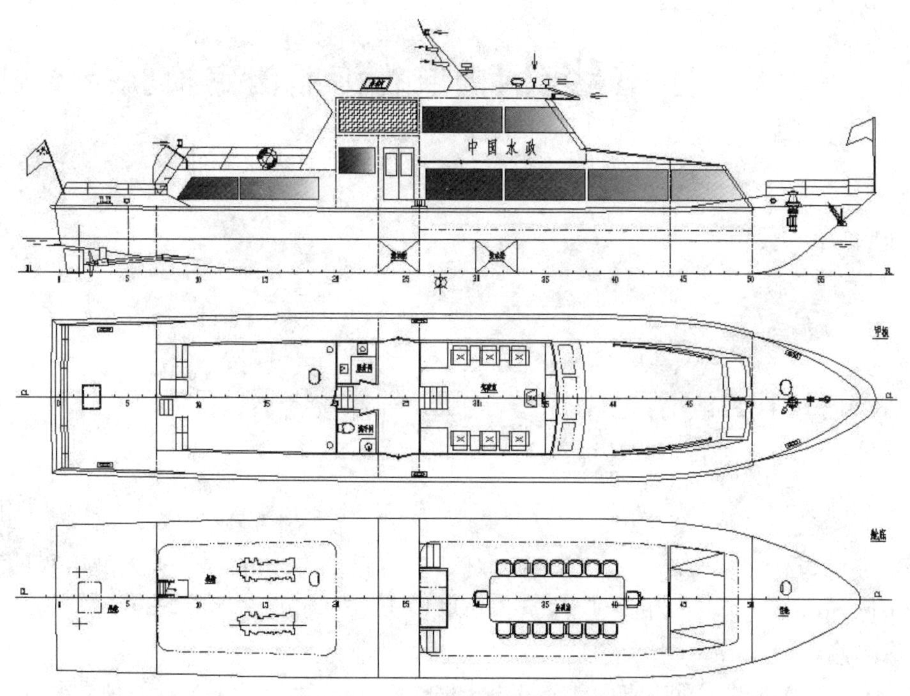


图 9－25　水政监察艇总布置图

# 附录 1 载重线(国内航行海船法定检验技术规则)

1. 夏季最小干舷($F_{min}$)计算

夏季最小干舷 $F_{min}$ 按下式计算:

$$F_{min} = F_0 + f_1 + f_2 + f_3 + f_4 \quad (附 1-1)$$

式中,$F_0$ 为基本干舷,mm;$f_1$ 为方形系数对干舷的修正值,mm;$f_2$ 为干舷甲板凹槽对干舷的修正值,mm;$f_3$ 为有效的上层建筑和凸形甲板对干舷的修正值,mm;$f_4$ 为非标准舷弧对干舷的修正值,mm。

对于 $L \leqslant 50$ m 的 $B$ 型船舶,夏季最小干舷 $F_{min}$ 还应不小于下式计算值:

$$F = 190 + 3.5L + 0.035L^2 \quad (附 1-2)$$

式中,$L$ 为船长,通常取为最小型深 85%处水域总长的 96%,m。

1) 基本干舷 $F_0$

基本干舷 $F_0$ 按下式计算:

$$F_0 = KD_1 \quad (附 1-3)$$

式中,$K$ 为系数,按附表 1-1、附表 1-2 选取;$D_1$ 为计算型深,其值为型深 $D$ 加上主甲板厚度 $t$,mm。

附表 1-1 A 型船舶 $K$ 值表

| 船长/m | $K$ | 船长/m | $K$ | 船长/m | $K$ | 船长/m | $K$ |
|---|---|---|---|---|---|---|---|
| 20 | 100.2 | 60 | 122.8 | 100 | 155.5 | 140 | 187.9 |
| 25 | 101.9 | 65 | 126.6 | 105 | 160.0 | 145 | 190.4 |
| 30 | 104.2 | 70 | 130.2 | 110 | 164.4 | 150 | 192.2 |
| 35 | 106.8 | 75 | 134.3 | 115 | 168.6 | 155 | 193.6 |
| 40 | 109.7 | 80 | 138.4 | 120 | 172.7 | 160 | 194.6 |
| 45 | 112.7 | 85 | 142.5 | 125 | 176.8 | 165 | 195.3 |
| 50 | 116.0 | 90 | 146.8 | 130 | 180.9 | 170 | 195.6 |
| 55 | 119.4 | 95 | 151.1 | 135 | 184.7 | 175 | 195.7 |

（续表）

| 船长/m | K | 船长/m | K | 船长/m | K | 船长/m | K |
|---|---|---|---|---|---|---|---|
| 180 | 195.6 | 195 | 194.3 | 210 | 191.4 | 225 | 187.5 |
| 185 | 195.4 | 200 | 193.5 | 215 | 190.3 | 230 | 186 |
| 190 | 194.9 | 205 | 192.5 | 220 | 188.9 | | |

注：A 型船舶是指专为载运散装液体且露天甲板具有高度完整性（货舱仅设小开口并设钢质水密舱盖）的船舶。

**附表 1-2　B 型船舶 *K* 值表**

| 船长/m | K | 船长/m | K | 船长/m | K | 船长/m | K |
|---|---|---|---|---|---|---|---|
| 20 | 113.7 | 75 | 148.7 | 130 | 212.7 | 185 | 237.4 |
| 25 | 114.8 | 80 | 154.1 | 135 | 216.9 | 190 | 238.0 |
| 30 | 116.3 | 85 | 59.9 | 140 | 220.6 | 195 | 238.2 |
| 35 | 118.3 | 90 | 165.3 | 145 | 223.9 | 200 | 238.3 |
| 40 | 120.9 | 95 | 171.4 | 150 | 226.8 | 205 | 238.2 |
| 45 | 123.9 | 100 | 177.5 | 155 | 229.2 | 210 | 238.0 |
| 50 | 126.9 | 105 | 183.9 | 160 | 231.2 | 215 | 237.4 |
| 55 | 130.4 | 110 | 190.4 | 165 | 233.0 | 220 | 237.0 |
| 60 | 134.3 | 115 | 196.8 | 170 | 234.4 | 225 | 236.4 |
| 65 | 138.3 | 120 | 202.5 | 175 | 235.7 | | |
| 70 | 143.2 | 125 | 207.8 | 180 | 236.6 | | |

注：B 型船舶是指达不到 A 型的船舶。

基本干舷实际上是“标准船”的夏季最小干舷。该“标准船”具有以下特征：光甲板（干舷甲板上无上层建筑和凸形甲板）；方形系数 $C_b=0.68$；$L/D_1=15$；首尾具有标准舷弧。通常实际船舶与标准船不一样。因此式（附 1-1）中 $f_1 \sim f_4$ 是对“标准船”夏季最小干舷的修正。

2）方形系数对干舷的修正值 $f_1$

方形系数对干舷的修正值 $f_1$ 按下式计算：

$$f_1 = 0.6F_0(C_b - 0.68) \qquad \text{（附 1-4）}$$

式中，$F_0$ 为基本干舷，mm；由式（1-3）算得；$C_b$ 为方形系数，实取不小于 0.68 来计算。

3）干舷甲板凹槽修正值 $f_2$

（1）如干舷甲板上有一凹槽，且其不延伸到船两侧，则未考虑该凹槽所算得的干舷应修正相应的浮力损失。该修正值应等于凹槽的体积除以 85% 最小型深处船舶的水线面面积所得之值（见附图 1-1）。

（2）修正值应加到所有其他修正完成后所得的干舷值上去，但船首高度修正除外。

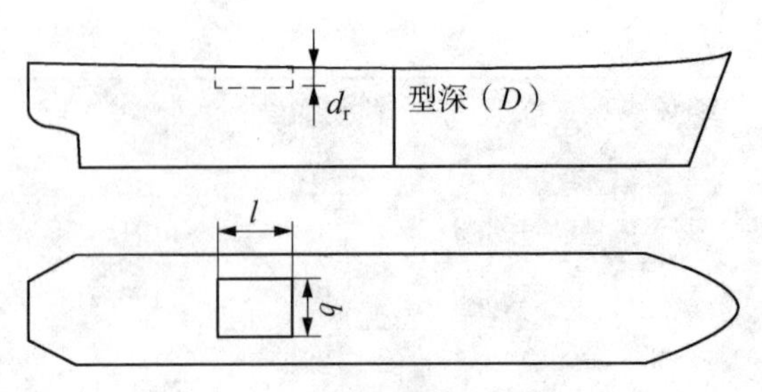


附图 1-1　干舷甲板凹槽示意图

(3) 如上述修正了浮力损失后的干舷大于根据量至凹槽底部的型深所确定的最小几何干舷，则可以使用后者。

干舷增加的修正值等于：$\dfrac{l \times b \times d_r}{0.85D\text{ 处的水线面面积}}$

4）有效上层建筑和凸形甲板对干舷的修正值 $f_3$

有效的上层建筑和凸形甲板对干舷的修正值 $f_3$ 按下式计算：

$$f_3 = -C(80 + 4L) \qquad \text{(附 1-5)}$$

式中，$L$ 为船长（当 $L > 120\,\text{m}$ 时，仍按 $120\,\text{m}$ 计算），m；$C$ 为系数，$C = \left(1 + \dfrac{E}{L}\right)\dfrac{E}{L}$ 其中，$E$ 为上层建筑和凸形甲板的总有效长度，m。对首楼有效长度小于 $0.07L$ 的 B 型船舶，$C$ 应减去 $\dfrac{0.07L - e}{0.7L}$，其中 $e$ 为首楼有效长度，m。

需要说明的是，有效上层建筑是指其层高不小于标准高度的封闭上层建筑。如船长小于等于 75 m，其标准高度不小于 1.8 m；如船长大于等于 125 m，则其标准高度为 2.3 m；如船长大于 75 m 且小于 125 m，则其标准高度可采用插值来衡量。同样，有效凸形甲板的规定也可参见法规内容。

5）非标准舷弧面积对干舷的修正值 $f_4$

非标准舷弧面积对干舷的修正值 $f_4$ 按下式计算：

$$f_4 = 500\left(\frac{A - a}{L}\right)\left(1.5 - \frac{l}{L}\right) \qquad \text{(附 1-6)}$$

式中，$L$ 为船长，m；$l$ 为封闭上层建筑总长度，m；$A$ 为标准舷弧面积，$\text{m}^2$，见附表 1-3；$a$ 为实际首、尾舷弧面积之和，$\text{m}^2$。

附表 1-3　标准舷弧面积 $A$

| $L$/m | 20 | 30 | 40 | 50 | 60 | 70 | 80 | 90 | 100 | 110 |
|---|---|---|---|---|---|---|---|---|---|---|
| $A$/m² | 4.2 | 7.5 | 11.7 | 16.7 | 22.5 | 29.2 | 36.7 | 45.0 | 54.2 | 64.2 |
| $L$/m | 120 | 130 | 140 | 150 | 160 | 170 | 180 | 190 | ≥200 | |
| $A$/m² | 75.0 | 86.7 | 99.2 | 112.6 | 126.7 | 141.7 | 157.6 | 174.2 | 191.8 | |

法规中的有关说明如下：

（1）如实际尾舷弧面积大于$\frac{1}{3}A$，实际首舷弧面积小于$\frac{2}{3}A$时，则只计$\frac{2}{3}A$减去实际首舷弧面积所得的差数；

（2）如实际首舷弧面积大于$\frac{2}{3}A$，当实际尾舷弧面积不小于$\frac{1}{4}A$时，$\frac{2}{3}A$减去实际首舷弧面积所得的差数应计取；当实际尾舷弧面积小于$\frac{1}{6}A$时，则实际首舷弧面积取为$\frac{2}{3}A$；当实际尾舷弧面积处于$\frac{1}{4}A$和$\frac{1}{6}A$之间时，则$\frac{2}{3}A$减去实际首舷弧面积所得的差数按线性内插法求得；同时对$\frac{1}{3}A$减去实际尾舷弧面积所得的差数均应计取；

（3）舷弧不足，则增加干舷：当实际舷弧面积小于标准舷弧面积时，则按上式计算所得增加干舷；

（4）舷弧多余，则减少干舷：当实际舷弧面积大于标准舷弧面积，且船舶的封闭上层建筑处于船中前后各0.1$L$时，则干舷可按上式计算所得减少；当船中无封闭上层建筑时，则干舷不应减少；当上层建筑处于船中前后各不及0.1$L$时，则干舷的减少值按上式计算所得按线性内插法确定。多余舷弧的最大减少值为船长每100 m减少125 mm。

2. 季节区干舷计算

1）热带干舷

热带干舷是从夏季干舷中减去夏季吃水的$\frac{1}{48}$。

2）淡水干舷

（1）船舶在相对密度为1.000的淡水中时，各季节干舷应从各季节相应的海水干舷减去$\frac{\Delta}{40T_{pc}}$(cm)，其中$\Delta$为夏季载重线时的海水排水量，t；$T_{pc}$为夏季载重线处在海水中每1 cm浸水吨数，t/cm。

（2）如在夏季水线时的排水量不能确定，减少数应为夏季吃水的$\frac{1}{48}$，此夏季吃水自龙骨上缘量至载重线标志的圆圈中心。

3. 最小船首高度

船首高度为首垂线处，自相应于核定夏季干舷和设计纵倾的水线，量到船侧露天甲板上边的垂直距离，此高度应不小于：

$$H_{min}=54L\left(1-\frac{L}{500}\right)\frac{0.36}{C_b+0.68} \quad (附1-7)$$

式中，$L$为船长，m；$C_b$为方形系数，取不小于0.68。

对航行于近海航区、沿海航区和遮蔽航区的船舶，其最小船首高度可在上式计算值的基础上分别减小10%、20%和35%。

如所要求的船首高度是用舷弧来达到的，则该舷弧应自首垂线量起至少延伸到船长的15%处。如它是用设置上层建筑来达到的，则该上层建筑应自首柱延伸至首垂线以后至少0.07$L$处，并应为规范中所规定的封闭上层建筑。

如结构与营运情况比较特殊的船舶不能满足以上要求时，经相关部门同意，其最小船首高度可另行考虑。

4. 计算案例

1）概述

本船为沿海敞口集装箱船（见附图 1－2），其干舷计算按《国内航行海船法定检验技术规则》"B"型船舶的要求进行计算。

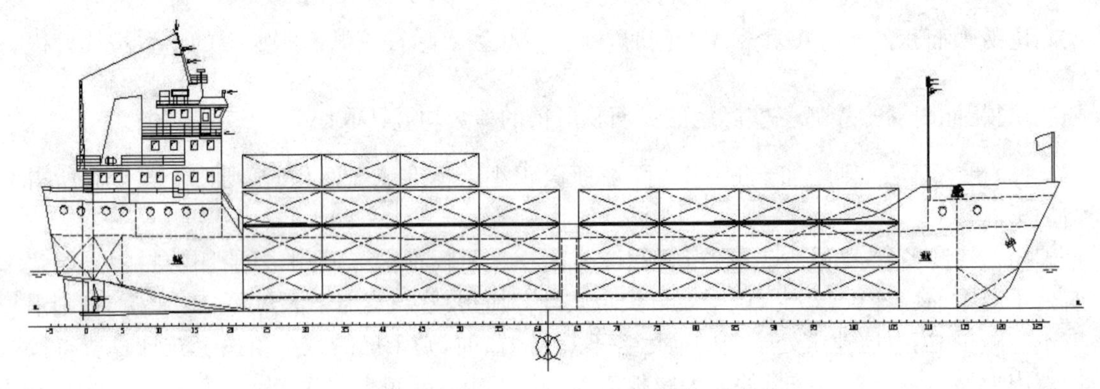

附图 1－2　总布置侧视图

本船上层建筑的门为风雨密，门槛高度为 400 mm、风雨密舱口盖围板高为 600 mm、空气管高度为 760 mm、机舱门槛高为 600 mm。排水舷口满足法规相关要求。

2）计算参数

| | |
|---|---|
| 计算船长 | $L=72\,\mathrm{m}$ |
| 船宽 | $B=13.20\,\mathrm{m}$ |
| 计算型深 | $D_1=5.314\,\mathrm{m}$ |
| 最大吃水 | $T_{max}=3.0\,\mathrm{m}$ |
| 排水量 | $\nabla=2\,352\,\mathrm{t}$ |
| 每厘米吃水吨数 | $T_{pc}=8.84\,\mathrm{t/cm}$ |

3）最小干舷计算

夏季干舷 $F$ 按下式计算

$$F=F_0+f_1+f_2+f_3$$

(1) 基本干舷按下式计算

$$F_0=KD_1$$

式中，$K$ 为系数，当 $L=72\,\mathrm{m}$ 时，$K=145.3$。

$$F_0=KD_1=145.3\times5.314\approx772.12\,\mathrm{mm}$$

(2) 方形系数对干舷的修正值 $f_1$，按下式计算：

$$f_1=0.6F_0(C_b-0.68)$$

当 $C_b<0.68$ 时，仍按 $C_b=0.68$ 计算，本船 $C_b$ 为 0.754。

$$f_1 = 0.6F_0(C_b - 0.68) = 0.6 \times 772.12 \times (0.754 - 0.68) \approx 34.28\,\text{mm}$$

(3) 有效的上层建筑和围蔽室对干舷的修正值 $f_2$ 按下式计算：

$$f_2 = -C(80 + 4L)$$

式中：$C = (1 + E/L)E/L$

$E$ 为上层建筑的总有效长度，$E = 13.49 + 9.42 = 22.91$；$C = (1 + E/L)E/L = (1 + 22.91/72) \times 22.91/72 \approx 0.42$。

$$f_2 = -C(80 + 4L) = -0.42 \times (80 + 4 \times 72) = -154.56(\text{mm})$$

(4) 非标准舷弧对干舷的修正。

① 标准舷弧面积由附表 1-3 选得：

当 $L = 72\,\text{m}$ 时，$A = 30.7\,\text{m}^2$

$$A/3 \approx 10.23\,\text{m}^2 \quad (\text{尾})$$
$$2A/3 \approx 20.46\,\text{m}^2 \quad (\text{首})$$

② 实际首舷弧面积为 $a_1 = 20.45\,\text{m}^2$

实际尾舷弧面积为 $a_2 = 8.98\,\text{m}^2$

$$a = a_1 + a_2 = 20.45 + 8.98 = 29.43(\text{m}^2)$$
$$a_1 < 2A/3,\ a_2 < A/3$$
$$f_3 = 500[(A - a)/L](1.5 - l/L)$$

标准舷弧面积　30.69 $\text{m}^2$

实际舷弧面积　29.43 $\text{m}^2$

$l$ 为封闭上层建筑总长　22.91 m

$L$ 为船长　72 m

$$\begin{aligned} f_3 &= 500[(A - a)/L](1.5 - l/L) \\ &= 500 \times [(30.69 - 29.43)/72] \times (1.5 - 22.91/72) \\ &\approx 10.34\,\text{mm} \end{aligned}$$

(5) 最小夏季干舷 $F$：

$$\begin{aligned} F &= F_0 + f_1 + f_2 + f_3 \\ &= 771.83 + 34.27 - 154.56 + 10.34 = 661.88(\text{mm}) \end{aligned}$$

(6) 对于 B 型船舶，由式(附 1-1)确定的夏季干舷 $F$ 还应不小于下列计算值：

$$\begin{aligned} F &= 190 + 3.5L + 0.035L^2 = 190 + 3.5 \times 72 + 0.035 \times 72^2 \\ &\approx 623.44\,\text{mm} \end{aligned}$$

(7) 夏季淡水干舷。

$$F_Q = F - 10\Delta/(40T_{pc})$$

式中，$T_{pc}$ 为每 cm 吃水的吨数，$T_{pc} = 8.84\,\text{t/cm}$；$\Delta$ 为排水量，2 352 t。

$$F_Q = F - 10\Delta/(40T_{pc}) = 2\,312 - 10 \times 2\,352/(40 \times 8.84) \approx 2\,245.5(\text{mm})$$

(8) 热带干舷。

$$F_R = F - T_{max}/(48) = 2\,312 - 3\,000/48 \approx 2\,249.5(\text{mm})$$

(9) 热带淡水干舷。

$$F_{RQ} = F_R - 10\Delta/(40T_{pc}) = 2\,249.5 - 10 \times 2\,352/(40 \times 8.84) \approx 2\,183(\text{mm})$$

(10) 本船夏季实际干舷约为 2 314 mm。

4) 船首最小高度

根据法规，在船侧沿着垂线自载重线至露天甲板顶的船舶最小高度应不小于按下式计算所得：

$$\begin{aligned} H_{min} &= 54L(1 - L/500) \times 1.36/(C_b + 0.68) \\ &= 54 \times 72 \times (1 - 72/500) \times 1.36/(0.754 + 0.68) \approx 3\,556(\text{mm}) \end{aligned}$$

本船实际最小高度 $H = 8\,298 - 3\,000 \approx 5\,298(\text{mm})$

# 吨位丈量(国内航行海船法定检验技术规则)

总吨位是以全船围蔽处所的总容积(扣除特别规定的免除处所容积以后)来量计。净吨位是按船舶能用于营利部分的有效容积(即载货处所容积和以乘客人数折算所得的容积)来量计。

1. 总吨位(GT)

总吨位(GT)应按下式计算：

$$GT = K_1(V_1 + V_2) \quad (附 2-1)$$

式中，$K_1$ 为系数，可按 $K_1 = 0.2 + 0.02\lg V$ 求得；$V_1$ 为上甲板以下所有围蔽处所的型容积，$m^3$；$V_2$ 为上甲板以上所有围蔽处所的型容积，$m^3$。

2. 净吨位(NT)

净吨位(NT)应按下式计算：

$$NT = K_2 GT \quad (附 2-2)$$

式中，GT 为量计所得的总吨位；$K_2$ 为系数，按附表 2-1 选取。

附表 2-1　系数 $K_2$

| 船舶种类 | $K_2$ | 船舶种类 | $K_2$ |
|---|---|---|---|
| 货、油船 | 0.56 | 驳船 | 0.84 |
| 客货船 | 0.52 | 不载客货的船舶 | 0.30 |
| 客船 | 0.50 | 客滚船 | 0.54 |

注：表中不载客货的船舶系指工程船、工作船、破冰船和拖船等。

3. 关于吨位丈量和计算的说明

1) 关于容积计算的精确度

吨位丈量公约仅规定量度应取至 cm 的最近值，对近似积分的计算方法未做具体规定，可采用辛氏法或梯形积分法。

2) 计量上甲板以下围蔽处所的容积

该容积应分为三部分计算：

① 主体部分——首尾垂线之间。

② 附加部分——首垂线以前部分和尾垂线以后部分。

③ 突出体部分——如球鼻艏、推进器轴毂和流线体等。

3）量计直线型甲板室和货舱口容积

量计时以平均长度、平均宽度和平均高度三者相乘即得容积，流线型甲板室则应按辛氏法量计容积。

4）量计所得的总吨位和净吨位

量计时总吨位和净吨位的数值只取整数部分，小数点后面的数值舍去。吨位数后面没有单位。

4. 吨位计算案例

本船如附图 2-1 所示，其吨位按《国内航行海船法定检验技术规则》(2021)第二篇吨位丈量进行计算。

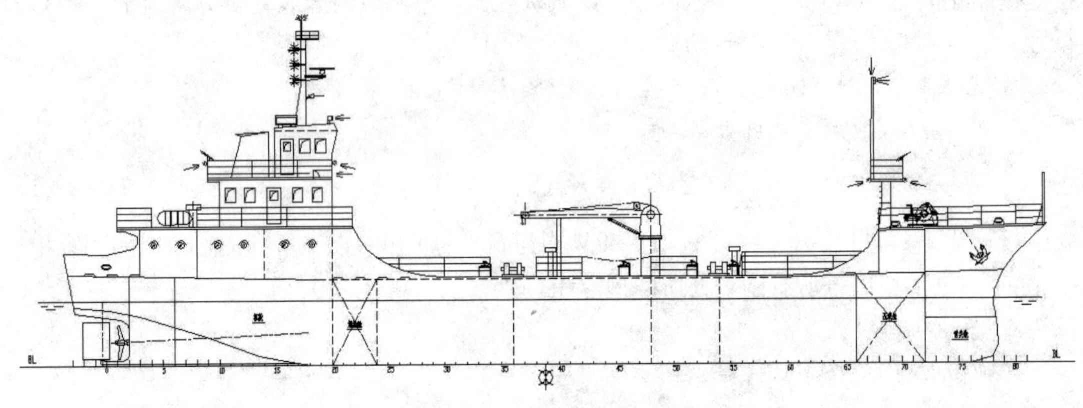

附图 2-1　总布置侧视图

1）总吨位

船舶的总吨位 $GT$：

$$GT = K_1(V_1 + V_2)$$

(1) 主甲板以下围蔽处所的型容积 $V_1$：

① 主甲板以下容积按邦氏曲线求得：

$$V_{10} = 1\,281.6(\mathrm{m}^3)$$

② 梁拱容积：

$$V_{11} = BLah/2 = 9 \times 45.2 \times 0.969 \times 0.18/2 \approx 35.48(\mathrm{m}^3)$$

其中，$L = 45.2\,\mathrm{m}$；$B = 9\,\mathrm{m}$；$h = 0.18\,\mathrm{m}$；$a = 0.969$。

③ 尾垂线以外容积：

$$V_{12a} = 2A_0 l_a/3 = 2 \times 7.46 \times 1.66/3 \approx 8.26(\mathrm{m}^3)$$

④ 首垂线以外容积：

$$V_{12f} = 2A_{10} l_f/3 = 2 \times 0.87 \times 0.50/3 \approx 0.29(\mathrm{m}^3)$$

其中：$A_0$ 为邦氏曲线 0 站面积，$A_0 = 7.46\,\mathrm{m}^2$；$A_{10}$ 为邦氏曲线 10 站面积，$A_{10} = 0.87\,\mathrm{m}^2$；$L_a$

为尾垂线以外长度，$L_a=1.66\,\mathrm{m}$；$L_f$ 为首垂线以外长度，$L_f=0.50\,\mathrm{m}$。

⑤ 上甲板以下所有围蔽处所的型容积：

$$V_1=V_{10}+V_{11}+V_{12a}+V_{12f}=1\,325.63(\mathrm{m}^3)$$

(2) 上甲板以上所有围蔽处所的型容积 $V_2$：

根据本船特点，分成首部 $V_{21}$ 和尾部 $V_{22}$ 两部分，其中：

首部容积为帆缆间、杂物间和围板货舱容积之和：

$$V_{21}=35.2+45.5+36.38=117.08(\mathrm{m}^3)$$

尾部容积为尾楼、救生甲板室和驾驶室容积之和：

$$V_{22}=191.8+75.9+25.3=293(\mathrm{m}^3)$$

$$V_2=V_{21}+V_{22}V_2=117.08+293=410.08(\mathrm{m}^3)$$

$$V=V_1+V_2\approx 1\,735.7(\mathrm{m}^3)$$

$$K_1=0.264\,4$$

$$\mathrm{GT}=0.264\,4\times 1\,735.7\approx 459$$

2) 净吨位 NT

$$船舶的净吨位\ \mathrm{NT}=K_2GT$$

其中，由附表 2-1 查得 $K_2=0.56$

$$NT=0.56\times 459\approx 257$$

# 附录 3 静水力性能计算

在型线设计完后，就可以进行静水力性能计算。通常，其坐标系原点在船中基线处，计算方法用梯形法或辛氏法。

1. 计算内容

1）水线面面积 $A_W$

$$A_W = 2\int_{-L/2}^{L/2} y \mathrm{d}x \tag{附 3-1}$$

式中，$y$ 为各站初水线半宽，m。

2）排水体积 $\nabla$

$$\nabla = \int_0^T A_W \mathrm{d}z \tag{附 3-2}$$

式中，$A_W$ 为水线面面积，$m^3$。

3）排水量 $\Delta$

$$\Delta = K\rho\nabla \tag{附 3-3}$$

式中，$K$ 为船体外板及附体系数，取 1.002～1.006（大船取小值）；$\rho$ 为水密度，海水取 1.025 $t/m^3$。

4）漂心纵向位置 $X_F$

$$X_F = \frac{2\int_{-L/2}^{L/2} xy \mathrm{d}x}{A_W} \tag{附 3-4}$$

5）浮心纵向位置 $X_B$

$$X_B = \frac{\int_0^T A_W X_F \mathrm{d}z}{\int_0^T A_W \mathrm{d}z} \tag{附 3-5}$$

6）浮心垂向位置 $Z_B$

$$Z_B = \frac{\int_0^T A_W z \mathrm{d}z}{\int_0^T A_W \mathrm{d}z} \tag{附 3-6}$$

7）横稳性垂向位置 $Z_M$

$$Z_M=\frac{I_X}{\nabla}+Z_B=\frac{2\int_{-L/2}^{L/2}\frac{y^3}{3}\mathrm{d}x}{\nabla}+Z_B \tag{附 3-7}$$

8）纵稳性垂向位置 $Z_{ML}$

$$Z_{ML}=\frac{I_{YF}}{\nabla}+Z_B=\frac{2\int_{-L/2}^{L/2}x^2y\mathrm{d}x-A_WX_F^2}{\nabla}+Z_B \tag{附 3-8}$$

9）每 cm 纵倾力矩 $M_{TC}$

$$M_{TC}=\frac{\Delta\cdot GM_L}{L}\times\frac{1}{100}=\frac{\Delta\times(Z_{ML}-Z_G)}{100L}\approx\frac{\Delta}{100L}\times\frac{I_{yF}}{\nabla} \tag{附 3-9}$$

式中，$GM_L$ 为初纵稳性高度，m；$Z_G$ 为重心高度，m。

10）每 cm 吃水吨数 $T_{PC}$

$$T_{PC}=0.01\rho A_W \tag{附 3-10}$$

11）水线面系数 $C_w$

$$C_w=\frac{A_W}{LB} \tag{附 3-11}$$

12）中剖面系数 $C_m$

$$C_m=\frac{A_M}{BT} \tag{附 3-12}$$

式中，$A_M$ 为中剖面面积，$m^2$。

13）方形系数 $C_b$

$$C_b=\frac{\nabla}{LBT} \tag{附 3-13}$$

14）棱形系数 $C_p$

$$C_p=\frac{C_b}{C_m} \tag{附 3-14}$$

2. 计算用表格（梯形法）

**附表 3-1　$A_W$、$X_F$、$I_X$、$C_w$ 计算表**

水线号　　$T=$　　m　　$\delta L=$　　m　　$2/3\delta L=$　　m　　$2(\delta L)^3=$　　$m^3$

| 站号 | 水线半宽(m) | 面矩乘数 | 惯矩乘数 | 面矩函数（Ⅱ）×（Ⅲ） | 惯矩函数（Ⅱ）×（Ⅳ） | 水线半宽立方（Ⅱ）$^3$ |
|---|---|---|---|---|---|---|
| Ⅰ | Ⅱ | Ⅲ | Ⅳ | Ⅴ | Ⅵ | Ⅶ |
| 0 | | −10 | 100 | | | |
| 1 | | −9 | 81 | | | |

（续表）

| 站号 | 水线半宽(m) | 面矩乘数 | 惯矩乘数 | 面矩函数 (Ⅱ)×(Ⅲ) | 惯矩函数 (Ⅱ)×(Ⅳ) | 水线半宽立方$(Ⅱ)^3$ |
| --- | --- | --- | --- | --- | --- | --- |
| Ⅰ | Ⅱ | Ⅲ | Ⅳ | Ⅴ | Ⅵ | Ⅶ |
| 2 | | −8 | 64 | | | |
| 3 | | −7 | 49 | | | |
| 4 | | −6 | 36 | | | |
| 5 | | −5 | 25 | | | |
| 6 | | −4 | 16 | | | |
| 7 | | −3 | 9 | | | |
| 8 | | −2 | 4 | | | |
| 9 | | −1 | 1 | | | |
| 10 | | 0 | 0 | | | |
| 11 | | 1 | 1 | | | |
| 12 | | 2 | 4 | | | |
| 13 | | 3 | 9 | | | |
| 14 | | 4 | 16 | | | |
| 15 | | 5 | 25 | | | |
| 16 | | 6 | 36 | | | |
| 17 | | 7 | 49 | | | |
| 18 | | 8 | 64 | | | |
| 19 | | 9 | 81 | | | |
| 20 | | 10 | 100 | | | |
| 总和 $\sum$ | | | | | | |
| 计算公式 | $A_W = 2\delta L \sum Ⅱ (m^2)$ | | $C_w = A_W / LB (m^2)$ | $X_F = \delta L \sum Ⅴ / \sum Ⅱ (m)$ | $I_{YF} = 2(\delta L)^3 \sum Ⅵ - A_w X_F^2 (m^4)$ | $I_X = 2/3 \delta L \sum Ⅶ (m^4)$ |
| 计算结果 | | | | | | |

注：$\delta L$ 为站距，m。

附表3-2 $\nabla$、$\Delta$、$C_b$、$T_{PC}$ 计算表

| 水线号 | $T_i$(m) | $A_{wi}$($m^2$) | (Ⅲ)成对和 | (Ⅳ)自上至下之和 | $\nabla_i=0.5\delta T$(Ⅴ)($m^3$) | $\Delta_i=K\rho\nabla_i$(t) | $C_{bi}=\nabla_i/L_iB_iT_i$ | $(T_{PC})_i=0.01\rho\times$(Ⅲ)/2(t/cm) |
|---|---|---|---|---|---|---|---|---|
| Ⅰ | Ⅱ | Ⅲ | Ⅳ | Ⅴ | Ⅵ | Ⅶ | Ⅷ | Ⅸ |
| 1 | | | | | | | | |
| 2 | | | | | | | | |
| 3 | | | | | | | | |
| 4 | | | | | | | | |
| 5 | | | | | | | | |
| 6 | | | | | | | | |
| 7 | | | | | | | | |
| 8 | | | | | | | | |

注:$K$ 为外板和浮体系数;$\rho$ 为水密度,$t/m^3$。

附表3-3 $X_B$ 计算表

| 水线号 | $A_{wi}$($m^2$) | $X_{Fi}$(m) | (Ⅱ)×(Ⅲ) | (Ⅳ)成对和 | (Ⅴ)自上至下之和 | $\nabla_i$($m^3$) | $X_{Bi}=\delta T$(Ⅵ)/(2$\nabla_i$) |
|---|---|---|---|---|---|---|---|
| Ⅰ | Ⅱ | Ⅲ | Ⅳ | Ⅴ | Ⅵ | Ⅶ | Ⅷ |
| 0 | | | | | | | |
| 1 | | | | | | | |
| 2 | | | | | | | |
| 3 | | | | | | | |
| 4 | | | | | | | |
| 5 | | | | | | | |
| 6 | | | | | | | |
| 7 | | | | | | | |
| 8 | | | | | | | |

注:$\delta T$ 为水线间距,m。

附表 3-4 $Z_B$ 计算表

| 水线号 | $\nabla_i(m^3)$ | (Ⅱ)成对和 | (Ⅲ)自上至下之和 | $\frac{0.5\delta T\times(Ⅳ)}{\nabla_i}$ | $T_i(m)$ | $Z_{Bi}=(Ⅵ)-(Ⅴ)(m)$ |
|---|---|---|---|---|---|---|
| Ⅰ | Ⅱ | Ⅲ | Ⅳ | Ⅴ | Ⅵ | Ⅶ |
| 0 | | | | | | |
| 1 | | | | | | |
| 2 | | | | | | |
| 3 | | | | | | |
| 4 | | | | | | |
| 5 | | | | | | |
| 6 | | | | | | |
| 7 | | | | | | |
| 8 | | | | | | |

附表 3-5 BM(r)、BML(R)、MK($Z_M$)、KM($Z_{ML}$)计算表

| 水线号 | $\nabla_i$ ($m^3$) | $I_{Xi}$ ($m^4$) | $I_{YFi}$ ($m^4$) | $r=$(Ⅲ)/(Ⅱ)(m) | $R=$(Ⅳ)/(Ⅱ)(m) | $Z_{Bi}$ (m) | $Z_{Mi}=$(Ⅴ)+(Ⅶ) (m) | $Z_{MLi}=$(Ⅵ)+(Ⅶ) (m) |
|---|---|---|---|---|---|---|---|---|
| Ⅰ | Ⅱ | Ⅲ | Ⅳ | Ⅴ | Ⅵ | Ⅶ | Ⅸ | Ⅹ |
| 0 | | | | | | | | |
| 1 | | | | | | | | |
| 2 | | | | | | | | |
| 3 | | | | | | | | |
| 4 | | | | | | | | |
| 5 | | | | | | | | |
| 6 | | | | | | | | |
| 7 | | | | | | | | |
| 8 | | | | | | | | |

**附表 3-6 $M_{TC}$ 计算表**

| 水线号 | $\Delta_i$ (t) | $R_i$ (m) | Ⅱ×Ⅲ (t—m) | $L_i$ (m) | $M_{TCi}$ =(Ⅳ)/(100Ⅴ) (t—m/cm) |
|---|---|---|---|---|---|
| Ⅰ | Ⅱ | Ⅲ | Ⅳ | Ⅴ | Ⅵ |
| 0 | | | | | |
| 1 | | | | | |
| 2 | | | | | |
| 3 | | | | | |
| 4 | | | | | |
| 5 | | | | | |
| 6 | | | | | |
| 7 | | | | | |
| 8 | | | | | |

**附表 3-7 $C_m$、$C_p$ 计算表**

| 水线号 | 中横剖线半宽 (m) | 成对和 | 自上至下之和 | $A_{Mi}=\delta T\times$(Ⅳ) ($m^2$) | $B_i\times T_i$ | $C_{mi}=A_{Mi}$/(Ⅵ) | $C_{bi}$ | $C_{Pi}=C_{bi}/C_{mi}$ |
|---|---|---|---|---|---|---|---|---|
| Ⅰ | Ⅱ | Ⅲ | Ⅳ | Ⅴ | Ⅵ | Ⅶ | Ⅷ | Ⅸ |
| 0 | | | | | | | | |
| 1 | | | | | | | | |
| 2 | | | | | | | | |
| 3 | | | | | | | | |
| 4 | | | | | | | | |
| 5 | | | | | | | | |
| 6 | | | | | | | | |
| 7 | | | | | | | | |
| 8 | | | | | | | | |

**附表 3-8 静水力性能计算汇总表**

| 水线号 | $T_i$(m) | $A_{Wi}$($m^2$) | $\nabla_i$($m^3$) | $\Delta_i$(t) | $X_{Fi}$(m) | $X_{Bi}$(m) |
|---|---|---|---|---|---|---|
| 0 | | | | | | |
| 1 | | | | | | |

(续表)

| 水线号 | $T_i$(m) | $A_{Wi}$($m^2$) | $\nabla_i$($m^3$) | $\Delta_i$(t) | $X_{Fi}$(m) | $X_{Bi}$(m) |
|---|---|---|---|---|---|---|
| 2 | | | | | | |
| 3 | | | | | | |
| 4 | | | | | | |
| 5 | | | | | | |
| 6 | | | | | | |
| 7 | | | | | | |
| 8 | | | | | | |

附表 3-9　静水力性能计算汇总表(1)

| 水线号 | $T_i$(m) | $Z_{Bi}$(m) | $r_i$(m) | $R_i$(m) | $M_{TCi}$(t—m/cm) | $T_{PC}$(t/cm) |
|---|---|---|---|---|---|---|
| 0 | | | | | | |
| 1 | | | | | | |
| 2 | | | | | | |
| 3 | | | | | | |
| 4 | | | | | | |
| 5 | | | | | | |
| 6 | | | | | | |
| 7 | | | | | | |
| 8 | | | | | | |

附表 3-10　静水力性能计算汇总表(2)

| 水线号 | $T_i$(m) | $C_{wi}$ | $C_{bi}$ | $C_{mi}$ | $C_{pi}$ | |
|---|---|---|---|---|---|---|
| 0 | | | | | | |
| 1 | | | | | | |
| 2 | | | | | | |
| 3 | | | | | | |
| 4 | | | | | | |
| 5 | | | | | | |
| 6 | | | | | | |
| 7 | | | | | | |
| 8 | | | | | | |

# 附录  分舱布置(国内航行海船建造规范)

1. 定义

(1) 船长 $L$(m):沿夏季载重线,由首柱前缘量至舵柱后缘的长度;对无舵柱的船舶,由首柱前缘量至舵杆中心线的长度;但均不应小于夏季载重线总长的 96%,且不必大于 97%。对于具有非常规船首和船尾的船舶,其船长 $L$ 需特别考虑。

(2) 船宽 $B$(m):在船舶的最宽处,由一舷的肋骨外缘量至另一舷的肋骨外缘之间的水平距离。

(3) 型深 $D$(m):在船长中点处,沿船舷由平板龙骨上缘量至上层连续甲板横梁上缘的垂直距离;

对甲板转角为圆弧形的船舶,则由平板龙骨上缘量至横梁上缘延伸线与肋骨外缘延伸线的交点。

(4) 吃水 $T$(m):在船长中点处,由平板龙骨上缘量至夏季载重线的垂直距离。

(5) 方形系数 $C_b$:方形系数 $C_b$ 由下式确定:

$$C_b = \frac{\nabla}{LBT}$$

式中,$\nabla$为相应于夏季载重线吃水时的型排水体积,$m^3$。

(6) 上层连续甲板:船体的最高一层全通甲板。

(7) 下甲板:上层连续甲板以下第 1 层连续甲板为第 2 甲板,依次向下为第 3 甲板……,总称为下甲板。

(8) 舱壁甲板:各水密横舱壁上伸到达的连续甲板。

(9) 首、尾垂线:首垂线为通过船长 $L$ 的首柱前缘与结构吃水处水线交点的垂线。尾垂线为距离首垂线 $L$ 处与结构吃水处水线的垂线。

(10) 位置 **1**:为在露天的干舷甲板上和后升高甲板上,以及位于从首垂线起载重线船长的四分之一以前的露天上层建筑甲板上的位置。

(11) 位置 **2**:为在位于从首垂线起载重线船长的 1/4 以后干舷甲板上至少一个标准上层建筑高度的露天上层建筑甲板上的位置;以及在位于从首垂线起载重线船长的四分之一以前,且在干舷甲板上至少两个标准上层建筑高度的露天上层建筑甲板上的位置。

(12) 首尖舱:位于防撞舱壁之前,舱壁甲板之下的舱。

(13) 尾尖舱:位于船舶尾部最后一道水密舱壁之后,舱壁甲板或水密平台甲板之下的舱。

2. 水密舱壁的布置

所有船舶至少应设有以下水密舱壁：

(1) 一道防撞舱壁。

(2) 一道尾尖舱舱壁。

(3) 机器处所每端一道舱壁。

3. 防撞舱壁的布置

1) 客船防撞舱壁的布置应符合下述要求

船舶应设有通至舱壁甲板的水密的首尖舱舱壁或防撞舱壁。此舱壁应位于距首垂线不小于船长 $L_{WL}$ 的 5%且不大于 3.0 m 加船长 $L_{WL}$ 的 5%处。如船舶水线以下的任何部分自首垂线向前延伸，例如球鼻艏，则上述距离应自下列各点之一来量计，取其小者。

(1) 这类延伸部分的长度中点。

(2) 首垂线以前船长 $L_{WL}$ 的 1.5%处。

(3) 首垂线以前 3 m 处。

当船舶首部设有长的上层建筑时，其首尖舱舱壁或防撞舱壁应风雨密地延伸至舱壁甲板的上一层甲板。此延伸部分不必直接设于下面舱壁之上，但应位于上述防撞舱壁规定的限度内(以下首门型式除外)，并且形成台阶部分的舱壁甲板应风雨密。

当设有首门且装货斜坡道形成防撞舱壁在舱壁甲板以上的延伸部分时，高出舱壁甲板 2.3 m 的坡道部分可以向前伸展超过上述防撞舱壁规定的限度。坡道全长范围内都应风雨密。

2) 货船防撞舱壁的布置应符合下述要求

船舶应设有通至干舷甲板的水密的防撞舱壁。此舱壁应位于距首垂线不小于船长 $L_{WL}$ 的 5%或 10 m 处，取其小者，且除经同意外，不应大于船长 $L_{WL}$ 的 8%。如船舶水线以下的任何部分自首垂线向前延伸，例如球鼻艏，则上述规定的距离应自下列各点之一来量计，取小者：

(1) 这类延伸部分的长度中点。

(2) 首垂线以前船长 $L_{WL}$ 的 1.5%处。

(3) 首垂线以前 3 m 处。

防撞舱壁在上述(1)所指范围内可以具有台阶或凹入。舱壁上不允许开门、人孔、通风管道或任何其他开口。

当船舶首部设有长的上层建筑时，其防撞舱壁应风雨密延伸至干舷甲板的上一层甲板。此延伸部分不必直接设于下面舱壁之上，但应位于上述防撞舱壁规定的限度内(以下首门型式除外)，并且形成台阶部分的甲板应风雨密。

当设有首门且装货斜坡道形成防撞舱壁在干舷甲板以上的延伸部分时，高出干舷甲板 2.3 m 的坡道部分可以向前伸展超过上述防撞舱壁规定的限度。坡道全长范围内都应风雨密。

干舷甲板以上防撞舱壁延伸部分的开口数，应在适应船舶设计及正常作业情况下减至最少。所有这类开口应能够风雨密关闭。

4. 尾尖舱及机器处所的舱壁和尾管的布置

1) 客船尾尖舱及机器处所的舱壁和尾管的布置应符合下述要求

(1) 应设置尾尖舱舱壁以及将机器处所与前后客货处所隔开的舱壁，并应水密延伸至

舱壁甲板。但只要不降低船舶分舱的安全程度，尾尖舱舱壁在舱壁甲板下方可以形成台阶。

(2) 在所有情况下，尾管应封闭在具有适当容积的水密处所内。尾管填料函压盖应装设于水密轴隧内或与尾管室分开的其他水密处所内，而该处所的容积应能保证在尾管填料函压盖渗漏而浸水时将不致淹没限界线。

2) 货船尾尖舱及机器处所的舱壁和尾管的布置应符合下述要求

(1) 必须设置将机器处所与前后载货和载客处所隔开的舱壁，此舱壁应作成水密向上延伸至干舷甲板。

(2) 尾管应封闭在具有适当容积的一个(或多个)水密处所内。也可允许采取其他措施，使在尾管受损的情况下向船体内渗水的危险减少到最小程度。

5. 双层底(除液货船外)的布置

(1) 客船和500总吨及以上的货船应设置双层底，且在适应船舶设计及船舶正常作业的情况下，该双层底应尽实际可能自防撞舱壁延伸至尾尖舱舱壁。

(2) 如需设置双层底，其内底应延伸至船舷两侧，以保护船底至舭部弯曲部位。内底板的任何部分应不低于自龙骨线量起垂直高度不低于 $h$ 的平行于龙骨线的水平面。$h$ 按下式计算：

$$h = B/20 \tag{附 4-1}$$

在任何情况下，$h$ 值不应小于 760 mm，也不必大于 2 000 mm。

(3) 专供装载液体的水密舱，如当该舱的底部或船侧破损时不致有损于船舶的稳性安全，可不设双层底。

6. 隔离空舱的布置

(1) 隔离空舱系指空的处所，其设置是为了使隔离空舱每一侧的舱室没有共同的界面；隔离空舱可以垂直或水平设置。隔离空舱应适当通风，并应有足够大的尺寸，以便进入检查、维护和安全撤离。

(2) 燃油舱或润滑油舱与淡水(饮用水、推进装置和锅炉用水)舱之间应设置隔离空舱。燃油舱、润滑油舱与灭火泡沫液体舱之间应设置隔离空舱。

(3) 对双层底的内底板在舷侧升高的船舶，仅要求在双层底燃油舱和直接布置在燃油装满至内底板的这些燃油舱上面的液舱之间设置隔离空舱。但燃油舱与液舱的相对位置为角对角的情况，液舱不认为是相邻的。

7. 首部干舷甲板及防撞舱壁前舱室的布置

(1) 首部干舷甲板及封闭上层建筑(如设有)的布置应满足载重线对最小船首高度的要求。

(2) 位于防撞舱壁以前的首尖舱和其他舱室不可用来载运燃油及其他易燃品。

(3) 远海航区船舶的锚链管和锚链柜应水密延伸至露天甲板。若设有出入口，则应用坚固的盖关闭并用间距紧密的螺栓紧固。

(4) 其他航区船舶的锚链管和锚链柜应水密延伸至干舷甲板，且若在干舷甲板以下的锚链管和锚链柜上设出入口，则应用坚固的盖关闭并用间距紧密的螺栓紧固。若设有上层建筑，则锚链管和锚链柜至少应自干舷甲板风雨密延伸至露天甲板，且若在该延伸的锚链管和锚链柜上设出入口，则应保持风雨密关闭。

8. 客船限界线以上的布置

(1) 舱壁甲板或其上一层甲板应为风雨密。露天甲板上的所有开口,应设有足够高度和强度的围板,并应设有能迅速关闭成风雨密的有效装置。

(2) 在限界线以上外板上的舷窗、舷门、装货门和装燃料门以及关闭开口的其他装置,应考虑到所装设的处所及其相对于最深分舱载重线的位置,作有效的设计与构造,并应具有足够的强度。

(3) 在舱壁甲板以上第一层甲板以下处所内的所有舷窗,应设有有效的内侧舷窗盖,其布置应能易于有效地关闭,并紧固成水密。

9. 双壳油船的舱室布置

(1) 边舱或处所应延伸到舷侧全深或是从双层底顶端到最上层甲板,无论船舶的舷缘是否为圆弧形。各边舱或处所应布置成使得全部货油舱皆位于这些舱或处所壳板型线的内侧面。

(2) 载重量 5 000 t 及以上的油船,其整个货油舱(包括污油水舱)区长度应由压载舱或非载运油类的舱室处所加以保护。用于此种保护的边舱和双层底应符合下述要求:

① 边舱内壳与舷侧壳板之间垂直距离 $W$ 应不小于下式计算值:

$$W = 0.5 + DW/20\,000\ \text{m} \text{ 或 } W = 2.0\ \text{m} \tag{附 4-2}$$

取小者,最小值 $W = 1.0$ m。

式中,DW 为载重量,t,系指船舶在相对密度为 1.025 t/m³ 的水中处于与勘定的夏季干舷相应的载重线时的排水量和该船空载排水量之间的差数。

② 双层底高度 $h$ 应不小于下式计算值:

$$h = B/15\ \text{m} \text{ 或 } h = 2.0\ \text{m} \tag{附 4-3}$$

取小者,最小值 $h = 1.0$ m。

(3) 载重量 600 t 及以上但小于 5 000 t 的油船的边舱和双层底应符合以下要求:

① 边舱内壳与舷侧壳板之间的垂直距离 $W$ 应不小于下式计算值:

$$W = 0.4 + 2.4DW/20\,000\ \text{m} \tag{附 4-4}$$

最小值 $W = 0.76$ m。

② 双层底高度 $h$ 应不小于下式计算值:

$$h = B/15\ \text{m} \tag{附 4-5}$$

最小值 $h = 0.76$ m。

(4) 载重量为 20 000 t 及以上的原油油船和载重量为 30 000 t 及以上的成品油油船均应设置专用压载舱。专用压载舱容量的确定应使该船在不依靠利用货油舱装载压载水而安全地进行压载航行。专用压载舱的容量应不论处于何种压载情况,包括只是空载加专用压载水的情况在内,至少能使船舶的吃水和纵倾均符合下列各项要求:

① 不考虑任何船舶变形的船中部型吃水 $T_m$ 应不小于:

$$T_m = 2.0 + 0.02L \text{ m} \quad (附4-6)$$

② 在首、尾垂线处的吃水应相当于由式(附4-6)给出的船中吃水，与之相联系的尾纵倾不大于0.015$L$。

③ 尾垂线处的吃水应不小于螺旋桨达到完全浸没所要求的吃水。

(5) 货油舱的布置和尺寸应使在船长范围内任何一处的舷侧破损和船底破损造成的假设泄油量是有限的。

① 载重量小于5 000 t的油船的货油舱长度应不超过10 m或下列各值之一，取大者。

货油舱内不设纵向舱壁：$(0.5b_i/B+0.1)L$，但不超过0.2$L$。

货油舱中心线上设置纵向舱壁：$(0.25b_i/B+0.15)L$。

货油舱内设置两个或以上纵向舱壁：

(a) 对边油舱：0.2$L$。

(b) 对中间货油舱：

如$b_i/B$等于或大于1/5：0.2$L$

如$b_i/B$小于1/5：

(i) 未设置中心线纵向舱壁：$(0.5b_i/B+0.1)L$。

(ii) 设置中心线纵向舱壁：$(0.25b_i/B+0.15)L$。

式中，$b_i$为相应于夏季干舷水平面上，自舷侧舱内垂直量取的从船侧到相关货舱纵向舱壁外侧之间的最小距离。

② 载重量小于5 000 t的油船的各货油舱每舱容积不应超过700 $m^3$，除非边舱满足下列要求：

$$W = 0.4 + 2.4DW/20\,000 \text{ m} \quad (附4-7)$$

最小值$W$＝0.76 m。

10. 单壳油船的舱室布置

(1) 载重量为600 t以下的油船，其货油舱可为单壳结构。

(2) 货油舱的布置和尺寸应满足双壳油船(5)的规定。

# 参考文献

[1] 中国船舶工业集团公司,中国船舶重工集团公司,中国造船工程学会.船舶设计实用手册 舾装分册[M].3版.北京:国防工业出版社,2013.

[2] 朱珉虎.内河船舶设计手册[M].北京:中国标准出版社,1996.

[3] 中华人民共和国海事局.船舶与海上设施法定检验规则(国内航行海船法定检验技术规则 2020)[M].北京:人民交通出版社,2020.

[4] 中华人民共和国海事局.船舶与海上设施法定检验规则(内河船舶法定检验技术规则 2019) [M].北京:人民交通出版社,2019.

[5] 中国船级社.钢质海船入级规范[M].北京:人民交通出版社,2022.

[6] 中国船级社.国内航行海船建造规范[M].北京:人民交通出版社,2022.

[7] 中国船级社.钢质内河船舶建造规范[M].北京:人民交通出版社,2021.

[8] 中国船级社.集装箱船结构规范[M].北京:人民交通出版社,2022.

[9] 中国船级社.海上高速船入级与建造规范[M].北京:人民交通出版社,2022.

[10] 中国船级社.内河高速船建造规范[M].北京:人民交通出版社,2022.

[11] 中国船级社.公务船技术规则[M].北京:人民交通出版社,2020.

[12] 谢云平,陈悦,张瑞瑞,等.船舶设计原理[M].上海:上海交通大学出版社,2021.

[13] 顾敏童.船舶设计原理[M].上海:上海交通大学出版社,2001.

[14] 林焰,陈明,王运龙,等.船舶设计原理[M].3版.大连:大连理工大学出版社,2011.

[15] 刘寅东.船舶设计原理[M].北京:国防工业出版社,2010.

[16] 雷林.船舶设计基础[M].北京:人民交通出版社,2007.

[17] 盛振邦.船舶原理[M].上海:上海交通大学出版社,2001.

[18] 汪敏,常海超,刘益清.运输船舶设备与系统[M].武汉:武汉理工大学出版社,2018.

[19] 魏莉洁.船舶结构与制图[M].北京:人民交通出版社,2006.

[20] 吴家鸣.船舶与海洋工程导论[M].广州:华南理工大学出版社,2013.

[21] Apostolos D. Papanikolaou.船舶设计—初步设计方法[M].刘树魁,译.哈尔滨:哈尔滨工程大学出版社,2018.

[22] 姚寿广,肖民.船舶动力装置[M].北京:国防工业出版社,2006.

[23] 赵连恩,谢永和.高性能船舶原理与设计[M].北京:国防工业出版社,2009.

[24] 官良请.17 600 DWT 散货船空船重量分析[J].机电技术,2004(2):99-102.

[25] 谢云平.内河肥大型货船阻力计算方法研究[J],江苏科技大学学报(自然科学版),2019(1):1-5.

[26] 张波.大型散货船阻力性能研究[J].浙江海洋学院学报(自然科学版),2015(3):219-222.

[27] 邵汉东.基于 CFD 实尺 2 339 集装箱船的阻力分析和实船验证[J].船舶,2018(3):18-23.

[28] 谢云平.海上三体风电运维船侧体型线设计及阻力性能仿真[J],船舶工程,2021(12):52-55.

[29] 谢云平.海上风电运维船船型方案研究及双体阻力性能数值分析[J],船舶工程,2014(5):27-29.

[30] 谢云平.M 型风电运维船船型设计与波浪增阻及耐波性能[J],船舶工程,2020(6):26-31.

[31] 熊文海.船舶耐波性衡准及其评价方法浅析[J].船海工程,2017(4):42-45.

[32] 杨佑宗. 船舶型线设计与研究[J]. 上海造船，2001(2)：18－23.
[33] 胡平. 超大型集装箱船螺旋桨设计研究[J]. 船舶工程，2011(3)：9－12.
[34] 丁举. 大型 LNG 船螺旋桨设计研究[J]. 上海船舶运输科学研究所学报，2004(1)：1－4.
[35] 谢云平. 基于 NAPA 的螺旋桨图谱设计模块开发研究[J]. 造船技术，2008(6)：38－41.
[36] 谢云平. 基于 NAPA 的螺旋桨几何造型与图形生成方法研究[J]，江苏科技大学学报(自然科学版)，2009(1)：9－12.
[37] 赵耀中. 国内航行散货船总体设计特点[J]，上海造船，2011(2)：1－5.
[38] 何新宇. 65 000 吨散货船总体设计[J]，船舶设计通讯，2014(1)：13－17.
[39] 蒋肇曦. 4 900 吨散货船总体及结构设计特点[J]，江苏船舶，2016(2)：5－7.
[40] 蒋肇曦. 105 000 吨散货船总体设计[J]，船舶设计通讯，2018(2)：13－17.
[41] 占金锋. 35 000 吨散货船船体型线优化及设计研究[J]. 船舶工程，2011(5)：10－14.
[42] 左德权. 13 000 TEU 集装箱船总体设计[J]，上海造船，2009(3)：26－28.
[43] 王冬，汤军，肖留勇. 4 600 TEU 集装箱船总体设计[J]，船舶设计通讯，2014(2)：1－4＋19.
[44] 朱越星，卢晨，程宣恺. 2 200 TEU 浅吃水集装箱船总体设计研究探讨[J]，船舶设计通讯，2016(S1)：16－23.
[45] 真虹. 中小型集装箱船发展趋势分析[J]，上海造船，2007(3)：1－6.
[46] 万水生. 1 700 TEU 集装箱船设计特点[J]，上海造船，2000(2)：6－10.
[47] 谢云平. 108 TEU 敞口集装箱船设计[J]，造船技术，2004(6)：15－17.
[48] 刘东旭. 800 TEU 敞口集装箱船总体设计[J]，船舶标准化工程师，2020(2)：37－43.
[49] 尹逊滨. 9 200 TEU 集装箱船的总体设计[J]. 船舶与海洋工程，2015(4)：5－9.
[50] 王彩莲，刘巍. 新一代 9 400 箱级集装箱船设计研究[J]. 中国造船，2014(4)：82－88.
[51] 吴刚，陈涛，王亮. 1 100 TEU 支线集装箱船船型研究开发[J]. 船舶与海洋工程，2014(1)：14－17＋44.
[52] 秦琦. 集装箱船船型创新设计[J]. 中国船检，2011(2)：43－45.
[53] 谢云平. 基于 NAPA 的圆舭艇快速型线建模方法研究[J]，江苏科技大学学报(自然科学版)，2009(2)：104－107.
[54] 谢云平. 基于 NAPA 的圆舭艇型线参数建模方法[J]，船舶工程，2009(6)：9－11.
[55] 谢云平. 圆舭折角高速船型线参数化设计及其阻力性能分析[J]，船舶工程，2012(4)：21－23.
[56] 谢云平. 数值波浪水池与排水型高速船波浪增阻计算方法研究[J]，船舶工程，2013(2)：6－8.